웰다잉 코칭

Coaching at End of Life

COACHING AT END OF LIFE
Copyright © 2012 by Dr. Don Eisenhauer. J. Val Hastings
All rights reserved.
No part of this book may be used or reproduced in any manner whatsoever without written permission except in the case of brief quotations embodied in critical articles or reviews.

Korean Translation Copyright © 2023 by Korea Coaching Supervision Academy
Korean edition is published by arrangement with Coaching at End of Life LLC.
through Imprima Korea Agency

이 책의 한국어판 저작권은 Imprima Korea Agency를 통해
Coaching at End of Life LLC.사와의 독점 계약으로 한국코칭수퍼비전아카데미에 있습니다.
저작권법에 의해 한국 내에서 보호를 받는 저작물이므로
무단전재와 무단복제를 금합니다.

생의 마지막 여정을 돕는
웰다잉 코칭
Coaching at End of Life

돈 아이젠하워, J. 발 헤이스팅스 지음
정익구 옮김

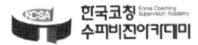

목차

추천사	······ 5
서문	······ 8
역자 서문	······ 11
도입	······ 17
제1장. 웰다잉 코치의 필요성	······ 21
제2장. 죽음에 대한 문화적 시각	······ 25
제3장. 교회, 도움일까, 장애물일까	······ 31
제4장. 생명 상실 다루기	······ 43
제5장. 나는 잘하고 있어요.	······ 55
제6장. 상담이 아닌 코칭받기	······ 67
제7장. 죽음을 앞둔 사람 코칭하기	······ 73
제8장. 슬픔을 겪는 사람 코칭하기	······ 121
제9장. 어린이	······ 169
제10장. 후속 조치, 후속 조치, 후속 조치	······ 179
제11장. 웰다잉 코치	······ 195
부록 A. 웰다잉 코칭 사례연구	······ 213
부록 B. 여덟 가지 코칭 구성 요소	······ 227
부록 C. 웰다잉 코칭을 지원하는 구성 요소	······ 274
부록 D. 슬픔을 겪는 사람 코칭을 지원하는 구성 요소	······ 275
참고문헌	······ 276
색인	······ 278
저자 및 역자 소개	······ 280
발간사	······ 283

추천사

『생의 마지막 여정을 돕는 웰다잉 코칭』이라는 친근한 제목으로 번역된 돈 아이젠하워Don Eisenhauer 박사의 『Coaching at End of Life Coaching』이 한국어 번역본으로 출판되었다. 마음이 참 따뜻해지고 든든해진다. 그동안 이 책은 전 세계 수많은 사람에게 삶의 마지막 순간에 일어나는 복잡한 감정과 생각을 탐색하는 데 도움을 주었다. 이제 한국에서 더 많은 독자가 이 책을 통해 누구도 말하지 않는 죽음에 대한 실용적인 통찰과 영감을 얻을 수 있기를 기대한다.

    돈 아이젠하워 박사는 미국에서 오랫동안 임종 관리 분야의 정상급 전문가로 활동했다. 때로는 호스피스 목회자로서 또는 슬픔 상담가로서 그는, 광범위한 경험을 바탕으로 삶의 가장 어려운 전환점에 직면한 사람들을 지도하고 도움을 제공해왔다. 그의 저서 『생의 마지막 여정을 돕는 웰다잉 코칭Coaching at End of Life』은 독자들이 삶의 마지막 단계를 탐색하면서 명료함과 평화를 유지할 수 있도록 '쉽게 접근할 수 있는' 그리고 독자에게 '힘을 실어주는' 방식으로 지혜와 통찰력을 공유한다. 그런 이유로 이 책은 미국에서 '삶의 마지막 순간을 위한 코칭' 교과서로 활용되고 있다.

'삶의 마지막 순간을 위한 코칭'은 슬픔에 빠진 사람들에게 제공할 수 있는 지원 혜택이 될 수 있다. 사랑하는 사람을 잃는다는 것은 우리가 겪을 수 있는 가장 어려운 경험일 것이다. 이 시기에 우리는 쉽게 감정에 압도당할 수 있다. 삶의 마지막 순간을 위한 코칭은 우리 감정을 관리하고 사랑하는 사람의 기억을 기릴 수 있는 도구와 기법을 제공함으로써 슬픔의 과정을 탐색하는 데 도움을 준다. 돈 아이젠하워 박사는 슬픔 상담가로서 활동하면서 슬픔 과정에서 일어나는 복잡한 감정에 대한 깊은 이해를 키워왔다. 그는 이 책 『생의 마지막 여정을 돕는 웰다잉 코칭』에서 이러한 이해를 독자들과 공유하며 슬픔을 건강하고 생산적으로 헤쳐나갈 수 있게 돕는다. 돈 아이젠하워 박사는 자기 관리와 자기 연민의 중요성을 강조함으로써 깊은 상실감 속에서도 삶의 의미와 목적을 찾는 방법을 제시한다.

이렇듯 매우 실용적인 방법으로 깊은 통찰을 제공하는 돈 아이젠하워 박사의 책을 한국어로 번역 출간하는 것은 의미가 크다. 한국에서 더 많은 사람이 이 책을 접하고, 누구도 쉽게 꺼내지 않는 죽음과 그 이후의 문제에 관해 좀 더 자유롭게 논의할 수 있는 계기가 되기를 바란다. 이 책에서 말하는 "누구도 죽음에 대해 가르쳐주지 않는다. 그래서 우리는 모두가 처음 당하는 한 번뿐인 죽음에 대해서 당황할 수밖에 없다."라는 말이 깊은 울림을 준다. 『생의 마지막 여정을 돕는 웰다잉 코칭』에 대한 역할과 기대가 매우 큰 이유이다. 오랫동안 웰다잉 코칭을 연구해온 정익구 코치가 원문의 정신과 메시지를 잘 담아냈는데, 그의 노고와 헌신에 감사드린다.

우리는 삶의 마지막 순간을 앞두고 있거나 누군가를 돌보고 있는 한국의 모든 사람이 『생의 마지막 여정을 돕는 웰다잉 코칭』을 읽고 차분하고 현명하게 마지막 순간을 준비해 나갈 수 있는 지침서로 활용할 것을 권장한다. 이 책은 삶의 가장 어려운 전환기를 헤쳐 나가는 사람들과 마음을 다해 나눌 수 있는 선물이다. 정익구 코치의 도움으로 이 책을 지금 한국어로 볼 수 있다는 것에 진심으로 감사드린다.

코치 안병옥

서문

이 책에 관해 회고해 보면, 1999년과 2010년 두 해가 떠오른다. 1999년에 나는 처음으로 코칭을 받기 시작했는데, 곧바로 코칭이 목회 활동 ministry에 유용하다는 것을 깨달았다. 코칭을 받으면서, 힘을 얻고 격려받는다고 느꼈다. 사람들은 내게서 변화를 알아차렸고, 최고의 기량을 발휘하는 것 같다고 말했다. 꾸준하게 진전이 일어나고 있었다. 나 스스로, "목회 활동에 코칭 접근법을 채택하면 어떨까? 좀 더 큰 교회에서 코칭 접근법으로 목회를 하면 어떨까?"라고 생각했던 것을 기억한다.

그 순간 비전이 떠올랐는데, 그것은 글로벌 비전으로 '모든 목회자와 목회 관련 종사자와 교회 지도자가 코치every pastor, ministry staff and church leader a coach가 되는 것'이었다.

그것은 우리 코칭포클러지Coaching4Clergy의 비전인데, 그 단순한 아홉 단어(every pastor, ministry staff and church leader a coach)가 지역 교회와 지도자들을 근본적으로 변혁할 능력이 있다고 믿는다. 우리는 이것을 기독교에서 다음에 올 위대한 깨달음이라고 본다. 상상해 보라….

교회의 모든 지도자가 사람들에게 권한을 부여empowering하고 최고를 끌어낼 수 있다는 것을:

- 목회자와 지도자들이 최선을 다하고,
- 팀과 그룹이 발전해가며,
- 교회 안의 모든 사람이 저마다 영역에서 효과적으로 기여하고,
- 생활 집단과 학습 집단에서 삶의 변화가 일어나며,
- 방문자가 판단 받지 않고 권한을 부여받았다고 느끼며,
- 건강하고 진정으로 도움을 받는 목회적 돌봄이 이루어지는 것이다.

이 책을 쓰면서 떠오르는 두 번째 해는 2010년이다. 그해에 내 오랜 대학 동창인 돈 아이젠하워Don Eisenhauer가 처음으로 코치 훈련 이벤트에 참석했다. 돈의 표정을 보면, 그가 배우고 시연되어 보이는 코칭 스킬이 개인적으로나 직업적으로 그에게 상당한 영향을 미치고 있음을 알 수 있었다.

돈은 목회자, 상담사, 호스피스 목사chaplain로서 수년간의 경험과 새롭게 발견한 코칭 스킬을 접목하기 시작했다. 우리는 정기적으로 쇼티Shorty에서 구운 오트밀을 곁들인 조찬 모임을 하면서 수많은 토론과 함께 이 책을 기획하고 훈련 교재를 만들어 나갔다. 돈이 죽음을 앞둔 사람the dying[1]과 슬픔을 겪는 사람the grieving[2]을 코칭하기 위해 제공하는 추가적인 구성 요소[3]들은 핵심 코칭 역량을 완벽하게 보완한다. 최종 결과물은 죽음을 앞둔 사람과 유가족을 코칭하는 데 완전히 새로운 접근법이다.

이 책에서 돈과 나는 이 주제에 관한 새로운 접근법을 제공하기 위하여 우리 전문성을 한데 모았다. 우리는 의도적으로 집필 분야를 달리했다.

돈은 첫 번째 장을 썼고, 나는 주로 서문과 부록을 썼다. 이 책을 읽음으로써 두 가지 영역, 즉 코칭과 죽음에 관한 알아차림과 전문성을 개발할 수 있도록 했다. 나는 이 책이 목회 활동을 하는 데, 특히 우리가 목회자, 병원 목사, 호스피스 종사자와 자원봉사자로서 죽음을 앞둔 사람과 유가족에게 돌봄을 제공하는 데 코칭 접근법이 긍정적인 영향을 미치리라고 확신한다. 감사해요, 돈.

이 책을 즐기길 바라며!

발Val

---

1) (역자 주, 이하 주석은 모두 옮긴이 주석임)the dying은 '죽어가는 사람', '임종을 앞둔 사람' 등으로 번역할 수 있으나, 이 책에서는 '죽음을 앞둔 사람'으로 옮긴다. 인간은 모두 죽음을 앞두고 있다는 점을 고려하면 의미가 너무 포괄적이라는 의견이 있을 수 있다. 그렇지만 옮긴이는 '임박한 죽음'을 의미하기보다는 어느 정도 정상적인 생활이 가능한 때부터 코칭적 접근이 가능하다는 점과 표현을 좀 더 부드럽게 하려는 의도임을 밝힌다. 참고로 임종기에 대한 의학적 정의는 연명의료결정법(약칭) 2조1항(임종과정)과 3항(말기환자)을 참고하면 되겠다.
2) 여기서 슬픔을 겪는 사람은 사랑하는 사람의 죽음을 맞은 사람을 의미한다.
3) 이 책에서는 building block이라는 용어로 표현하고 있다.

역자 서문

이 책의 번역을 마칠 때쯤 어머니가 돌아가셨다. 2년 가까이 병원에 계시다가 이승에서의 삶을 마감하셨다. 몹시도 힘들게 사셨던 여든여덟 해 삶과 비교하면 잠자듯 누워계시는 어머니 얼굴은 오히려 평화로웠다. 사연도 많고 한도 많고, 아픔도 슬픔도 많았던 어머니, 이제는 편안해지셨나 보다. 삶과 죽음은 이처럼 아이러니한 것인가. 돌아가시기 전에는 어머니 죽음만 떠올려도 울컥울컥 울음이 터져 나올 듯했는데, 어머니 주검 앞에서 막상 눈물 한 방울 나오지 않는 것 또한 아이러니하다.

지금도 그 아이러니를 풀려고 여러 갈래로 생각을 펼치고 있다. 이 책에 나오는 기독교 용어 번역에 도움을 주신 이주은 코치께서 내게 이렇게 물으셨다. "웰다잉 코칭 공부하신 것이 어떤 도움이 되셨나요?" 이 물음에 대한 답을 찾는 과정으로 그 실마리를 찾아보고자 한다.

나는 3남 2녀의 막내로 태어났다. 그때 아버지 연세 마흔일곱이셨다고 한다. 생모는 내가 세 살 때 일찍이 세상을 뜨셨고, 곧바로 큰누나와 동갑인 새어머니가 오셨다. 소설 같은 이야기다. 나는 이 어머니와 육십여 년을 함께 살았다. 낳으신 분도 부모요, 기르신 분도 부모이니, 나와 어머니 사이에 어떤 경계가 있을 리 없다. 이 대목에서 감정이 울컥 올라온다. 평소에는 아무렇지 않다가도 어머니를 떠올리면 이렇게 된다.

어머니는 형제들 가운데 유독 막내인 나를 좋아하셨다. 그도 그럴 것이 형 누나들은 나이가 훨씬 많았으니 자식 같은 느낌은 덜하셨을 것이다. 우리 집에 오신 뒤에 다른 삶을 찾고 싶기도 했으나 어린 나를 두고 차마 떠날 수 없었다고 훗날 내게 고백하셨다.

최근 몇 년간 나는 주말마다 어머니에게 갔다. 그때마다 어머니는 과거사를 밤새워 말씀하셨고, 나는 기꺼이 들어드렸다. "그래서요?" "그런 일이 있었네요." "그때 기분이 어떠셨어요?" "아버지가 너무 심하셨네요." "그래서 어떻게 하셨나요?" "엄니 맘을 누구도 알아주지 않았군요." 호기심과 공감, 지지, 인정 등 코칭에서 배운 것을 그대로 활용하면 어머니의 스토리텔링은 매우 효과적으로 전개되었다. 매번 같은 이야기가 반복되었다. 나는 무한한 인내심을 발휘해야 했다. 그렇지만 중간에 질문을 하나 덧붙이면 새로운 사실, 새로운 이야기가 발굴되곤 했다. 내가 가면 아침에 까치가 울었다며 나를 기다리시곤 했다. 형은 그다지 달가워하지 않았다. 형은 어머니 말을 들어줄 마음이 조금도 없었다. 형 생각의 틀로 어머니를 바라보니 어머니가 정상으로 보일 리 없었다. 판단과 교정의 언어는 어머니를 불편하게 할 뿐이었다. 잘 듣는 것(경청)의 중요성을 어머니를 통해서 깊이 체험했다.

어머니가 점점 쇠약해지는 것이 눈에 보였다. 이제 어머니의 마지막 소망과 진정으로 하고 싶은 이야기를 들어드릴 때라고 생각했다.

"저랑 엄니 고향에 한 번 다녀오실래요?" "다 부질없는 일이다."

"어머니 돌아가시면 어디에 묻히고 싶으세요? 아버지 곁에 모셔드릴까요?" "싫다."

어머니는 소원대로 사시사철 푸른 소나무 밑에 묻히셨다.

"나중에 혹시 엄니가 의식이 없어지거나 하면 말씀 못 하실 수도 있으니까 지금 제게 하고 싶은 말이 있으면 해보세요." "너 돈 좀 많이 벌었으면 좋겠다." 좀 엉뚱한 대답이라고 생각되었지만, 어머니 평생 넉넉하지 못했던 삶이 한으로 남은 것이 아니었을까 여겨졌다. 죄책감이 다시 올라왔다. "그러는 넌 내게 무슨 말을 해줄래?" "네?" 의외의 질문을 받고 나는 당황했다. "엄니가 저희 없는 집에 오셔서 식구들 거둬 먹이시느라 고생 많이 하셨고, 지금까지 저희와 함께 살아주셔서 감사해요."

어머니가 병원에 입원하시고 나서 어머니와 나누었던 이야기, 소박하지만 어머니와 함께했던 추억들이 더욱 그리워졌다. 어머니는 이제 집으로 다시 돌아오시지 못할 터였다. 어머니와 이야기할 때 주로 좋았던 일을 나누려고 애썼다. 그렇지만 어머니에게는 궂은일, 힘든 일, 상처받은 일, 원망스러운 일들이 더 많았다. 나는 그런 어머니의 삶이 어머니로서뿐만 아니라, 한 여인의 삶으로 바라보더라도 그보다 더 애처로울 수가 없어서 깊은 연민을 느꼈다. 그래서 더 슬프다.

결국 어머니 생의 마지막 때가 되었다. 의식이 오락가락하는 가운데 코로나19 상황에서 두 번의 임종 면회가 허용되었다. 이제 마지막 작별의 인사를 나누어야 한다. 내가 웰다잉 코칭을 공부하지 않았다면 주변머리 없는 나로서는 이런 상황에서 무엇을 해야 할지, 무슨 말을 해야 할지 몰랐을 것이다. 나는 차분하게 그 순간을 맞이했다. 어머니를 보내드려야 한다. "어머니, 이제 다 내려놓으시고 편안하게 가세요. 그동안 감사했어요. 사랑합니다."

내가 웰다잉 코치로서 어머니 생의 마지막 여정에 잘 함께했는지는 모르겠다. 배운 것을 몇 가지 실행했고, 어머니 마지막 가시는 모습이 편안해 보였으므로 약간의 안도감은 든다. 역자 서문에서 모친 상실에 관한 이야기를 쓰는 것이 어울리지 않을 수 있지만, 이렇게 글로 쓰는 것도 애도의 한 방편이라 생각한다. 이 책은 사랑하는 사람이 세상을 떠나기 전, 그리고 떠난 뒤의 슬픔을 겪어내는 과정에서 코치가 그들을 어떻게 도울 수 있는지에 관한 내용으로 구성되어 있다. 독자 여러분에게 내 사례를 맛보기로 제공하여 이해를 돕고자 하였으니 양해해 주시기 바란다.

나는 세 살 때 상실을 경험했다. 심리학적으로 초기기억을 분석할 때 나는 가장 먼저 생모의 죽음을 떠올리는 그림을 그렸다. 어쩌면 지금 웰다잉 코치로서의 길을 가는 것이 필연인지도 모르겠다. 이 책을 번역하게 된 것도 그와 같은 연유에서 시작된 것이다. 냉정하게 보아 내 영어 실력만으로 번역을 결정했다면 나는 감히 손도 대지 못했을 것이다. 그렇지만 나 자신은 물론이거니와 다른 사람들도 죽음과 상실의 슬픔에서 어찌해야 할지 잘 모른다는 점에서 코칭적 접근법의 유효함을 두루 알리고자 하는 마음이 앞섰다. 번역의 서투름과 오류의 위험을 감수하더라도 '좋은 죽음'과 '건강한 회복'을 돕는 일에 조금이라도 손을 보태고자 하였다. 부디 역자의 만용과도 같은 용기를 가상히 여겨주시기를 당부드린다.

이 책의 저자 두 분은 모두 목사이면서 최고의 코치 자격(MCC)을 가진 분들이다. 목회 활동에 코칭이 얼마나 유용한지를 체험하고 생의 마지막 여정에 함께했던 경험을 들려준다. 기독교 관련 내용이 많이 언급되지만, 그렇다고 해서 이 책이 기독교인에게만 적용되는 것은 아니다. 죽음은 누구나 겪을 수 있는 일이기에 코치는 물론 일반인도 읽어보면 자신과 가족의 아름다운 삶과 마무리를 위한 훌륭한 안내를 받을 것으로 기대한다.

번역 과정에서 전 직장 동료 송종선 대표의 도움이 컸다. 원문과 번역 글을 대조하면서 표현의 적절성과 오류를 바로잡아 주었다. 감사한 마음을 담아 웰다잉 코칭을 제공하겠다고 약속한다. 누구보다 한국코칭수퍼비전아카데미 대표이시면서 역자에게 코칭 길잡이를 해주시는 김상복 코치께 가장 큰 감사를 드려야 할 것이다. 이 책은 코치님의 한결같은 격려와 지지, 자극의 산물이기 때문이다.

사회적으로 웰다잉에 관한 관심과 인식이 확산하는 이때, 이러한 일에 선도적으로 활동하시는 ㈜당근글로벌의 노상충 대표님과 ㈜모리와함께 오철숙 대표께서 이 책의 출간을 후원해주셨다. 깊이 감사드린다. 아울러 이번에 함께 출간되는 죽음 관련 시리즈 세 권 가운데 두 권, 『슬픈 나를 위한 코칭』(돈 아이젠하워 지음. 안병옥, 이민경 옮김), 『고통의 틈 속에서 아름다움 찾기』(펠리시아 G T 램 지음. 강준호 옮김)의 역자 분들에게서도 많은 배움과 통찰을 얻었음에 감사드린다.

마지막으로 천국에 계실 내 어머니 홍순남 안나, "감사해요. 사랑합니다."

2023년 3월
정익구 코치

도입

매일 아침 일과는 거의 똑같다. 일어나서 커피를 내리고, 개에게 먹이를 주고 아침 식사를 준비하고, 지역 신문의 부고란을 펼친다. 내 이름이 거기에 있는지 보려는 것이 아니다. 그보다는 죽음을 앞둔 사람과 슬픔을 겪는 사람을 돌보는, 즉 생의 마지막 이슈end- of-life issues[4]를 다루는 한 사람으로서 교구민의 '상황status'을 확인하려는 것이다.

놀라운 것은 거의 매일 아침 지역 신문 부고란이 꽉 찬다는 것이다. 사람들은 매일 죽는다. 부자와 가난한 사람, 대가족인 사람과 전적으로 혼자인 사람, 오래도록 고통을 겪다가 죽는 사람과 갑자기 비극적으로 죽는

---

[4] end-of-life는 의학적으로 '생애말기'라고 불린다. 주1에서 언급한 것처럼 의학적 의미를 포함하면서도 코칭 관점에서 다양한 의미를 함축하고, 좀 더 부드러운 표현인 "생의 마지막 이슈'라고 옮긴다. '생애말기'에 대해서는 「지역사회 노인 생애말기케어 정책에 관한 탐색적 고찰」(황숙연, 2022. 〈사회과학연구〉 제33권 4호)를 참고할 수 있다:

생애말기End-of-Life란 안정화될 가능성이 없고 회복될 수 없어서 결국 사망하게 되는 '진행성 질환advanced illness'을 안고 살아가는 시기를 말하며, 따라서 이 시기 동안에는 환자와 가족에 대해 증상을 관리하고 임박한 죽음에 대처하며, 신체적, 정서적, 영적 욕구를 충족시킬 수 있도록 원조하는 다양한 의료적 사회적 서비스가 필요하다(Health Quality Ontario, 2014).

사람 등 다양하다. 나는 그들의 죽음이 어땠을지 되돌아보지 않을 수 없다. 존엄하고 평화롭게 죽었는가? 영생eternity을 준비했는가? 죽음을 앞둔 사람이 생의 마지막 장을 맞이할 수 있게 지원을 받았는가? 이런 시간이 가져올 유익한 기회를 받아들였는가?

망자의 이름과 함께 사랑하는 사람을 잃은 유가족 명단도 있다. 거기에 장례 의식funeral service이 있는지, 그렇다면 누가 주관을 하는지도 살펴본다. 슬픔을 겪는 이들 각 개인을 누가 지원하는지도 궁금하다. 그들은 영적인 지원을 받을 수 있는 교회, 성당, (유대교) 회당과 연결되어 있는가? 그렇다면 영적 지도자는 그런 일을 효과적으로 할 준비와 자격을 갖추었는가?

수년간 목회 활동을 하면서, 나는 죽음을 앞둔 사람이 영생의 문으로 걸어갈 수 있게 하는 것, 그런 다음 어둡고 외로운 슬픔의 터널을 지나야 하는 그들이 사랑했던 사람들을 지원하는 것만큼 위대한 특권은 없다는 것을 알게 되었다.

나는 생의 마지막을 맞이하는 사람들을 돌보고 지원하려는 열정이 있다. 그렇지만 최근 내 열정은 기회와 가능성으로 가득 차 있는 곳으로 옮겨갔다. 그것은 어려운 시기를 겪는 사람들을 돌보는 성직자와 다른 전문가들을 가르치고 지원하는 것이다.

내 열정은 15년 동안 목회 활동을 하면서 죽음을 앞둔 사람과 슬픔을 겪는 사람을 돌보기 위해 내가 할 수 있는 일이 아주 많다는 인식에서 비롯된다. 내가 아는 한 나는 최선을 다했다. 나는 호스피스 목사와 슬픔을 돌보는 전문가로서 12년을 보내면서, 이런 사람들을 돌보려는 진심어린 시도가 항상 최선도 아니었으며, 또는 가장 효과적이지도 않았다는 것을 지금에서야 깨닫는다. 나는 또한 내가 했던 똑같은 방식으로 고군분투하는 다른 성직자들이 그것을 깨닫든 아니든, 그들을 만나서 이야기한다.

이 책이 죽음과 죽어감이라는 주제에 관한 완전한 연구서가 아니라는 점을 이해해주기 바란다. 마찬가지로 슬픔과 상실에 관한 포괄적인 연구서도 아니다. 이 주제들에 관해서는 이미 훌륭한 책들이 많이 나와 있다. 이 책의 목적은 모든 목회자, 목회 관련 종사자와 교회 지도자들이 죽음을 앞둔 사람과 슬픔을 겪는 사람들에게 목회할 때 하나의 방법론으로서 코칭 원리를 활용할 수 있도록 안내하고 지도하려는 데 있다.

이 훈련을 시작하는 사람들에게 많은 배려를 해주어서 감사하다.

앞으로 있을 기회는 무궁무진하다.

저자 주: 이 책 앞표지에 왜 잠자리 그림이 있는지, 잠자리가 우리에게 생의 마지막 돌봄을 어떻게 떠올리게 하는지를 이해하려면, www.coachingatendoflife.com으로 가서 무료 전자책 『잠자리에게 배우는 삶의 교훈 Life Lessons from Dragonflies』을 내려받기 바란다.

제1장
웰다잉[5] 코치의 필요성

"나는 사람들이 그들 안에 있는 최상의 것을 끌어내서 원하는 결과를 얻도록 돕는다." 이것이 코칭포클러지Coaching4Clergy의 설립자인 J. 발 헤이스팅스J. Val Hastings가 코치가 하는 일을 정의하는 방식이다. "나는 또한 코칭은 사람들을 바로잡거나 문제를 해결하는 것이 아니라고 설명한다; 코칭은 개발이나 발견에 기반을 두는 프로세스이다. 운동선수 코치와 유사하게, 우리는 코칭하는 사람들에게 이미 내재하여 있는 기술과 재능을 더욱 발전시킨다."(Hastings, 2010, 5)

대체로, 사람들은 모든 인간이 직면해야 하는 피할 수 없는 '생의 마지막end-of-life' 이슈를 다루는 데 필요한 모든 것을 그들 안에 가지고 있다고 나는 확신한다. 그렇지만 많은 이유로 대부분은 이러한 자원을 활용하는

---

5) end-of-life coach는 '생애말기 코치', '임종 코치', '생의 마지막 여정을 돕는 코치'로 옮길 수 있으나, 이 책에서는 우리나라에서 일반적으로 통용되는 '웰다잉' 용어를 활용한다.

방법을 알아차리지 못한다. 더욱이 많은 사람이 그 이슈를 잘 다루지 못한다고 생각하고, '정상'이 아니라고 두려워하면서 적응하지 못하고 당혹스러워한다.

이런 개인들에게 웰다잉 코치end-of-life coach가 필요하다. 웰다잉 코치는 죽음을 앞둔 사람과 슬픔을 겪는 사람 모두에게 파트너가 되는 사람이다(Hastings, 2010, 6). 이 파트너십은 코칭받는 사람에게 100% 초점을 맞추고, 어떤 것이든 그리고 모든 것을 공유할 수 있는 안전하고 신뢰할 수 있는 관계를 구축한다. 이것은 생의 마지막 이슈를 다룰 때 매우 중요하다.

웰다잉 코치는 이미 코치이coachee에게 일어나고 있는 일을 가속화한다(Hastings, 2010, 6). 대부분 사랑하는 사람의 상실을 슬퍼하는 개인뿐만 아니라, 그 또는 그녀 삶의 끝에 가까워지고 있는 개인은 뭔가 바로잡아야 하는 대상이 아니다! 그들은 단지 그들 곁에 와서 깊이 경청해주고, 강력한 질문을 해줄 누군가가 필요하다. 그리하여 그들 안팎에서 일어나는 모든 것을 포용해주고, 그러는 가운데 하나님의 변형God's transformation[6]을 구하도록 도와주는 것이다.

이 마지막 문장은 코치의 정의에 포함된 발Val의 세 번째 구성 요소, 즉 웰다잉 코치가 사람들을 좋은 사람에서 위대한 사람으로 이동시키면서 잠재력을 극대화하리라는 것을 포착한다. 여기서 '위대한'은 평화롭고, 좋은 죽음[7]을 의미할 수도 있고, 건강한 슬픔과 애도를 의미할 수도 있다. 대체로 우리는 생의 마지막 이슈를 일상생활의 일부로서 다룰지 말지에 대한

---

6) 하나님과의 연결을 통해 영적, 정서적 성장을 이루는 것으로 이해됨.
7) '좋은죽음a good death'이란 i) 존엄과 존중으로 개별화된 인간으로 대하며 ii) 통증이나 다른 증상 없이, iii) 친숙한 환경에서 iv) 가까운 가족이나 친구와 함께 하는 것을 포함한다고 한다(NHS, 2008). (주3에서 인용한 논문 참조)

선택권이 없다. 우리가 원하든 원하지 않든 그렇게 할 수밖에 없다! 그렇지만 우리는 자기 죽음이나 사랑하는 사람의 죽음을 좋고 평화로운 죽음이 되도록 선택할 수 있다. 우리의 슬픔과 애도mourning의 시간이 건강할지, 성장하는 시간이 될지도 선택할 수 있다. 문제는 우리 대부분이 이것을 스스로 실현할 수 없다는 것이다. 우리 곁에 와서 내면의 잠재력을 끌어낼 수 있는 누군가가 우리에게 필요하다. 우리가 얼이 빠져가는 듯 느낄 때, 그것이 정상이라고 우리를 깨닫게 해줄 필요가 있다. 우리가 몹시 외롭다고 느낄 때, 우리는 지원받을 필요가 있다. 계속하기가 너무 어려워 보일 때, 우리는 격려받을 필요가 있다. 우리의 간절한 이야기를 하고 싶을 때 들어줄 누군가가 필요하다. 그리고 절망감을 느끼고 포기하고 싶을 때, 미래에 대한 새로운 비전을 만들도록 도와줄 누군가가 필요하다.

이것이 웰다잉 코치의 역할이다. 우리 시대에는 웰다잉 코치가 절실히 필요하다. 교회와 성당과 유대교 회당에 웰다잉 코치가 필요하다. 우리 공동체와 지역사회와 선교단체parachurch에 그들이 필요하다. 슬픔과 상실을 다룰 사람들이 있는 곳이라면 어디든(모두!) 웰다잉 코치가 필요하다!

제2장
죽음에 대한 문화적 시각

우리는 생의 마지막 이슈를 잘 다루지 못하는 문화 속에 산다. 이것은 죽어가는 과정뿐만 아니라 슬퍼하는 과정에도 해당한다. 사람들은 죽음에 관해 이야기하고 싶어 하지 않는다. 많은 사람에게 이 주제는 금기 사항이다. 만약 이 주제를 거론하면, 어떤 사람은 화제를 돌리고, 어떤 사람은 가버릴 것이다. 이것은 많은 사람을 불편하게 만든다. 죽음에 관해 이야기하면 어떤 사람들은 그런 일이 실제로 자신에게 일어날지 모른다고 가정한다. 그래서, 그것에 관해서는 언급조차 하지 않겠다고 말한다.

이런 근본적인 가정을 하게 되자, 우리는 죽음과 죽어감에 관련된 완곡한 표현을 수없이 생각해냈다. 영어에는 말 그대로 죽음을 뜻하는 완곡한 표현이 수백 개가 있다. 누군가가 죽었다 died고 말하는 대신, 우리는 그들이 숨을 거두었다 expired거나 세상을 떠났다 passed away거나, 밥숟가락 놓았다 kicked the bucket고 말한다. 그들이 큰 것을 물었다 bit the big one라거나, 꼴깍했다

croaked거나, 영혼을 버렸다given up the ghost고 말한다. 또 우리는 죽은 사람을 6피트 아래에 있는 사람being six feet under으로, 또는 데이지 꽃을 밀어 올리는 pushing up daisies 사람이라고 말한다. 칩을 현금으로 바꾸거나 체크아웃했다거나, 마지막 춤을 추고 농장을 샀다고 말하기도 한다. 이와 같은 예시 외에도 훨씬 더 많은 표현이, 우리가 '죽었다dead'라는 단어를 언급하고 싶지 않아서 생긴 것이다.

어떤 사람들은 생의 마지막 이슈에 관해 의도적으로 말하지 않지만, 다른 미국인들의 경우, 이러한 우리 문화에 너무 조건 지어져서 죽음을 피할 수 없다는 사실을 받아들이지 못한다는 느낌을 나는 받는다. 북미 대륙은 죽음이 선택 사항인 것처럼 행동하는 유일한 대륙이다.

생각해 보라. 생의 마지막 단계에 대해 거의 논의하지 않는 의사들이 많다. 그들은 심지어 그들이 거의 또는 전혀 도움이 되지 않을 때도 계속해서 환자들을 치료한다.

사랑하는 사람이 죽으면 죽음이라는 현실에 직면하게 된다. 그러나 주변 사람들은 여전히 이 현실을 인정하지 않을 수 있다. 3일이 지나면 상주는 직장으로 돌아가야 한다. 그(녀)의 상실에 관해 한마디도 언급하지 않는 사람도 있고, 어떤 이는 "한 달이 지났는데 아직 끝나지 않았나요?"라고 말하기도 할 것이다. 다시 말해서, 그들은 "당신은 나를 불편하게 만들고 있어요! 제발 그것에 관해 말하지 마세요! 제발 나를 이런 현실에 놓이게 하지 마세요!"라고 말하는 것이다.

우리는 죽음을 포용하고 친구가 되는 경험으로 받아들이기보다는 싸워야 할 적으로 대한다.

우리 문화에서 이런 일이 실제로 일어나는 것을 보는 또 다른 장소는 장례 비즈니스이다. 내가 호스피스 목사로 봉사해온 몇 년 동안, 사랑하는 사람이 죽은 뒤에 사람들이 반응하는 방식에 상당한 변화가 있다는 것을 알아챘다. 장례 절차는 뷰잉viewing[8], 장례 예배funeral service, 안장burial 순으로 진행되는 것이 일반적인 관례였다. 어떤 사람은 화장 방식을 택하고 이어서 추모식을 진행한다. 이런 절차에는 흔히 장례식이나 추모 오찬이 따르는데, 조문객들이 모여서 지원할 것을 찾기도 한다. 이들 각각의 절차는 슬퍼하고 애도 과정을 시작하는 훌륭한 방식이다. 그러나 시대가 흐르면서 지금은 변했다. 많은 가족이 더는 뷰잉이나 장례 또는 추모 예배memorial service를 드리지 않는다. 점점 더 화장 방식을 택하고 그것으로 끝이다. 더는 제사나 장례 의식, 외적인 애도를 하지 않는다. 한 장례 지도사funeral director는 화장을 하고 나서 고인의 유골을 회수하러 돌아오지 않는 가족들의 사례를 본 적이 있다고 내게 말했다. 지속해서 독촉하는데도 그러했다고 한다.

일부 사람들에게는 이러한 장례 관행의 변화가 재정적인 이유로 일어났다. 그들은 완전한 장례식을 치를 돈이 없다. 그렇지만 대부분 그 이유는 내가 논의하는 이슈와 관련 있음을 알게 된다. 사람들은 생의 마지막 이슈를 다루고 싶어 하지 않는다. 그들은 되도록 그것을 경시하거나 심지어 무시하고자 한다. 그들은 사랑하는 사람이 죽더라도 중단없이 삶을 이어가길 원한다.

이런 추세가 계속된다면 우리 문화가 어떻게 될지 정말 염려스럽다. 죽음은 선택 사항이 아니다! 생의 마지막 이슈는 현실이다. 이 현실을 다루기를 거부한다고 해서 사라지지 않는다. 그럴수록 더 나빠진다.

---

[8] 고인의 시신을 관에 안치하여 조문객에게 보여주는 미국의 장례 관습

다른 대륙과 이곳에서의 초기 수 세기 동안, 관점은 달랐다. 빅토리아Victoria 시대에는 죽음에 관한 견해를 포함하여 유명한 것들이 많았다. 현대인들과 비교하면 이 시대의 우리 선조들은 죽음과 죽어감에 대한 병적인 매혹과 이상한 강박관념이 있다고 비난받을 수 있었다. 임종과 애도에 대한 정교한 의식rituals이 주위에서 벌어지는 일상적인 일이 되어있었다.

빅토리아 시대는 영국 빅토리아Victoria 여왕의 이름을 딴 것이다. 그녀는 1837년에 왕위에 올랐고 1901년에 죽었다. 빅토리아 여왕의 남편인 앨버트Albert 왕자는 1861년 장티푸스로 사망했다. 재위 40년 동안, 여왕은 애도하면서 살았다. 여왕은 3년 동안 왕실 전체를 상복으로 차려 입혔고, 완전한 애도full mourning 상태로 있었다.

빅토리아 시대는 애도에 대한 여왕의 개인적인 태도를 반영했다. 가장 긴 애도 기간은 배우자의 죽음이었고 보통 최소 2년 동안 지속했다. 그러나 단지 슬퍼하는 것만으로는 충분하지 않았다; 당사자는 애도를 위해 상복을 입어야 했다. 심지어 다른 상복을 입어야 하는 애도 단계도 있었다. 완전한 애도 기간은 1년 1일 지속했으며, 여성들은 검은색 상장喪章crepe이나 반짝거리지 않는 칙칙한 소재를 착용해야 했다. 검은색은 빛과 생명의 부재를 상징하기 때문에 선호되는 색이었다. 특별한 애도 레이스 손수건은 검은 테두리로 장식되어 있었다. 머리에는 슬퍼하는 여성들을 위해 특별히 만든 챙 없는 모자bonnet나 챙 달린 모자cap, 베일을 썼다. 우는 동안 코를 닦을 수 있도록 옷에 큰 소맷부리를 달았는데, 그것을 '위퍼weepers'라고 불렀다.

여성은 일 년 내내 완전한 애도 복장과 상장 베일weeping vail을 갖추지 않으면 집을 나갈 수 없었다. 교회 예배에는 참석할 수 있지만, 오락이나 연회 장소에는 절대 모습을 나타내서는 안 되었다. 심지어 집에는 상을 당했다는 것을 나타내기 위해 검은 상장 현수막이 늘어뜨려져 있었다. 상을 당하는 순간부터 시계는 멈춰지고 창문에 커튼이 드리워지고 거울은 가려졌다.

남자들은 상을 치르기가 훨씬 수월했다. 애도 기간도 더 짧았고 복장도 더 간소했다. 일부 남자들은 검은색 정장을 입었지만, 대부분은 검은색 모자밴드와 검은색 팔 완장을 착용했다.

시간이 지남에 따라, 미국의 애도 전통은 여러 전쟁을 치르면서 필요에 따라 바뀌었다. 많은 남자가 전쟁터에 나가게 되면서 여성들이 일터로 내몰리게 되었으므로 정교한 애도 절차가 요구하는 제약을 더는 감내할 수 없게 되었다.

우리가 애도의 한 부분으로 그러한 엄격한 의식을 지킬 필요가 없다는 것에 나는 감사하지만, 오늘날 우리 사회는 빅토리아 시대의 애도 관행에서 귀중한 교훈을 배울 수 있다. 빅토리아 시대에는 슬픔을 겪는 사람이 그들의 상실을 사람들에게 인정하고 그것에 관해 공개적으로 말할 수 있도록 허용했다. 죽음이 금기시되는 주제가 아니었으므로 그 시절에는 사랑하는 사람을 애도할 수 있는 시간을 훨씬 더 많이 허용하였다.

우리는 빅토리아 시대에서 여기까지 멀리 왔다. 우리의 문화는 완전히 반대 방향으로 바뀌었다. 죽음을 앞둔 사람과 슬픔을 겪는 사람을 돌보는 사람들은 우리가 사는 시대의 문화와 생의 마지막 이슈와 관련하여 미묘한 것이든 아니든 매일 선언되는 메시지를 알아차려야 한다. 이러한 메시지는 반드시 다뤄져야 한다!

제3장
교회: 도움인가, 걸림돌인가?

> 내가 산을 향하여 눈을 들리라. 나의 도움이 어디서 올까.
> 나의 도움은 천지를 지으신 여호와에게서로다.
>
> - 시편 121:1-2[9]

한 개인이 생의 마지막 이슈에 직면했을 때, 즉 그들 자신이나 사랑하는 사람이 죽음을 앞두고 있거나 누군가가 죽었을 때, 그리고 상실로 슬퍼하고 있을 때, 그들은 어디에 도움을 요청해야 할까? 그들이 하나님의 도움을 얻을 수 있는 교회를 찾으면 안 되는가?

이 물음에 당연히 교회로 향해야 한다고 답해야 한다. 생의 마지막 이슈를 다룰 때 도움을 얻을 수 있는 곳으로 이보다 더 좋은 곳은 없을 것

---

[9] 이 책에 인용된 성경 구절은 (재)대한성서공회의 구두 허락을 받아 개정개역 성경을 인용하였으며, 일부 문구는 독자의 이해 편의를 위하여 영어 원문을 옮겼음을 밝힌다.

이다. 그렇지만 내 경험에 비추어 보면, '그러해야 한다should'는 것이 항상 그런 것은 아니다. 사실, 나는 교회가 생의 마지막 문제에서 도움이 되기보다는 오히려 더 걸림돌이 된다는 것을 자주 보고 또 들었다. 그래서는 안 되는데, 나를 몹시 안타깝게 한다.

어떻게 교회가 도움이 아닌 걸림돌이 될 수 있을까? 몇 가지를 생각해보자.

1. 교회에 스며드는 문화적 원칙

앞 장에서 우리는 우리가 사는 문화에 관해서 이야기했다. 생의 마지막 이슈를 다루고 싶어 하지 않는 문화다. 많은 사람이 그것에 관해 이야기하기 싫어한다. 어떻게든 그 주제를 피하고, 그 과정에서 생의 마지막 위기에 처한 사람들을 회피한다.

교회는 사람들, 즉 현재 문화의 일부인 사람들로 구성되어 있으므로 그런 감정과 반응이 쉽게 교회 일부가 된다. 생명을 위협하는 질병과 싸우는 사람들과 사랑하는 사람을 잃고 슬퍼하는 사람들은 때때로 교회에 속하지 않은 사람들만큼이나 고립되고 외롭다고 느낀다. 왜 그럴까? 흔히 교회 문화는 별로 다르지 않다. 많은 경우에 신자들은 이것이 다를 것으로 기대하기 때문에 훨씬 더 어렵다. 그들은 교회 가족이 그들을 지지해주기를 기대하지만 그러지 못할 때 곤혹스러워한다.

2. 성직자들이라고 해서 더 나은 것을 아는 것이 아니다

오늘날 생의 마지막 이슈와 관련한 문화적 사고를 교회로 가져오는 사람은 교구 신자들만이 아니다. 성직자도 대개 똑같다. 그들이 이런 식으로 되기를 원해서가 아니라 더 나은 어떤 것이 있는지 정말 알지 못하기 때문이다. 그들은 이 점에 관하여 전혀 배운 바가 없다.

나 자신의 이야기를 다시 생각해본다. 나는 멋진 신학교 경험을 했는데, 거기서 목회 활동 준비를 잘할 수 있었다. 슬픔과 상실을 다루는 목회 상담 수업과 장례식을 다루는 설교 코스의 한 강의를 기억한다. 그렇지만 그것은 생의 마지막 이슈에 관한 훈련 정도였다. 나는 신학교를 비난하지는 않는다. 그곳에서는 단지 3년간의 프로그램에 적합한 과목들로 꽉 채워져 있을 뿐이다. 나는 단지 현실을 직시하려 한다. 이 모든 것을 악화시킨 것은 내가 얼마나 조금 아는지 깨닫지 못했다는 점이다. 나는 생의 마지막 이슈를 다루는 사람들을 대상으로 목회 활동을 잘할 준비가 되어 있다고 생각했다. 그렇지만 내 목회 활동 초기를 돌아보면 많은 경우에 내가 도움이 되기보다는 걸림돌이었다고 깨닫는다. 그 점이 나를 서글프게 한다. 그렇지만 그것이 이 책을 쓰는 이유 가운데 하나이다. 나 자신의 이야기가 생의 마지막 이슈를 다루는 다른 성직자들의 목회 활동을 돕겠다는 열정을 불러일으켰다.

성직자들에게 또 다른 주요 이슈는 시간이 부족하다는 점이다. 성직자는 바쁜 일정에 쫓기다 보니 폭넓은 돌봄을 제공할 만한 시간이 없다. 사별한 교구 신자들은 목사가 위기를 겪는 다음 가정으로 이동할 때 고립감을 느낀다. (10장과 이 이슈를 해결하기 위한 사별 관리 시스템Bereavement Management System 소프트웨어에 관한 정보를 참조하라.)

3. 전형적인 경건한 반응

신앙 공동체에서 서로 진정으로 돌보는 집단을 받아들이고, 현재 문화에서 생의 마지막 이슈를 다루는 기본 훈련을 받은 사람을 늘리면 다음과 같은 결과를 얻을 수 있다.

죽음을 앞둔 사람이나 치명적인 질병으로 진단받은 사람들에게 성직자와 평신도 모두가 가장 많이 보이는 반응은 회피이다. 내가 성직자들에게 왜 죽음을 앞둔 신자들을 방문하지 않는지 질문해보면 일반적으로 듣는 답변은, 그들이 너무 불편하고 미숙하다고inadequate 느껴서 그것을 미룬다는 것이다. 그들은 무엇을 해야 하고, 뭐라고 말해야 하는지 모르거나, 그 상황에서 어떻게 위로해야 하는지 모른다. 또 그들은 신자들에게 무슨 일이 일어나고 있다고 어떻게 설명해야 할지 모른다. 그들은 해야 한다고 하면서도 너무 불편하게 느껴서 목회 활동을 회피한다. 이런 일들이 예외라면 나는 언급조차 하지 않을 것이다. 나는 그것이 예외라기보다는 훨씬 더 일상적이라고 생각한다. 그리고 성직자에게 말하든 아니든, 죽음을 앞둔 신자들은 성직자들의 현존presence과 반응 부족에 큰 충격을 받는다.

슬픔을 겪는 사람들을 돌볼 때 사람들의 대응 방식은 대개 아주 다르다. 내가 교회에서 늘 보아온 문제는 교인들과 성직자가 지나치게 돌본다는 점이다. 그들은 매우 훌륭하다! 사람이 어떻게 그토록 많이 또는 그토록 잘 돌볼 수 있을까? 우리는 이것을 뒤에 나오는 장에서 좀 더 자세히 다루겠지만, 상실을 경험하는 사람들에게 해야 할 가장 중요한 일은 상실을 애도하게 하는 것이다. 교회가 그들을 위로해주기 위해 너무 많은 것을 해주다 보면 그들은 애도할 수 없게 된다. 그들은 상처를 주거나 기분을 언짢게 하는 친구나 신자들을 원하지 않는다. 이것은 놀라운 일이다. 그런데도 슬픔을 겪는 사람에게 슬퍼함을 허용하지 않는다.

4. 두려움

때때로 발생하는 이슈는 두려움이다.

- 내가 할 수 없거나 답변할 수 없는 것을 요청할까 봐 두렵다.
- 무슨 말을 해야 할지 두렵다. 더 나쁘게 만들고 싶지 않다.
- 강한 감정을 불러일으키고evoke 싶지 않다.
- 내가 거기 있는 동안 그들이 임종하면 어떻게 할까?
- 생의 마지막 이슈를 다루는 개인과 가족에게 어떻게 함께 있어 주고 무엇을 말해야 하는지가 아니라 어떻게 해야 하는지를 배웠다.
- 내가 열린 질문을 하면, 그 대화가 어디로 갈지 모른다. 그들을 울게 할까 봐 두렵다.
- 내가 울게 될까 봐 두렵다. 나는 너무 예민하다.

5. 성경의 오용이나 그릇된 신학

그리스도인은 치명적인 질병에 걸렸다는 말을 들었을 때 슬퍼하거나 우울해서는 안 된다고 말하는 것은 대단히 어리석다. 이 말은 잔인하고, 그들에게 "극복하라get over it"라고 말하는 것이나 다름없다. 그렇지만 선의의 사람들(평신도와 성직자 모두)은 다음과 같은 말을 되풀이한다. "만약 당신이 슬퍼하거나 눈물을 흘리거나 겁에 질리거나 지나치게 감정을 표현하거나 '왜?'라고 묻거나 하면, 신앙이 부족하고 신을 믿지 않는다는 것을 보여주는 겁니다. 그게 바로 성경에서 말하는 것이지요!" 성경은, "이는 소망 없는 다른 이와 같이 슬퍼하지 않게 하려 함이라."(데살로니가전서 4:13)라고 말한다. 그런 단어들을 입으로 말하든, 행동으로 암시하든, 생의 마지막 이슈를 경험하는 동안 사람들이 왜 교회에 가기를 피하는지 나는 이해한다. 그들은 교회가 도움보다는 걸림돌이 된다고 생각한다.

죽음을 앞둔 사람, 슬픔과 애도를 경험하는 사람이 온갖 정서를 겪는 것은 그들이 결코 미성숙한 그리스도인이나 신앙이 부족한 사람이라는 표시가 아니다. 사도 바울The Apostle Paul은 소망이 없는 사람처럼 슬퍼해서는 안 된다고 말하지만 "슬퍼하지 마라!"라고 말하지는 않는다. 바울은 참되고 경건한 슬픔이, 사실 그대로, 구세주 예수 그리스도의 부활에 근거한 흔들리지 않는 소망으로 진정되어야 한다고 표현하고 있다.

죽음을 앞둔 사람과 슬픔을 겪는 사람 모두 정상적인 온갖 정서를 경험한다. 욥Job이 어떻게 다양한 정서를 경험하고 통과했는지 알려면 구약성경을 보라. 그는 소중하다고 여기는 모든 것을 잃고, 하나하나 이어지는 상실에 직면하면서 무감각해졌다. 그의 아내가 하나님을 저주하며 죽으라고 말하자 화가 났다. 그는 병이 계속 악화하자 겁을 먹었을지도 모른다. 그는 죽을 것 같지 않자 당혹스러웠다. 그는 세 친구가 와서 위로하자 처음에는 기뻤다가 슬펐고, 그들이 계속 '위로'하자 전혀 위로되지 않는 것이 분명했으므로 점차 외로워졌다. 그는 친구들이 떠나주기를 바랐다! 그것은 믿음이 부족하다는 표현이 아니라 모두 정상적인 슬픔이다.

사도행전 8장 2절에는, "경건한 사람들이 스데반을 장사하고 위하여 크게 울더라."라고 나온다. 이것은 사도 바울이 로마인들에게 "우는 자들과 함께 울라."(로마서 12:15)라고 지시한 것과 꼭 들어맞는다. 바울이 그들을 떠날 때 에베소 교회 장로들은 이렇게 반응했다. "다 크게 울며 바울의 목을 안고 입을 맞추고 … 다시 그 얼굴을 보지 못하리라 한 말로 말미암아 더욱 근심하고 배에까지 그를 전송하니라."(사도행전 20:37-38)

성경에는 극심한 슬픔의 예가 많다. 아브라함과 이사악은 사라의 죽음을 슬퍼했다(창세기 23:2; 24:67). 이스라엘 사람들은 야곱의 죽음을 슬퍼했고(창세기 50:10), 아론(민수기 20:29), 모세(신명기 34:8), 사무엘(사무엘상 28:3), 사울과 요나단(사무엘하 1:12, 17), 요시야(역대하 35:25), 그리고 많은 사람의 죽음을 슬퍼했다. 신약성경에서, 예수는 세례자 요한의 죽음을 슬퍼하기 위해 따로 한적한 곳으로 갔다(마태복음 14:13). 예수는 그들의 형제 라자로의 무덤에서 친구 마리아와 마르타에게 슬픔과 동정으로 사람들 앞에서 눈물을 흘렸다(요한복음 11:35). 독실한 신자들은 스데반 부제의 죽음을 애도했다(사도행전 8:2). 경건한 여인들은 욥바에서 다비다의 죽음을 슬퍼하며 울었다(사도행전 9:39).

이 모든 것이 나와 있는데도 일부 선의의 목회자와 교인들은 공개적으로 슬퍼하는 것은 적절치 않으며, 신앙이 부족하다는 증거라고 말한다. 죽음을 앞둔 사람이나 슬픔을 겪는 사람들이 교회가 도움이 되기보다는 걸림돌이라고 말하면서 교회를 멀리하는 것은 이상한 일이 아니다.

6. 낡은 표현clichés의 사용 - 종교와 세속

내가 죽음을 앞둔 사람들과 슬픔을 겪는 사람들의 이야기를 들으며 시간을 보낼 때, 내가 듣는 가장 큰 좌절감 가운데 하나는 사람들이 그들에게 하는 발언에 관한 것이다. 많은 사람은 생의 마지막 이슈에 직면한 사람과 이야기할 때, 침묵을 불편해하고, 무언가 말해야 한다고 느낀다. 무슨 말을 해야 할지 몰라서 그들은 흔히 말 실수를 하고, 위로하려고 하는 사람에게 상처를 주거나 때로는 심지어 해로운 말을 하기도 한다. 교회도 예외는 아니다. 사실, 교회는 사람들이 이러한 낡은 표현에 직면하게 되는 가장 흔한 장소들 가운데 하나 - 보통, 이 환경에서, 종교적인 것들 - 이다. 슬프게도, 종교적 낡은 표현이 가장 파괴적이다. 그것들에 쉽게 대응할 방법이 없다.

이것은 죽음을 앞둔 사람과 슬픔을 겪는 사람의 도움과 치유에 너무나 흔한 좌절이고 중요한 걸림돌이어서 이 주제에 관한 별도의 책이 쉽게 쓰일 수 있다. 그러나 내가 들은 가장 흔한 낡은 표현 가운데 몇 가지를 간단히 공유하고 싶다. 종교적이든 세속적이든 그것은 확실히 생의 마지막에 있는 사람들에게 걸림돌이다.

- 죽음은 일어납니다. 그만 극복하세요.
- 삶은 계속됩니다.
- 당신이 받은 축복을 헤아려 보세요.
- 하나님의 뜻이었습니다.
- 당신은 아직 젊어요. 당신은 다시 아이를 가질/결혼할 수 있습니다.
- 그 사람 말고도 다른 사람이 있습니다. There are other fish in the sea.
- 하나님은 최고인 사람과 가장 똑똑한 사람만 데려가십니다.
- 당신이 그와 오랫동안 함께했던 것에 감사하세요.

- 그는 지금 더 좋은 곳에 있습니다.
- 뭔가 잘못된 게 틀림없군요.
- 더 나아지셨네요.
- 기운 내세요.
- 하나님은 당신이 감당할 수 없는 것은 주지 않으십니다.
- 딸이 하나 더 있다는 걸 감사하게 생각하세요.
- 당신 삶을 잘 살아내야 합니다.
- 모든 일에는 이유가 있습니다.
- 당신 앞에 많은 삶이 남아 있습니다.
- 당신이 감사해야 할 모든 것을 생각해보세요.
- 당신 기분을 알아요.
- 그/그녀가 고통에서 벗어났다는 것을 기뻐하세요.
- 훨씬 더 나쁜 상황을 맞은 사람들도 있어요.
- 시간이 치유해줄 거예요.
- 그녀는 정말 착했어요. 하나님께서도 그와 함께하길 원하실 거예요.
- 하나님이 당신을 목회 활동에 부르셨습니다.
- 적어도 아기에게 정들일 시간은 없었잖아요.
- 그녀가 자초한 일이에요.
- 울지 마세요. 그/그녀는 당신이 우는 것을 원치 않을 거예요.
- 이제 이 일은 잊어버릴 때가 되었습니다.
- 아직 그를 잊지 않았나요? 그가 세상 떠난 지 꽤 되었는데요.
- 더 나빴을 수도 있어요.
- 당신이 이것을 나쁘다고 생각한다면, 가족이 … 함을 나는 알아요.

- 이 일은 우리 엄마가 돌아가셨을 때만큼 나쁘진 않네요.
- 다행이네요.

7. 하나님을 변호할 필요성

교회가 생의 마지막 이슈에 직면해서 도움보다는 더 많은 걸림돌이 된다는 마지막 이유 하나를 여기서 말하고자 한다. 즉 종교인들이 하나님을 변호해야 한다고 느낄 때이다.

  생의 마지막 이슈에 직면하는 것은 전혀 유쾌하지 않으며, 그것을 겪는 것은 절대 선택 사항이 아니다. 사실, 대부분 사람은 그것을 겪지 않기를 기도한다! 문제는 이 기도에 응답이 없을 때나 적어도 자신이 원하는 답이 아닐 때 발생한다.

  불치병에 걸렸다는 소식을 듣거나 사랑하는 사람이 죽은 뒤에 이어지는 가장 흔한 질문은 "왜?"이다. 내가 왜 암에 걸려야 하는가? 하나님은 왜 사랑하는 사람을 데려가셨나? 주님은 왜 내 기도를 들으시고 치유해주지 않으셨나?

  많은 사람이 하나님에게 화낸다. "사랑하는 주님이 어떻게 이러실 수 있나요?"

  어떤 사람들은 자신이 지은 죄에 대해 하나님이 벌하는 것은 아닐까 하고 궁금해한다. 그들은 하나님이 자신을 거부한 것 같아서 화가 나고, 그 이유를 이해하지 못한다.

  욥처럼 하나님을 저주하는 사람도 있다!

  이 같은 상황은 얼마든지 있다 ….

이 모든 것이 죽어가고 있다는 소식을 듣거나 사랑하는 사람을 잃은 사람들이 보이는 정상적인 반응이다. 그들의 분노는 하나님에게 향한다. 이 사람들에게 자신의 말과 일치되지 않는다고 말하거나 하나님을 방어하려는 것은 가장 도움이 되지 않는 대응이다. 첫째, 하나님을 방어할 필요가 없다. 더욱이 더 나아가 하나님을 옹호하는 것은 상처받은 개인을 하나님께 가까이 이끄는(대개 교인들의 주장인) 데 도움이 되지 않는다. 이 상황에서 교회가 하나님을 변호해야 한다고 느낄 때, 보통 그를 하나님에게서 밀어내는 결과를 초래한다. 죽음을 앞둔 사람과 슬픔을 겪는 사람에 대하여 하나님을 변호하는 사람들은 결국 도움보다는 훨씬 더 많은 걸림돌이 된다.

제4장
생명 상실 다루기

이 책 전반에 걸쳐 나는 생의 마지막 이슈, 즉 자신이 죽음을 앞두고 있거나 사랑하는 사람이 죽음을 앞두고 있거나 죽은 사람들의 이슈를 다루는 개인들을 코칭하는 데 초점을 맞추고 있다.

그렇지만 여기서 배우는 원칙들은 삶 전반에서 일어나는 모든 상실을 다루는 코칭에도 적용할 수 있다.

상실은 우리 삶 전반에서 늘 변함없는 동반자의 하나이다. 많은 사람에게 LOSS는 진정 네 글자로 된 단어이다. 그것은 말할 필요 없이 저주스러운 단어이다. 그렇지만 우리 대부분에게는 거의 항상 함께 있다. 우리는 저마다 늘 상실 이슈에 직면한다.

잉태되는 순간부터 우리 삶은 전환transition의 연속이다.

- 어둡고 아늑한 자궁에서 밝고 차가운 세상으로 미끄러져 나온다. 참

으로 충격적인 전환이다.
- 젖을 먹고 젖을 뗀다.
- 부모에게 애착을 갖고, 어린이집이나 유치원에 갈 때 부모에게서 떨어져야 한다.
- 젖니가 빠진다.
- 친구를 사귀다가 잃는다.
- 부모가 이혼한다.
- 사랑하는 사람이 죽을 수도 있다.
- 때때로 새로운 동네로 이사 간다.
- 학교에 가려고 집을 떠난다.
- 반려동물이 죽는다.
- 가장 친한 친구와 멀어진다.
- 남자 또는 여자친구가 더는 사랑하지 않기로 한다.
- 직업을 얻기도 하고, 잃기도 한다.
- 사랑하는 사람이 죽는다.
- 우리가 죽어가고 있다는 말을 듣는 때가 온다.

(『Living in the Shadow of the Ghosts of Grief』, Wolfelt 2007, pp. 13-14에서 발췌)

우리는 계속해서 나아갈 수 있다…. 삶은 전환과 상실로 가득 차 있다. 아무도 지는 것을 좋아하지 않는다. 인생은 승자들로 채워져야 한다. 스포츠 신문의 헤드라인을 보라.

잃는 것은 마음을 아프게 한다. 그것은 고통을 유발한다. 우리는 상실을 삶의 일부로 받아들이는 법을 배우지 않았고, 생명의 상실/죽음을 다루는 법을 배우지 않았기에 더욱 마음이 아프다.

우리는 승자가 되기를 원하고, 성공을 원한다. 우리 삶을 통제하고 싶어 하므로 '상실-무단침입 금지' 표지판으로 우리 주위에 벽을 쌓는다. 그런 다음 그런 일이 벌어지면 침해당했다고 느낀다. 우리는 뭔가 잘못되었다고 말한다. 하나님에게 화낸다. 그러나 문제는 그런 일이 계속 일어난다는 점이다. 우리는 거기서 벗어날 수 없다.

우리가 상실을 좋아하지 않는 데에는 그럴 만한 이유가 있다. 너무나 자주, 상실로 고통받는 사람은 그것으로 비난받는다.

- 남편이 아내를 떠난 걸 보면, 좋은 아내가 아니었나 보다.
- 그들은 부모로서 실패했다. 그렇지 않았다면 아이가 교회에 남아 있었을 것이고, 그런 무리와 어울리지 않았을 것이다.
- 그는 일자리를 잃었다. 그가 무엇을 잘못했을지도 모른다.
- 그들이 경건한 삶을 살았다면 이런 일은 일어나지 않았을 것이다.

예수님 시절의 사람들도 같은 생각을 하고 있었다. 요한복음 9장 1~3절에서 이렇게 말한다.

> 예수께서 길을 가실 때에 날 때부터 맹인 된 사람을 보신지라.
> 제자들이 물어 이르되 랍비여 이 사람이 맹인으로 난 것이 누구의 죄로 인함이니이까 자기니이까 그의 부모니이까.
> 예수께서 대답하시되 이 사람이나 그 부모의 죄로 인한 것이 아니라 그에게서 하나님이 하시는 일을 나타내고자 하심이라.

상실은 삶의 한 부분이다. 전도서 3장 1~4절에서 이렇게 말한다:

> 범사에 기한이 있고 천하 만사가 다 때가 있나니
> 날 때가 있고 죽을 때가 있으며 심을 때가 있고 심은 것을 뽑을 때가 있으며
> 죽일 때가 있고 치료할 때가 있으며 헐 때가 있고 세울 때가 있으며
> 울 때가 있고 웃을 때가 있으며 슬퍼할 때가 있고 춤출 때가 있으며

상실은 삶의 일부일 뿐만 아니라 온갖 다른 형태와 크기로 다가온다.

어떤 상실은 24시간 이내에 끝난다. 어떤 것은 수년간 지속한다. 전혀 끝나지 않는 것도 있다. 상실에 어떻게 대응할지, 또는 그것이 당신에게 무엇을 하게 할지에 따라 당신의 남은 인생에 영향을 미칠 것이다. 상실을 회피하거나 무시할 수 없다. 상실은 그것을 인정하든 안 하든 우리 삶의 일부가 될 것이다.

상실은 적이 아니다: 그 존재와 직면하지 않는 것이 적이다. 불행히도 우리는 대부분 생명의 상실을 직면하고 받아들이기보다는 부인denial하는 데 더 능숙해졌다.

문제의 본질은 상실이 언제나 나쁜 것만은 아니라는 점이다. 사실, 상실은 좋을 수 있다! 각각의 상실은 변화와 성장, 새로운 통찰, 이해와 순화의 잠재력이 있다. 이 모든 것이 희망적인 단어이다. 문제는, 그러한 일들이 흔히 미래에 일어나고, 그래서 우리는 슬픔 가운데 있을 때 더 멀리 내다볼 수 없다는 것이다.

삶은 상실과 이득gain으로 혼합되어 있다. 몇 가지 예를 들어보겠다.

• 꽃봉오리는 아름다운 장미로 변하면 사라진다.

- 식물이 흙을 뚫고 나오면 씨앗은 사라진다.
- 어린아이였을 때 젖니는 한차례 아픔과 눈물과 함께 나오지만, 영구치가 나올 수 있게 빠진다. 때때로 이것들 역시 빠져서 틀니로 대체되기도 한다.
- 고등학교를 졸업하면, 청소년 신분, 친구, 익숙한 것들을 잃게 하지만, 우리는 그것이 우리 삶을 계속한다는 것을 의미하기에 그것을 고대했다.

변화가 이루어질 때는 대체로 그와 동시에 원래 있던 것들이 상실되어 버리곤 한다.

신약성경에서 사도 바울은 에베소 사람들에게(4:22-24) 이렇게 말했다. "옛 사람을 버리고 … 오직 너희의 심령이 새롭게 되어 … '새 사람'을 입으라."

삶에서 어떤 것은 명백하게 상실일 수 있다. 죽음이나 이혼으로 사랑하는 사람을 잃는 것; 자동차를 도난당하는 것; 집이 파손되거나 도둑이 드는 것.

어떤 것은 명확하지 않을 수 있다. 직업을 바꾸는 것, 대학 과정에서 'A'대신 'B' 학점을 받는 것, 기대했던 것보다 급여가 적게 오르는 것, 이사, 질병(건강 상실), 학기 중 선생님이 바뀌는 것, 아들이나 딸이 학교에 가는 것, 꿈이나 인생 목표를 잃는 것. 이 모든 것이 상실이지만 그것을 인식하기 쉽지 않기에 그것을 상실로 여기지 않는다. 그러므로 우리는 그것들을 다루느라 시간과 에너지를 쏟지 않는다.

삶에서 상실 대부분은 나이 듦과 관련이 있다.

유년기와 청소년기의 로맨스는 상실로 가득 차 있다. 어떤 것은 매일 일어나고, 심지어 시시각각 일어난다! 학교를 옮기고, 낙제하고, 자퇴하고, 집을 떠나 대학에 가고, 가족과 헤어진다. 비록 계획된 것이라 하더라도 이러한 변화는 상실을 수반한다.

고용시장에 들어가면 거절이 일어나면서 상실이 배가된다. 누군가는 승진하고, 거래에 실패하고, 사업에 실패하고, 경제가 흔들린다.

아이러니하지만, 몸무게가 증가하고 허리둘레가 늘어나는 신체적 상실도 있다. 젊음, 아름다움, 부드러운 피부, 신체 근육, 몸매를 잃는다.

중년에는 상실이 더 빈번해지고 더 부정적인 영향을 미친다. 머리숱이 빠지고 치아를 잃고 다초점 안경을 끼는 것을 누가 기뻐하겠는가? 우리는 일반적으로 이런 것을 성장 경험이라고 부르지 않는다. 상실은 상실 위에 쌓이는 것 같다. 우리는 해가 갈수록 더 많은 친구를 잃는 경향이 있다.

위협적인 상실은 대처하기 어렵다. 현실적으로 그런 일이 일어날 가능성이 있지만, 당신이 할 수 있는 일은 거의 없다. 통제력이 무너진다. 같은 회사에서 19년 동안 근무하고 있다. 20년이 지나면 모든 혜택이 보장된다. 그런데 경기 침체로 인해 직원의 40%가 월말에 해고될 것이며 근속 기간이 고용 유지 기준과는 무관하다는 사실을 알게 된다. 당신은 40% 가운데 한 명이 될 것인가?

삶에서 다른 위협적인 상실이 많다: 조직검사 결과를 기다리는 것; 배우자가 "당신과 이혼을 생각하고 있어요."라고 말할 때; 성공하지 못할 수도 있는 비즈니스 투자; 성난 고객이나 직원에게 고소당하는 것; 당신 아들이 지난 1년간 마약을 사용한 것으로 의심된다고 말하는 친구.

이런 모든 것이 잠재적 상실이다. 실제로 발생할 수 있다. 그것들에 대해 할 수 있는 것은 거의 없으며, 상실이 일어나기 전에 상실을 느끼며, 무력감을 느낀다. 그렇지만 그것들을 반드시 해결해야 한다!

교회, 성당, (유대교) 회당의 일원이 되는 것은 그렇지 않으면 없을 상실을 가져온다. 때때로 교인들이 떠나고, 성직자도 떠난다. 이따금 교회가 분열되기도 한다.

암과 같은 질병을 앓게 되면 건강이 악화하므로 큰 상실로 간주한다. 그렇지만 추가로 일어나는 2차 상실도 고려해보았는가? 친숙한 가정환경 상실, 독립성 상실, 통제력 상실, 자율성 상실, 신체 기능 상실, 신체 일부의 상실, 예측 가능성 상실, 즐거움 상실, 정체성 상실, 친밀감 상실, 희망 상실, 직업 상실, 즐기는 취미 상실, 사회적 교류나 접촉 상실, 자존감 상실, 이동성 상실 등.

그리고 각각의 상실에는 슬픔 반응이 필요하다. 각각에 대해 애도해야 한다. 각 상실의 의미와 정도는 투자하는 정도에 따라 사람마다 다양하다. 슬픔의 양은 다양하지만 많은 사람이 이러한 상실을 이해하는 웰다잉 코치end-of-life coach에게서 혜택을 받을 수 있다.

중요한 사람의 죽음은 우리가 보통 상실이나 슬픔에 관해 이야기할 때 가장 먼저 생각하는 것이다. 그러나 그에 수반되는 모든 이차적 상실은 어떤가? 그 사람에 대해 가졌던 희망, 꿈, 소망, 판타지, 감정, 기대, 필요 등의 상실. 그것은 현재 잃은 것이기도 하지만 미래에 잃는 것이기도 하다.

미망인은 남편을 잃었을 뿐만 아니라, 노후, 교회 행사, 부부 모임, 자녀의 결혼, 손주들의 돌잔치 등을 함께할 파트너도 잃는다.

사망한 사람이 당신 삶에서 했던 역할들을 확인하면 지금 당신 삶이 나아가야 할 방향을 이해하는 데 도움이 된다. 잃어버린 가까운 사람을 생각하거나 인생을 가장 많이 함께한 사람이 죽었다면 어떨지 생각해보라. 다음 중 해당하는 사항은 무엇인가?

  친구, 재주꾼, 연인, 정원사, 동반자, 스포츠 파트너, 수표책 잔고 관리인checkbook balancer, 쓰레기 수거인, 정비사, 격려자, 동기부여자, 사업 동료, 심부름꾼, 세무사, 배우자, 자녀, 부모, 형제, 자매, 공급자, 요리사, 청구서 납부인, 세탁인, 막역한 사이, 멘토, 기도 파트너, 영감의 원천, 교사, 상담가, 보호자, 주최자 등.

  이해하는가?

  이혼으로 초래되는 상실이 있다. 신체적 또는 정서적 포기로 초래되는 상실이 있다.

  이것들은 모두 흔한 상실이다. 우리가 경험하는 상실 대부분은 슬퍼하는 데 어려움이 있다. 왜냐하면, 그것들은 대개 상실로 인식되지 않기 때문이다. 죽음이 관련되지 않은 상실을 애도하려 할 때의 어려움은 거기에는 시신도, 장례식도, 어깨에 기대어 울 사람도 없다는 것이다. 죽음이 아닌 상실일 때 애도를 위한 전통적이고 사회적으로 인정되는 배출구는 없다.

  그리고 알다시피, 상실은 누적된다. 과거의 상실은 현재의 상실과 애착에 영향을 미친다. 삶에서 상실을 다루지 않고, 그것을 적절히 슬퍼하지 않아서 해결되지 않은 반응과 감정은 더 높은 수준의 불편함으로 이어진다. 이러한 해결되지 않은 이슈는 우리가 삶을 완전하게 살게 하는 데 계속 방해가 된다. 우리는 희망을 잃고 과거의 고통에 얽매여 있을 때가 있다.

  파리 몇 마리를 잡아서 공기 구멍이 있는 유리병에 가둬본 적이 있는가? 우리 몇몇은 어린아이 때 그렇게 해보았다. 이렇게 하면 파리는 윙윙거리며 빠져나가려고 미친 듯이 날아다니는 것을 볼 수 있다. 그렇지만 며칠 동안 유리병을 닫아 놓으면 재미있는 일이 벌어진다. 뚜껑을 열어도 파리는 도망치려 하지 않는다. 뚜껑이 없는데도 파리는 원을 그리며 날아다니는 데 익숙해져서 계속 그렇게 하기만 한다. 병 꼭대기에 가까이 가더라도 원을 그리며 병 안으로 다시 날아돌아온다.

자, 사람들도 때때로 이처럼 똑같이 한다. 우리는 상실을 정서적 수화물처럼 끌고 다닌다. 병뚜껑이 없어졌는데도 계속 원을 그리며 날아다닌다.

삶의 상실을 어떻게 다룰지 누가 가르쳤는가? 아마 우리 대부분 아무도 없을 것이다. 가정에서 우리는, 물질적인 것이든 그렇지 않은 것이든 무언가 얻는 것이 행복해지고 만족스러워지는 방법이라고 배웠다. 주의를 끌고 부모나 다른 어른들에게 칭찬받기 위해 착해져야 한다고 배웠다. 학교에서 성적을 얻으면 받아들여지고 인정된다. 부모들은 상실, 실망, 실패를 다루는 법에 대해서는 거의 가르쳐주지 않는다.

얻고자 하는 욕구는 평생 계속된다. 이것이 광고주들이 우리에게 성공하는 데 필요한 것이라고 말하는 것 아니던가? 이처럼 우리는 '획득은 정상이고, 상실은 비정상'이라는 신화를 믿으며 자랐다. 우리는 상실을 잘못되고 부자연스러운 것으로 느낀다. 현재와 미래에 상실에 대응하는 방법은 어려서 상실에 어떻게 대응했는지에 대한 결과일 수 있다. (인생 초기에 상실에 어떻게 대응했는지 평가하는 데 도움이 되는 질문은 11장 '웰다잉 코치'를 보라.)

모든 상실은 중요하다. 그것은 삶의 일부이고 피할 수 없다. 상실은 필요하다! 우리는 상실을 겪고 그것을 받아들이면서 자란다. 변화는 상실을 거치며 일어난다. 성장은 상실을 통해서 일어난다. 삶은 상실 때문에 의미가 깊어지고 풍부해질 수 있다. 아무도 상실이 공평하다고 말하지는 않지만 그것은 삶의 한 부분이다.

신앙인들에게 상실 이슈는 영적 성장이라는 추가적인 의미가 있다. 상실은 우리의 신앙을 강화한다. 그것은 우리 자신보다 하나님과 하나님의 자원을 더 믿을 수 있게 해준다. 일체의 상실을 통해서 우리는 통제할 수 없고, 자급자족할 수 없다는 사실을 깨우쳐 준다. 상실은 우리를 성숙하게 한다. 로마서 5장 3~4절에 이렇게 나온다.

> 그분만 아니라 우리는 고통을 당하면서 기뻐합니다. 고통은 인내를 낳고 인내는 시련을 이겨내는 끈기를 낳고 그러한 끈기는 희망을 낳는다는 것을 우리는 알고 있습니다.

상실은 우리가 늘 즉각적인 만족감을 가질 수 없다는 것을 일깨워준다. 우리는 원하는 것을 항상, 원할 때, 어떤 것이든 가질 수는 없다.

사도 바울처럼 상실을 경험할 때, 당신의 믿음은 변할 수 있다. 바울은 상실에 목적이 있음을 발견했다. 고린도후서 12장 1~10절에서, 하나님이 가시로 자기 살을 찌르는 것 같은 고통에 관해 말했다. 그는 가시가 떠나기를 바랐지만, 그렇게 되지는 않는다. 그는 가시에 목적이 있다는 것을 배웠다. 하나님의 권능은 현존할 것이므로 그의 삶에서 더욱 분명하게 드러날 것이다.

상실을 경험할 때 하나님의 위로가 어느 정도인지 발견할 수 있다. 고린도후서 1장 3~7절에 이렇게 씌어 있다.

찬송하리로다. 그는 우리 주 예수 그리스도의 하나님이시요 자비의 아버지시요 모든 위로의 하나님이시며 우리의 모든 환난 중에서 우리를 위로하사 우리로 하여금 하나님께 받는 위로로써 모든 환난 중에 있는 자들을 능히 위로하게 하시는 이시로다.

그리스도의 고난이 우리에게 넘친 것 같이 우리가 받는 위로도 그리스도로 말미암아 넘치는도다.

우리가 환난 당하는 것도 너희가 위로와 구원을 받게 하려는 것이요 우리가 위로를 받는 것도 너희가 위로를 받게 하려는 것이니 이 위로가 너희 속에 역사하여 우리가 받는 것 같은 고난을 너희도 견디게 하느니라.

너희를 위한 우리의 소망이 견고함은 너희가 고난에 참여하는 자가 된 것 같이 위로에도 그러할 줄을 앎이라.

상실은 과거에는 전혀 경험할 수 없었던 방식으로 사람들을 모을 수 있다. 우리는 서로 위로하기 위해(데살로니가전서 4:18), 우는 자와 함께 울기 위해(로마서 12:15) 부르심을 받는다.

상실은 우리의 가치관을 바꿀 수 있다. "왜 내가 그것에 그토록 많은 시간을 들였을까?", "왜 내가 그토록 많은 세월을 허비했을까?"라는 질문은 사랑하는 사람의 상실을 슬퍼할 때 흔히 볼 수 있다. 우리 삶이 다른 만큼 그런 경험을 통해 배울 수 있기를 바란다.

이 모든 것의 핵심은 이렇다: 상실은 처리해야 한다! 그것들을 깨달아야 한다! 그것을 슬퍼해야 한다! 알렌 D. 울펠트Alan D. Wolfelt(2007)가 말한 것처럼, "잘 살고 잘 사랑하려면 잘 애도해야 한다."

그러나 많은 사람이 어떻게 해야 하는지 알지 못한다. 웰다잉 코치가 이 과정에서 함께 걸어갈 수 있다.

제5장
잘하고 있어요

생의 마지막 이슈에 대한 오해가 많다. 삶에서 이 단계에 있는 사람들을 코칭하는 능력에 영향을 미칠 몇 가지를 공유하고자 한다.

우리가 모두 죽게 될 것이라는 현실에서 출발해보자. 앞에서 말한 것처럼 대부분 사람이 죽음에 관해 생각할 때 갖는 첫 번째 생각은 그것이 두렵다는 것이다. 그것은 생각만 해도 끔찍하다. 그것은 누구에게나 일어날 수 있는 최악의 일이다. 이것은 오해이며, 반드시 그렇지는 않다. 비록 그것이 원치 않는 것이고 개인이나 가족이 선택한 것은 아니지만, 한 사람의 죽음에 이르는 시간은 가슴 아프고, 치유되며, 의미 있을 수 있다.

나는 몇 년 전 아버지가 돌아가실 때 이것이 사실이라는 것을 알았다. 아버지와 나는 좋은 관계였다. 고등학교와 대학 시절을 보내며, 우리는 가족 사업에서 함께 일했다. 아버지가 아프셔서 호스피스 돌봄을 받게 되었을 때, 나는 망연자실했다. 나는 아버지의 죽음을 맞이할 준비가 되어 있지 않았다. 그렇지만 이제 돌이켜보건대, 아버지가 돌아가시기까지 몇 달은 정말로 우리가 함께 보낸 최고의 시간이었다고 말할 수 있다. 아버지가 죽어간다는 것을 알고, 우리 두 사람은 전에 한 번도 해본 적 없는 말을 했고, 한 번도 해본 적 없는 뭔가를 했다. 우리는 그 몇 달 동안 훨씬 더 가까워졌다. 아버지가 돌아가시는 동안 내가 함께 보낸 의미 있는 시간이 없었다면, 나는 오늘 이 자리에 없었을 것이고, 이 책을 쓰지 않았을 지도 모른다.

아버지는 호스피스 돌봄에서 흔히 말하는 '좋은 죽음good death'을 경험하셨다. 나는 죽음을 '좋은' 것으로 만드는 두 가지 요소를 안다. 첫 번째는 죽음이 잘 진행되는 것이다. 두 번째는 죽을 때 임종자가 평화롭다well는 것이다.

이렇게 설명해보겠다. 나는 '마지막 장The Last Chapter'이라는 제목으로 임종자를 돌보는 사람들을 정기적으로 가르친다. 임종자(생의 마지막 장에 있는 사람)가 '좋은 죽음'을 맞이하는 데 필요한 것들에 관해 이야기한다. 나는 보통 다음과 같은 1인칭 독백으로 수업을 시작한다.

> 그게 그렇게 어려울 거라고는 전혀 상상도 못 했어요. 특히 처음에는요. 그것은 엄청난 충격으로 다가왔습니다. 너무 허를 찔렸어요. 나는 내가 잘하고 있다고 생각했습니다. 나는 미래를 위해 온갖 일을 계획했지요. 가고 싶었던 곳, 보고 싶었던 사람들, 하고 싶었던 것들.
>
> 그러다가 "당신은 죽어가고 있습니다."라는 말을 들었습니다.
>
> 죽는다고요? 내가요? 처음엔 믿지 않았습니다. 실수일 줄로 알았지만 그렇지 않

았습니다. 진짜였어요. 나는 죽어가고 있었고 그것에 대해 내가 할 수 있는 것은 아무것도 없었습니다.

당신은 그게 어떤 건지 전혀 모를 겁니다. 나도 그것이 어떤 것일지 전혀 몰랐습니다. 그토록 큰일이 될 줄은 몰랐어요. 나는 내가 준비할 수 있을 것으로 생각했습니다. 받아들이게 될 줄 알았어요. 그렇지만 그건 내가 전에 마주해야 했던 어떤 것과도 같지 않았습니다.

이 땅에서 내 인생의 마지막 장을 시작하고 있다는 생각이 들었습니다. 내가 뭘 하겠어요? 내가 시간을 어떻게 보낼까요? 어떻게 준비하면 되죠? 내 인생의 마지막 장은 어떨까요?

고통스럽게 진행될까요? 그 고통을 견딜 수 있을까요? 난 그게 무서워요.

그리고 사람들이 내가 '더 빅 C'[10]에 걸렸다는 것을 알면 어떻게 할까요? 내 암이 전염된다고 생각하며 내 근처에 오는 것을 두려워할까요? 그들은 나를 별종으로 취급할까요? 그들이 끝까지 내 편을 들어줄까요?

그들이 내 몸에서 일어나는 일에 대해 진실을 말하지 않는다는 것도 나를 두렵게 합니다. 나는 사람들이 속삭이는 것을 봅니다…. 그들이 나에게 말하지 않는 것은 무엇일까요? 나에겐 알 권리가 없나요?

저는 모든 것을 알고 싶어요. 그것에 관해 곰곰이 생각하고 우울해하는 것이 아

---

10) 영미권에서 암cancer을 에둘러서 'Big C'라고 표현하는데, 미국의 쇼타임showtime이 암을 중심 소재로 하여 제작한 드라마(미드) 제목으로 쓰임.

니라, 시간을 최대한 활용하는 방법을 알 수 있도록 말이에요. 내가 결정할 것에 대해 말할 수 있게 해주세요. 비록 내 몸은 죽어가고 있지만, 나는 여전히 살아있는 인간입니다. 저를 그렇게 대해 주세요.

나는 내 인생의 마지막 장이 고통과 후회와 외로움으로 가득 차게 하고 싶지 않습니다. 나는 내가 무슨 일이 일어나는지 모르게 그것이 슬그머니 사라지기를 원하지 않습니다. 나는 내 몸이 쇠퇴하는 동안에도 인생의 마지막 장이 풍요롭고 성취감과 보람이 있기를 바랍니다. 나는 죽는 순간까지 충실하게 살고 싶어요. 나는 그것이 무엇을 의미하고, 어떤 것이 될지 희망적입니다.

내가 그렇게 하도록 도와주실래요? 나 스스로는 돌볼 수 없는 방법으로 나를 돌봐주실래요? 내가 죽을 때까지 온전히 살 수 있다는 희망을 붙잡을 수 있게 도와주실래요? 좋은 날들과 힘든 날들, 내가 기분이 좋을 때와 정말 우울할 때 나를 지원해주실래요?

나는 하나님을 찾고 이 삶 너머에 있는 어떤 것에 대해서도 준비가 되어있는지 확인하고 싶습니다. 나는 자신감과 완전한 평화, 즉 이 삶에서 모든 것이 완성되었고 내 영원을 위해 모든 준비가 되어있는 평화로 들어가고 싶습니다.

나는 잘 죽고 싶습니다. 나는 잘 진행되는 죽음을 원하지만, 내가 죽을 때 정서적으로, 관계적으로, 영적으로, 그리고 육체적으로 고통이 거의 없이 잘 마무리하는 사람이 되고 싶습니다.

그렇지만 나 혼자서는 할 수 없다는 걸 알아요. 나 좀 도와줄래요? 내 인생의 마지막 장을 최선을 다하도록 도와줄래요? 당신이 필요해요.

거기서부터, 나는 독백으로 죽음을 앞둔 사람이 필요로 하는 것들에 관해 이야기한다. 데이비드 케슬러David Kessler의 저서 『생이 끝나갈 때 준비해야 할 것들The Needs of the Dying』(2007)에 나온 것을 각색하여 16개의 필요성을 다음과 같이 제시한다.

1. 살아있는 존재로 대우받을 필요성
2. 초점이 바뀌긴 하지만 희망적 느낌sense of hopefulness을 유지할 필요성
3. 희망적 느낌을 유지할 수 있도록 사람들의 보살핌을 받을 필요성
4. 자신만의 방식으로 죽음에 대한 감정과 정서를 표현할 필요성
5. 자신의 돌봄에 관한 결정에 참여할 필요성
6. 자비심이 있고, 감수성이 있고, 지식이 풍부한 사람들의 보살핌을 받을 필요성
7. 비록 목표가 '치료cure'에서 '완화comfort'로 바뀌더라도 지속해서 의료적 돌봄을 받을 필요성
8. 모든 질문에 정직하고 완전한 답변을 들을 필요성
9. 영성을 추구할 필요성
10. 육체적 고통에서 벗어날 필요성
11. 자신만의 방식으로 고통에 대한 감정과 정서를 표현할 필요성
12. 아이들이 죽음에 참여할 필요성
13. 죽음이 진행되는 과정을 이해할 필요성
14. 평화롭고 존엄하게 죽을 필요성
15. 죽을 때 혼자 있지 않을 필요성
16. 죽은 뒤에 육신의 신성함이 존중받을 것을 알 필요성

이러한 필요가 충족될 때, 우리가 결코 그런 과정을 선택하지 않았더라도, 죽는 과정은 훌륭하고, 유익하고, 의미 있는 성장의 시간이 될 수 있다.

죽음은 항상 두렵고 끔찍하며 누군가에게 일어날 수 있는 최악의 것이라는 잘못된 생각을 탐색한다면, 다음과 같은 질문을 하는 것이 중요하다. 내가 죽는 과정 중에 있을 때, "나는 잘하고 있다."라는 것은 무슨 뜻일까?

많은 사람의 첫 번째 응답은, "잘하고 있다."라는 것이 조용히, 평화롭게 자신의 운명을 받아들이고 수동적으로 죽음을 기다린다는 것을 의미한다는 것이다. 이렇게 생각한 결과, 몇몇 가족들은 호스피스 목사인 나에게 이렇게 말할 것이다. "제 사랑하는 사람에게 그가 죽어가고 있다고 말하지 마세요. 나는 그가 알기를 원하지 않아요. 그를 두렵게 하고 싶지 않기 때문이죠. 만약 그가 전혀 알지 못하면 훨씬 더 나아질 거예요." 동시에, 나는 몇몇 죽어가는 환자들에게서(때로는 위에서 언급한 것과 같은 가족의 환자들!) 이런 말을 듣는다. "제가 죽는다는 것을 알지만, 가족에게는 말하지 마세요. 그들이 알기를 원하지 않아요. 그것은 그들에게 너무 힘든 일이 될 겁니다. 만약 그들이 알면 굉장한 충격을 받을 거예요." 비록 이 사람들은 모두 선의의 사람들이지만, 그렇다고 이들이 죽을 때 잘하고 있다는 것을 의미하지는 않는다! 이것은 오해다!

사람이 죽을 때 잘한다는 것은 죽음을 앞둔 사람과 가족 모두가 생의 마지막을 맞을 때 일어나는 감정을 적극적으로 겪어나간다는 것을 의미한다. 이 시기에 그러한 감정들을 드러내서 소통하고, 자기들이 당면한 이슈에 관해서 솔직하게 직면하고 이야기하는 것이다. 생의 마지막에는 놀라운 기회들이 있다. 관계적 기회, 재정적 기회, 개인적 기회와 영적 기회가 있다. 잘한다는 것은 이러한 모든 분야에 대해 논의하고 처리하는 것을 포함한다.

슬픔을 겪는 사람들에 관한 한 오해는 더 크다. 슬픔 속에서 "잘하고 있다."라는 것이 무엇을 의미하는지 이해하는 데서 특히 그렇다. 우리는 죽음이 피할 수 없는 것이 아니라 선택적인 것처럼 행동하는 문화 속에서 살고 있으므로, 일반적으로 서로에게 상실을 슬퍼하는 법을 가르치는 서투른 일을 한다. 그러다 보니 최근 사랑하는 사람을 사별한 사람이, "나는 지금 잘 지내고 있다."와 같은 식으로 말하는 것을 자주 듣는다. "나는 지금 잘 지내고 있고, 미소도 띠며 기분도 좋습니다. 하지만 지난주에는 전혀 잘하지 못했어요. 이성을 잃었습니다. 나는 울고 있었고 마음이 너무 아파서 아무것도 할 수 없었습니다." 이것은 죽음이 있고 난 뒤의 일반적인 주제이다. 그렇지만 이 사람은 완전히 반대로 되어있다. 그들이 얼마나 잘 지내는지 의문을 제기하는 것은 '지금'이다. 지난주는 그들이 진정으로 '잘 지내고' 있을 때이다!

우리 문화와 교회는 이것을 이해하지 못한다. 그것은 우리가 일반적으로 생각하는 방식과는 정반대이다. 눈물을 흘리고 겉으로 상실을 애도하는 것은 잘하고 있다는 표시이다. 이 모든 것을 가슴에 담고 감정을 내면으로 억누르는 것은 흔히 건강하지 못한 슬픔의 표시이다. 웰다잉 코치는 이것을 이해해야 한다.

나는 슬픔에 관한 10가지 일반적인 통념을 탐구하고자 한다.

통념 #1: 슬픔과 애도는 같은 경험이다.

슬픔은 사랑하는 사람이 죽은 뒤 내면에서 느끼는 감정이다. 그것은 개인 내부에서 경험하는 상실에 대한 생각과 감정의 혼합물이다. 애도는 그러한 슬픔을 겉으로 표현하는 것이다. 그것은 내면에서 경험하는 것이 무엇인지 외적이고 가시적인 표현이다. 애도의 예로는, 울기, 죽은 사람에 관해 이야기하기, 장례식이나 추도식, 기념일 확인하기, 촛불 점등 등이 있다. 누군가가 그녀의 슬픔을 느끼는 것만으로는 충분하지 않다. 건강한 슬픔은 반드시 애도를 포함해야 한다.

통념 #2: 슬픔의 과정은 질서정연하고 예측할 수 있다.

엘리자베스 퀴블러-로스 Elizabeth Kubler-Ross 박사는 그녀의 획기적인 책인 『죽음과 죽어감 On Death and Dying』(1973)에서 슬픔의 단계로 부정 denial, 분노 anger, 협상 bargaining, 우울 depression, 그리고 수용 acceptance 을 제시했다. 모든 슬픔 경험은 1단계부터 5단계까지 순서대로 진행될 것이라는 통념이 있다. 그것은 퀴블러-로스 박사가 표현하려고 했던 것이 아니다! 비록 이러한 단계들이 현실적이기는 하지만, 모든 사람은 자신만의 독특한 방식으로 슬퍼하며, 순서대로 진행되지 않는 경우가 빈번하다. 애도에는 많은 요소가 영향을 미치는데, 예를 들면, 죽은 사람과의 관계, 죽음을 둘러싼 상황, 나이, 문화, 신앙 등이 그렇다.

통념 #3: 할 수 있는 최선은 바쁘게 지내고 슬픔의 고통을 피하는 것이다.

우리는 일반적으로 고통은 무언가가 잘못되었다는 표시이며, 그것을 완화할 방법을 찾아야 한다고 배운다. 슬픔에 관한 한, 그 반대가 진실이다. 슬픔 속에서 할 수 있는 최선의 일은 고통의 현존에 자신을 드러내는 것이다. 엉뚱한 소리로 들리겠지만, 슬픔에 잠긴 사람의 고통은 그들의 마음을 열고 그들을 치유의 길로 나아가게 하는 열쇠이다. 바쁘게 지내는 것은 고통을 가려서 단기적인 대처에 도움이 될 수 있지만, 그것은 단지 슬픔을 지연시킬 뿐이다.

통념 #4: 애도의 목표는 "슬픔을 극복하는 것"이다.

슬픔에 잠긴 사람들과 함께 일하면서, 여러분은 "그들이 아직 안 끝났나요?" 또는 "내가 언제쯤 이것을 끝낼 수 있을까요?"라는 질문을 자주 들을 것이다. 아니면, 더 나쁜 것은, "그들은 지금쯤 그것을 끝내고 일상에 복귀해야 한다!"이다. 비록 사람들이 그렇게 하면 애도자의 기분이 나아질 것이므로 그가 슬픔을 끝내기를 바라지만, 그런 일은 일어나지 않을 것이다. 오히려 슬픔을 겪는 사람은 항상 그 자리에 상실의 고통이 함께하더라도 앞으로 나아가 삶을 다시 즐기는 법을 배울 것이다.

통념 #5: 눈물이나 다른 방식으로 정서를 표현하는 것은 나약하다는 표시이다.

우는 것은 내면의 고통을 풀어내는 것으로 상실을 애도하는 훌륭한 방법이다. 이것은 여성과 남성 모두에게 해당하며, 결코 나약함을 나타내는 표시가 아니다. 오히려 강한 사람이 자신의 정서를 직시하고 눈물을 통해 정서를 발산한다. 하나님이 당신의 정서를 어떤 식으로 다루시는지 보라. 시편 56편 8절(CEV[11])은 "나의 한탄을 기록해 두소서. 이 눈물을 부대에 담아두소서."라고 말한다. 우주의 지배자인 주 하나님은 당신이 흘린 눈물을 부드럽게 거두신다. 주님은 그들을 모두 구원하시고, 그 하나하나를 주님의 영원한 기록으로 기록하신다. 그만큼 정서가 중요하다!

통념 #6: 슬픔은 정서적 반응일 뿐이다.

슬픔은 정서적인 것 이상의 훨씬 더 많은 방식으로 사람에게 영향을 미친다. 슬픔 경험에 반응하는 몇 가지 다른 예는 과잉 행동hyperactivity이나 저조한 활동hypoactivity, 불면증 또는 늘 잠만 자는 것, 식욕을 억제하지 못하거나 전혀 식욕이 없는 것 등이다. 내가 자주 듣는 말은, 사람들이 슬픔이 얼마나 고통스러울 수 있는지 전혀 몰랐다고 하는 말이다.

---

11) Contemporary English Version의 약자로 성경을 오늘날 독자들이 이해하기 쉽게 현대 영어로 번역한 것을 의미함.

통념 #7: 아무도 당신의 슬픔을 도와줄 수 없다.

사실, 슬픔에 빠진 사람들은 슬픔의 과정을 이해하고 그들의 이야기를 듣고 대화할 수 있는 지원자가 필요하다. 이것이 웰다잉 코치들이 그토록 절실하게 필요한 이유이다! 많은 사람이 슬픔을 지원하는 그룹에서도 이러한 도움을 찾을 수 있다. (이 형태의 그룹 코칭에 관한 자세한 내용은 10장을 보라.)

통념 #8: 시간은 모든 상처를 치유한다.

비록 이 오래된 상투적인 말이 자주 언급되지만, 문제의 진실은 시간만으로는 치유와 관련이 없다는 것이다. 치유하기 위해서는 애도하면서 슬픔의 여정을 함께 걸어가야 한다. 이 여정이 시간이 걸리는 것은 사실이지만, 애도하지 않는 한, 시간 자체는 슬픔을 연장하는 것 외에는 아무것도 이루지 못한다.

통념 #9: 삶을 계속한다는 것은 망자를 잊는 것을 의미한다.

우리는 결코 슬픔을 극복하지 못하지만, 슬픔과 화해할 수 있고 의미 있는 삶으로 나아갈 수 있다. 이것은 우리가 사랑한 사람에게 매우 영광스러운 일이 될 수 있다. 우리는 '새로운 정상new normal'을 깨달으면서 그들을 계속 기억할 것이다.

통념 #10: 슬픔은 마침내 끝난다.

이 통념은 우리가 모든 올바른 것들을 하고, 슬픔과 애도가 마침내 화해하면, 다시는 슬픔이 일어나지 않을 것이라고 말한다. 이것은 사실이 아니다. 세상을 떠나고 몇 년이 지나도 깊은 슬픔의 고통은 흔히 있는 일이다.

　나는 최근에 호스피스 환자 한 명을 방문했는데, 그는 전형적으로 매우 명랑하고 행복한 사람이었다. 그날 내가 들어갔을 때, 그녀는 히스테릭하게 울고 있었다. 나는 무슨 일이 있었는지 물었다. "엄마가 보고 싶어요."라고 말했다. 그녀는 방금 그녀가 생활하는 시설에서 열린 특별 예배에 참석했다. 그것은 어머니에 대한 기억을 되살렸다. 어머니가 언제 돌아가셨는지 물었더니, 그 환자가 여섯 살이었을 때 전염병으로 돌아가셨다고 대답했다. 내 환자는 그때 97세였다. 그녀의 어머니는 91년 전에 돌아가셨고, 이날 그녀는 어머니가 보고 싶어서 히스테릭하게 울고 있었다. 이것은 지극히 정상적이며 건강한 슬픔이다. 내 환자는 잘해내고 있었다!
　죽음을 앞둔 사람이든, 사랑하는 사람의 죽음을 슬퍼하는 사람이든, 삶의 마지막 이슈를 맞은 사람들을 코칭하기 위해 웰다잉 코치는 고객이 잘해낸다는 것이 무엇을 의미하는지 반드시 이해해야 한다.

제6장
상담이 아닌 코칭

삶의 마지막에 있는 사람을 돌보는 전통적 모델은 항상 그들을 상담하는 것이었다. 말기 질환으로 고생하는 사람에게는 심리상담사가 방문했다. 슬픔 속에서 힘들어하는 사람은 슬픔 상담사에게 보내졌다. 상담사가 생의 마지막 이슈를 다루는 것도 나쁘지는 않다. 죽음을 앞둔 사람이 과거로부터의 미해결 과제와 같은 중요한 이슈와 씨름할 때, 심리상담사는 내가 그녀에게 만나보라고 하는 바로 그 사람이다. 한 개인이 슬픔 관련 이슈를 다룰 때, 슬픔 상담사만큼 그를 도울 수 있는 사람은 없다. 그렇지만 우리가 필연적으로 겪게 될 전형적인 생의 마지막 이슈를 다루는 사람에게 웰다잉 코치만큼 의지할 사람은 없다.

우리의 코칭 기본과정에서는 코칭과 상담의 차이점을 가르쳤다. (발Val의 『The Next Great Awakening』(2010) 8~10쪽, '코칭 대 치료' 항목을 참고하라.) 생의 마지막 이슈에서 코치와 상담사는 서로 다른 마인드

셋으로 상황에 접근한다. (다음 쪽 표 참조)

상담 마인드셋에서, 누군과와 만나는 목적과 목표는 그들의 기분이 나아지도록 돕는 것이다. 일반적으로 상담사가 요청되는 이유이다. 죽음을 앞둔 여성은 그녀에게 무슨 일이 일어나고 있는지, 앞으로 무슨 일이 일어날지와 관련하여 우울을 느낄지도 모른다. 상담사는 그녀가 우울증을 극복하도록 돕기 위해 개입한다.

아버지가 처음 호스피스에 입원했을 때, 아버지는 이미 한쪽 다리를 절단한 상태였고, 다른 한쪽 다리를 절단할 예정이었다. 아버지는 이제 심장이 약해지고 있고 호스피스 시설로 가는 것이 제일 나은 선택이라고 들었다. 모든 것을 말씀드리고 필요한 서류에 아버지가 서명할 수 있도록 도와드렸다. 그리고 나서 나는 한 간호사가 다른 간호사에게 이렇게 말하는 것을 들었다. "아이젠하워 씨는 우울해 보여요. 심리상담을 받도록 심리상담사를 불러주세요. 그의 기분을 좋게 할 수 있는지 보아야 합니다."

나는 간호사와 이야기하러 나갔다. "지금 뭐 하는 거죠? 아버지는 통증을 완화하려고 나머지 다리도 절단할 예정입니다. 아버지는 자신이 죽어가고 있다는 말을 듣고 방금 호스피스 서류에 서명했어요. 아버지는 당연히 우울할 만합니다. 아버지가 우울해할 수 있게 해주세요." 아버지는 이미 잃은 것과 앞으로 잃을 것이 무엇인지를 슬퍼하기 시작했다. 아버지는 애도할 시간이 필요했다. 환자를 심리상담사에게 보내는 것은 아무 잘못이 없다는 것을 이해하라. 또 환자의 우울을 완화하기 위해 약을 처방하는 것도 잘못이 아니다. 그렇지만 그 순간 아버지에게 가장 필요했던 것은 누군가가 아버지의 기분을 나아지게 하는 것이 아니었다. 아버지는 슬퍼해야 했다. 아버지가 느끼는 고통에 직면해서 그것을 털어놓을 필요가 있었다.

생의 마지막 관련 상담사 마인드셋과 코치 마인드셋	
상담사 마인드셋	코치 마인드셋
고객의 기분이 좋아지게 한다.	고객이 고통과 감정을 끌어안도록 격려한다.
고객이 슬픔을 극복하도록 돕는다.	고객이 슬픔을 헤쳐나가도록 함께 걷는다.
고객을 있어야 할 곳이라고 생각하는 곳으로 데려간다.	고객이 어디에 있든 여정을 함께 걷는다.
고객의 근황을 머리로 분석한다.	고객이 경험하는 것을 마음으로 듣는다.
고객이 하는 모든 신체적, 정서적, 영적 질문에 답한다.	고객이 신체적, 정서적, 영적 질문을 통해 작업할 수 있도록 모든 것을 긍정하고 권한을 부여해준다.
목표는 고객을 '정상'으로 되돌리는 것이다.	고객이 '새로운 정상'을 발견하게 하고 축하한다.

사랑하는 사람을 떠나보낸 사람은 그들이 슬픔을 잘 감당하지 못한다고 느끼고, 기분이 나아지기를 원해서 슬픔 상담사를 찾는다. 그들은 흔히 "이 문제를 극복하도록 도와주세요."라고 말할 것이다. 상담사의 목표는 바로 그렇게 하는 것이다. 즉 그들의 기분을 나아지게 하고, 슬픔을 극복하도록 돕는 것이다.

상담사는 도움을 주는 과정에서 내담자가 그 순간에 있어야 한다고 상담사가 생각하는 장소로 안내할 것이다. 상담사가 앞장서고. 방향을 정한다. 상담사의 마음속에는 내담자의 목적지(결과)가 있다.

상담사는 이야기하는 내내 내담자가 어떻게 하고 있는지 머리로 분석하여, 올바른 치료라고 판단하는 것에 맞추려고 한다.

　질문이 제기되면, 상담사는 그것이 신체적인 것이든, 정서적인 것이든, 영적인 것이든 어떤 것에도 답하기 위하여 할 수 있는 모든 것을 한다. 알다시피, 상담사는 필요한 통찰력과 찾아야 하는 대답을 가진 '전문가'이다. 상담사는 내담자보다 위에 있는 사람이며, 지침을 주려고 요청되는 사람이다.

　또 상담사의 궁극적인 목표는 생의 마지막 이슈와 싸우는 사람을 정상으로 되돌리는 것이다. 죽음을 앞둔 사람이 옛 모습old self처럼 죽음에 다가갈 수 있게 하려는 것이다. 또는 슬픔을 겪는 사람이 정상, 즉 사랑하는 사람이 죽기 전에 살아가던 방식으로 되돌아가도록 돕는 것이다.

　이와 같은 설명이 내가 상담사를 깎아내리려는 것이 아니라는 점을 이해해달라. 앞서 언급했듯이 생의 마지막 이슈에서 상담사에게 적합한 시간과 장소가 있다. 나는 나 자신이 그들 가운데 하나라고 생각한다. 과거의 해결되지 않은 이슈나 현재에 직면한 복잡한 슬픔 이슈 때문에 생의 마지막 이슈에 대해 코칭하는 대신, 내가 그들의 심리상담사가 된 적이 있다. 그렇지만 이것이 표준norm이 아니라는 것을 이해하라. 상담사의 마인드셋은 코치의 그것과는 완전히 다르며, 내 생각에, 심리상담은 보통 생의 마지막 이슈에 직면한 사람을 도울 때 선호되는 방법은 아니다.

　상담 마인드셋과 코치 마인드셋을 비교해보자. 코치의 생각으로는, 생의 마지막에 직면한 누군가와 만나는 목적과 목표는 그들의 기분이 나아지게 하는 것이 아니라, 그들의 고통과 감정을 포용하도록 격려하는 것이다. 따라서 웰다잉 코치는 고객의 슬픔을 헤쳐나가는 여정에 합류해서 함께 걸어간다. '~을 통과하여through'라는 단어는 중요하다. 나는 때때로 슬픔의 여정을 터널에 비유한다. 터널은 유쾌한 곳이 아니다. 터널은 어둡고 무섭다. 그렇지만 반대편에 도달하기 위해서는 오로지 통과해 가는 walk through 방법뿐이다.

나는 또한 "여정을 걸어라 walk the journey."라는 문구를 좋아한다. 생의 마지막은 여정이다. 죽음을 향한 여정(그리고 죽음 너머의 삶), 또는 슬픔을 통과해 가는 여정이다. 코치의 마인드셋은 고객이 어디로 가든 항상 그 여정을 고객과 함께 걸어가는 것이다.

상담사가 고객을 상담사의 목표 지점으로 안내하는 반면, 코칭 마인드셋은 고객이 주도권을 갖게 한다. 코치이 coachee 가 방향을 정한다. 코치이의 마음속에는 자신이 있고자 하는 목적지(결과)가 있다. 코치는 고객 옆에서 고객을 지원하면서 옆에서 걸어간다.

이야기하는 동안 상담사는 고객이 어떻게 지내고 있는지를 머리로 분석하지만, 코치는 고객이 경험하는 것을 마음으로 경청한다.

질문이 제기될 때, 코치는 고객이 이 순간에 묻고 있는 것이 정상인 질문들, 즉 모든 신체적, 정서적, 영적 질문을 고객이 통과해 갈 수 있도록 지지하고 힘을 실어주기 위한 모든 것을 한다. 코치는 '학생'이고, 고객은 전문가다. 고객은 그들 여정을 통과해 가는 데 필요한 모든 것을 그들 내부에 가지고 있다고 믿는다. 그리고 코치는 그들이 그렇게 할 때 바로 거기서 그들 옆에 함께 있다.

코치의 궁극적 목표는 고객이 '새로운 정상'을 발견했을 때 축하하는 것이다. 생의 마지막 이슈를 다룰 때, 절대로 그들이 있던 과거로 돌아가지 않는다. 절대로 '정상'으로 되돌아가지 않는다. 생의 마지막 이슈는 사람을 영원히 변화시킨다. 그것은 긍정적인 변화일 수 있다. 생의 마지막 이슈는 많은 성장과 변혁을 가져올 수 있으며, 그러한 것은 지지와 축하를 받아야 한다.

생의 마지막을 다루는 상담사는 도움이 될 수 있고 필요하다. 그렇지만 대부분 사람은 그들과 함께 여정을 걸어갈 웰다잉 코치가 더 필요하다.

발Val이 썼듯이, 코칭은 파트너십이다. 이 파트너십은 100% 코칭받는 사람에게 초점이 맞춰지고, 안전하고 신뢰할 수 있는 관계가 맺어져서 어느 것이든, 무엇이든 공유될 수 있을 것이다(Hastings, 2010, 6). 이것이 웰다잉 코치의 마인드셋이다.

제7장
죽음을 앞둔 사람 코칭하기

그렇다면 실질적으로, 이 파트너십을 존중하고 코치이들과 함께 죽음(그리고 영생)을 향한 여정을 걷기 위해, 그리고 슬픔을 통과해 가기 위해 웰다잉 코치가 해야 할 일은 무엇인가?

'여덟 가지 구성 요소eight building blocks'를 기억하는 데서 출발한다. 웰다잉 코칭 세션(방문 또는 전화 통화)은 여전히 하나의 코칭 세션이므로, 여덟 개의 구성 요소는 코칭의 프레임워크를 제공해야 한다.

그 밖에도, 이어지는 페이지에서 여러분은 죽음을 앞둔 사람들과 상실의 슬픔을 겪는 사람들 코칭과 관련된 '여덟 가지 지원 구성 요소eight supporting building blocks'를 구체적으로 확인하게 될 것이다.

여덟 가지 구성 요소

먼저 여덟 가지 구성 요소를 간단하게 살펴보고자 한다. (자세한 내용은 부록 II. '코칭의 여덟 가지 구성 요소'를 참조하라.)

1) 깊은 경청 deep listening

모든 코칭은 경청으로 시작한다! 이것은 여느 코칭 세션과 마찬가지로 생의 마지막 돌봄에도 해당한다. 먼저 깊이 경청하지 않으면 그들과 파트너가 될 수 없고, 그들과 나란히 여정을 함께 걸을 수 없다. 경청함으로써 그들이 주도하도록 허용하는 것이다.

2) 강력한 질문 powerful questioning

모든 코칭이 그렇듯이, 강력한 질문은 웰다잉 코칭에서 가장 훌륭한 도구 가운데 하나이다. 강력한 질문을 받으면 코치이는 마음에 있는 것을 깊이 공유하고, 새로운 가능성을 모색하고, 그들에게 적합한 것이 무엇인지 고려하도록 격려받는다.

3) 섬세한 언어 artful language

생의 마지막에 있는 사람을 돌볼 때, 그 어느 때보다 우리의 말이 중요하다. 생의 마지막 이슈를 다루는 사람들은 그들의 길을 향한 부정적인 말을 많이 듣게 될 것이고, 그들이 어디로 여행하고 있는지 비판하고, 그들을 적절치 않은 곳으로 밀어낼 것이다. 웰다잉 코치는 수용하고 이해하며, 희망을 주고 지지하는 단어를 사용해야 한다.

4) 행동과 책임 action and accountability

브레인스토밍, 행동 설계, 그리고 후속 조치의 세 가지 요소는 모두 생의 마지막에 있는 사람을 코칭할 때 중요하다. 이 구성 요소는 코치이가 다양한 관점과 가능성을 발견하도록 돕는다. 그들이 현재 상황을 넘어 더 큰 그림을 볼 수 있게 한다.

5) 코칭 관계 coaching relationship

관계 맺기relating, 관계 맺기, 관계 맺기!! 안전하고 지지적 환경을 제공하는 것은 코칭에서 항상 중요하지만, 웰다잉 코칭에서는 가장 중요하다. 이것은 명백한 사실이어서 죽음을 앞둔 사람과 슬픔을 겪는 사람 모두를 위한 첫 번째 지원 구성 요소에서 더 깊이 탐구할 것이다.

6) 코칭 계약 coaching agreement

코치이는 여정에서 앞장서 가는 사람이므로, 코칭 계약은 그의 요구와 목표를 표현하는 수단이다. 초기 계약, 진행 중인 계약 및 평가 프로세스를 포함하여, 코칭 계약이 진행되는 특성을 상기하라.

7) 새로운 알아차림 만들기 creating new awareness

생의 마지막 이슈는 우리 문화에서 거의 논의되지 않고 통념이 만연해 있어서, 코치이들이 새로운 알아차림을 할 수 있게 해야 한다. 이것은 지원 구성 요소에서 더 발전시킬 것이다.

8) 직접적 의사소통 direct communication

한 번에 하나의 질문이나 진술을 제공하는 것과 함께, 명확하고 간결하며 핵심적인 laser-like 단어를 사용하는 것은 코치이들과 의사소통하는 데 큰 도움이 된다. 생의 마지막에 있는 사람의 돌봄과 관련된 이슈는 심각한 것이므로 적절한 침묵과 일시 정지는 필수이다. 한 사람의 탁월함 greatness 을 가볍게 건드리는 것 tapping 또한 매우 긍정적일 수 있다. 왜냐하면 그들은 이 기간에 본인들이 대체로 그다지 탁월하다고 느끼지 못하기 때문이다.

죽음을 앞둔 사람 코칭을 지원하는 여덟 가지 구성 요소

여덟 개의 구성 요소를 염두에 두고, 나는 이제 죽음을 앞둔 사람들 코칭을 지원하는 여덟 가지 구성 요소를 추가하고자 한다.

1) 안전한 공간 제공

안전하고 지지적 환경을 제공하는 것은 이미 코칭 관계의 기본 구성 요소의 한 부분이지만, 강조하기 위해 여기에 나열했다. 모든 코칭 세션은 코치이가 마음을 열고 공유하기에 안전하고 편안하다고 느끼는 환경에서 이루어져야 한다. 죽음을 앞둔 사람을 코칭할 때, 이것은 몇 배로 확대된다. 그리고 "여기서는 원하는 어떤 것이든 공유할 수 있는 안전한 장소입니다."라고 말하는 것만으로는 부족하다. 행동이 필요하다. 죽음을 앞둔 코치이에게 이곳이 정말 공유하기에 안전한 장소라는 것을 증명해야 한다. 그리고 그들은 아마 당신을 시험해 볼 것이다.

죽음을 앞둔 사람은 비통함과 절망, 슬픔, 분노, 불안, 신체적 고통의 영향과 증상, 두려움, 죄책감, 영적 질문 등 다양한 감정/정서/이슈를 경험할 가능성이 크다. 그들은 삶에 집착하거나, 지금 당장 죽고 싶어 할지도 모른다. 그들은 죽을 준비가 되어 있거나, 완전히 길을 잃고 압도당했다고 느낄지도 모른다.

무엇이든 허용된다

죽음을 앞둔 사람이 느끼거나 겪는 것이 무엇이든, 그들은 당신이 부정적인 방식으로 반응하지 않고 그것에 관해 이야기해도 괜찮다는 것을 알아야 한다. 이미 말했듯이, 그들은 아마 당신을 시험할지도 모른다. 당신이 처음 부정적인 방식으로 반응하면, 그들에게 이곳이 이야기하기에 안전한 장소가 아니며NOT, 그것이 당신의 목회 활동을 방해할 것이라고 말하는 것이다. 부정적인 반응 몇 가지는 다음과 같다.

- **그들의 말을 막는다**. "나는 당장 죽었으면 좋겠다."와 같은 부정적인 표현으로 이야기하면, 많은 사람이, "오, 그렇게 말하지 마세요!"라고 응답할 것이다. 바로 그때, 그들은 그렇게 말해야 한다. 만약 그들의 말을 막는다면, 그들은 솔직하게 말하기엔 당신이 안전하지 않다는 것을 알아차린다.
- **하나님을 변호한다**. 죽음을 앞둔 사람은 감정을 표현하면서, 하나님을 의심하거나 심지어 하나님을 저주하는 것은 흔한 일이다. 만약 그들이 공유하는 것을 경청하고, 그들이 말하는 것을 긍정하고, 그들의 말 뒤에 있는 감정을 인정하면, 그들이 계속 이야기할 수 있게 격려하는 것이다. 하나님을 변호하기 시작하면, 그곳이 안전하지 않다고 선언하는 것이다!
- **현실을 직시하지 않으려고 함**. 어떤 사람들은 다른 사람이 죽을 수 있다는 말 듣는 것을 싫어하거나 그것을 받아들이려 하지 않는다. 누군가는 "하나님이 기적을 행하실 것입니다.", "긍정적으로 생각해야 합니다." 또는 "아직 포기하지 마세요; 그런 식으로 말하지 마세요!"라고 대답할 수 있다. 코치로서 현실을 다룬다고 해서 하나님이 기적을 행하지 못하게 한다는 의미는 아니다. 죽음을 앞둔 대부분 사람은 현실을 직시하고 그것들을 이야기해서 극복해 가고 싶어 한다. 그렇지만 그것을 가능하게 하는 유일한 방법은, 그들이 그렇게 할 수 있도록 안전한 장소를 제공하는 것이다.

바로잡을 필요가 없다

죽음을 앞둔 코치이들은 그들이 터놓고 공유할 수 있는 안전한 장소뿐만 아니라, 그들이 그렇게 할 때 당신이 '그들을 바로잡으려고fix' 하지 않으리라는 것을 알아야 한다. 현실은, 죽음을 앞둔 사람이 그들의 감정, 정서, 경험을 터놓고 공유할 때, 그들을 바로잡으려 해서는 안 된다는 것이다. 그들을 경청하고 긍정해주고, 받아들여 주어야 한다. 그들이 이런 것들을 꺼낼 기회가 있을 때, 그들은 일반적으로 말하는 것을 정리하고, 스스로 '바로잡을' 수 있는 자원을 그들 안에 가지고 있다. 그렇지만 그것은 단순히 그것을 꺼내는 데서 출발한다.

그들이 좋아하는 질문을 하도록 초대하라

코치로서 우리는 질문을 좋아한다! 죽음을 앞둔 코치이들은 아마도 그들 자신에게 많은 질문을 할 것이다. 그리고 대부분 그들이 가장 좋아하는 질문은 세 글자로 된 짧은 단어, 즉 왜why?이다. 그들 질문에 답해야 한다고 느끼지 않고 오히려 그들이 계속 질문하도록 격려할 때 당신이 코치로서 잘하고 있다는 것을 알게 된다. 그들은 왜 이런저런 일이 일어나는지에 대한 대답이나 설명을 진짜 원하는 것이 아니다. 대부분 '왜'라는 질문은 자기 감정이나 고통을 표현하는 방법이다. 그들의 질문에 답하려고 하거나, 더 나쁜 경우에는 '왜'라고 질문하면 안 된다고 하면, 그들이 현재 느끼는 더 깊은 감정을 다룰 좋은 기회를 놓치게 될 것이다.

2) 그들과 함께 있어라

이 책 앞부분에서, 나는 사람들이 흔히 두려움 때문에 죽음을 앞둔 사람과 거리를 둔다고 했다. 그들은 무엇을 말하고, 무엇을 해야 할지 모를까 봐 걱정돼서 시도조차 하지 않는다.

사실을 말하자면, 죽음을 앞둔 사람들을 위해, 그리고 가족이나 간병인을 위해 수행할 수 있는 가장 중요한 목회 활동은 그들과 함께 있는presence 활동이라는 것이다. 그들과 함께 있어 주는 것은 당신이 말하거나 행동하는 것 이상을 의미한다! 많은 사람이 거리를 두고 있어서 이것은 특히 사실로 다가온다!

완화 치료 의사인 아이러 바이옥Ira Byock은 그의 책 『Dying Well』(1998)에서 "내가 그 과제에 임상 기술과 수년간의 경험을 적용할 수 있지만, 궁극적으로 나는 도움을 주고 배우려고 하면서 함께 있어 줍니다."라고 썼다. 죽음을 앞둔 사람을 코칭하는 것은 그들을 보살피기 위해 특정 기술을 따르기보다는 코치이와 함께하는 존재 방식에 관한 것이다.

죽음과 죽어감에 관한 자신의 이슈를 해결하라

죽음을 앞둔 코치이와 진정으로 현존할 수 있으려면, 그 전에 먼저, 죽음과 죽어감에 관한 코치 자신의 이슈를 해결해야 한다. 이를 실행하는 과정은 이 책 11장에서 더 자세히 설명할 것이다. 지금은 코치 개인적인 이슈를 해결하기 전까지는 죽음을 앞둔 사람들과 진정으로 현존할 수 없을 것이라고 말하면 충분하다. 당신의 초점은 항상 당신 자신, 감정, 반응,

두려움, 죽음과 관련된 경험에 맞춰질 것이다. 당신과 코치이 그리고 가족 모두와 진정으로 현존할 수 있을 때 얼마나 자유로운가에 따라 그때 진짜 목회 활동이 일어난다!

조용히 머물러 있어라 be still

코칭은 앞으로 나아가는 것이다! 죽음을 앞둔 사람을 코칭할 때도 여전히 맞는 말이다. 그렇지만 웰다잉 코치는 죽음을 앞둔 코치이를 앞으로 나아가게 하기 전에 흔히 가만히 머물러 있어 주는 시간이 필요하다. 때로는 함께 있는 시간 내내, 세션마다, 조용히 머물러 주는 시간이 될 수 있다. 이것은 매우 강력할 수 있으며 코칭 실패가 아니다. 죽음을 앞둔 코치이에게 꼭 필요한 것이 바로 그것이다.

시편 46편 10절은 "이르시기를 너희는 가만히 있어 내가 하나님 됨을 알지어다."라고 말한다. 우리는 애쓰지 말고 멈춰서 하나님의 현존 안에 가만히 있어야 할 때가 있다. 죽음을 앞둔 코치이도 또한 하나님 앞에서 조용히 머물러 있는, 그러한 시간이 필요할 것이다. 그들을 둘러싼 혼돈의 한가운데에 조용히 머물러 있기 위해서이다. 죽음을 앞둔 사람 주변의 활동은 흔히 너무 필사적이어서, 조용히 머물러 있음 stillness은 당신이 가져오는 소중한 선물이 될 것이다. 당신의 타고난 성향은 "나는 여기 그냥 앉아 있을 수 없어, 뭔가를 해야 해!"라고 생각할 것이다. 그 대신 "나는 당장 뭔가를 할 수는 없어, 여기 앉아 있어야 해!"라고 자신에게 상기시켜라. 그것은 조용히 머물러 있음이다.

조용히 머물러 있음은 일어나고 있는 모든 것에 관해 개인적으로 성찰하는 시간을 허용한다. 조용히 머물러 있게 되면 죽음을 앞둔 사람은 그들이 필요한 것이 무엇인지, 언제 거기에 갈 준비를 할지, 얼마나 빨리 여정을 시작할지, 목적지가 어디인지와 같은 자신의 코칭 계약을 시작할 수 있다. 이것이 그들의 여행이다. 우리는 그들을 이끌기 위해서가 아니라 그들 곁에서 걸어가기 위해 거기에 있는 것이다. 조용히 머물러 있음은 죽음을 앞둔 사람을 통제 상태에 있게 해준다. 신체적으로 쇠약해짐에 따라, 그들은 흔히 아주 많은 영역에서 통제력을 잃고, 그것에 대해 할 수 있는 것이 아무것도 없다는 것을 알게 된다. 그들과 시간을 보내는 것과 같이 그들에게 통제할 무언가를 주는 것은 당신이 가져오는 또 다른 선물이다.

조용히 머물러 있어야 하는 마지막 이유는 매우 실용적인 것이다. 몸의 기능이 떨어지고 쇠약해지면서, 죽음을 앞둔 코치이들이 언어적으로 대응이 느려지는 것은 흔한 일이다. 그들이 말을 꺼낼 수 있을 정도로 충분한 에너지를 끌어올리거나 숨을 잘 쉬려면 시간이 걸린다. 이때 조용히 머물러 있으면 그들에게 압박감이나 서두르는 느낌 없이 응답할 기회를 준다.

침묵을 허용하라

조용히 머물러 있으라는 격려 뒤에 바로 이어지는 것은 침묵을 허용하라는 알림reminder이다. 이것은 입문 코칭에서 배우는 직접적 커뮤니케이션 기본 구성 요소의 일부이다. 그렇지만 죽음을 앞둔 코치이들에게 침묵은 흔히 더 뚜렷해지고 훨씬 더 오래갈 수 있다. 이 침묵이 편안해지고 돌보는 도구로 보게 될 때, 침묵은 어색한 순간이 아닌 아주 중요한 시간이 될 것이다.

하나님의 현존

마지막 요점은 죽음을 앞둔 코치이와 진정으로 현존할 때, 당신은 하나님의 영원한 현존의 살아있는 본보기가 된다는 것이다. 나는 이것 외에 그들이 더 필요로 하거나 그들을 돌보는 데 더 중요한 것은 없다고 생각한다.

성경 전체에 걸쳐, 고난의 시기에 하나님의 위로와 강인함이 그의 백성과 함께함을 통해서 왔다. 하나님이 모세Moses에게 불타는 떨기 사이로 말씀하셨다. "이제 내가 너를 바로에게 보내어 너에게 내 백성 이스라엘 자손을 애굽에서 인도하여 내게 하리라." 모세가 하나님께 말하였다. "내가 누구이기에 바로에게 가며 이스라엘 자손을 애굽에서 인도하여 내리이까." 하나님이 말씀하시기를 "내가 반드시 너와 함께 있으리라."(출애굽기 3:10-12) 하셨다. 주께서 여호와Joshua에게 이스라엘 자손을 약속의 땅으로 인도하라고 명하셨을 때, 여호와에게 말씀하셨다. "강하고 담대하라 두려워하지 말며 놀라지 말라 네가 어디로 가든지 네 하나님 여호와가 너와 함께 하느니라."(여호와 1:9)라고 했다. 예수님은 그의 제자들에게 위대한 사명을 말씀하셨다.

> 예수께서 나아와 말씀하여 이르시되 하늘과 땅의 모든 권세를 내게 주셨으니 그러므로 너희는 가서 모든 민족을 제자로 삼아 아버지와 아들과 성령의 이름으로 세례를 베풀고 내가 너희에게 분부한 모든 것을 가르쳐 지키게 하라 볼지어다 내가 세상 끝날까지 너희와 항상 함께 있으리라 하시니라(마태복음 28:18-20).

죽음을 앞둔 사람에게 하나님이 그들과 함께 현존한다는 사실을 상기시키는 것은 얼마나 놀라운 특권인가.

3) 그들의 이야기^{story}를 들려주도록 초대하라

그들이 안전한 공간에 있다는 것을 시험해서 그것이 증명되었을 때, 그리고 당신이 진정으로 그들과 함께 있다고 느낄 때, 죽음을 앞둔 코치이는 당신과 함께 기꺼이 더 깊이 들어갈 것이다. 이 과정을 촉진하기 위해 자신의 이야기를 들려주도록 초대하면 도움이 된다.

   죽음에 직면한 사람은 대부분 자신의 이야기하는 것을 좋아한다. 그들은 자기 이야기를 말할 때 치유되고 새로워진다는 것을 알게 된다. 그들의 이야기는 바로 지금 경험하는 것을 재조명하는 것일지도 모른다. 아마도 그것은 그들의 질병이 진행되는 이야기가 될 것이다. 그들의 이야기는 사랑하는 사람이 무엇을 경험하고 있는지, 또는 그들이 변화하는 상태에 어떻게 반응하고 있는지에 대한 묘사일 수 있다. 그것은 과거에 대한 회상일 수도 있고, 그들의 꿈이나 미래에 대한 두려움을 공유하는 것일 수 있다. 그때 그들의 마음과 정신을 짓누르는 것이 무엇이든 그들의 이야기다. 그리고 죽음을 앞둔 사람들이 마음을 열고 당신과 이야기를 나누기 시작할 때, 그 순간들은 신성해진다. 죽음을 앞둔 사람들은 자신의 가장 깊은 부분을 당신과 공유한다. 그들의 삶을 공유한다. 웰다잉 코치는 집중해서 경청해야 한다!

삶 되돌아보기 life review

죽음을 앞둔 사람이 자기 이야기를 하는 것이 그토록 중요하다고 말하는 이유 가운데 하나는, 그것이 그들의 삶을 의미 있게 검토하는 수단이 되기 때문이다. 우리는 이것을 '삶 되돌아보기'라고 부른다. 죽음을 앞둔 사람이 과거와 현재를 되새기면서 자신의 삶이 어땠는지, 의미가 있었는지, 어떤 식으로 기여하고 차이를 만들었는지 등을 평가한다. 그들은 또한 그들이 진짜 누구인지 자신에게 상기시킨다. "나는 존 스미스입니다. 적극적으로 삶을 살아왔고 이 세상을 변화시켰습니다. 내 몸 안에 있는 암이 나를 정의하는 것이 아니라, 내 삶이 나를 정의합니다!" 웰다잉 코치는, 이 신성한 과정에서 적극적인 경청, 호기심 유발, 그리고 강력한 질문을 통해 그들을 도울 수 있다. 그것은 강력하고 의미 있는 시간이 될 수 있다!

죽음을 앞둔 사람이 자신의 이야기를 나누도록 초대하는 데 도움이 되는 몇 가지 강력한 질문 예를 들면 다음과 같다.

- 그래서, 여기 의자에 앉으면서 최근에 무슨 생각을 하고 있었나요?
- 조용해지면, 당신 마음은 무엇으로 바뀌나요?
- 이것이 당신에게는 어떤가요?

몇몇 죽음을 앞둔 코치이들은 단지 그들의 인생 이야기를 하는 것 이상으로 한 걸음 더 나아가고 싶어 할 것이다. 어떤 사람들은 일기 쓰기가 도움이 된다고 생각한다. 일부는 자신의 자유 시간에, 흔히 한밤중에 잠에서 깼을 때 쓴 다음 나중에 코치에게 그것을 읽어줄 것이다. 어떤 사람들은 그들 인생 이야기를 담은 사진을 모아서 사진첩을 만드는 것이 도움이 된다고 생각한다.

그들의 이야기이다. 죽음을 앞둔 사람들이 그들의 이야기를 하도록 돕는 일이라면 무엇이든 코치가 해야 할 일이다. 그렇지만 코치는 이러한 가능성 일부를 코치이의 선택 사항으로 공유하는 것으로 염두에 두면 도움이 된다.

신앙 이야기

죽음을 앞둔 사람들이 전형적으로 공유하고 싶어 하는 '그들의 이야기'의 또 다른 측면은 신앙 이야기다. 내 경험에 따르면, 내가 오랫동안 코칭해 온 죽음을 앞둔 사람의 99.9%는 신앙 이야기를 나누었다. 심지어 그들은 교회의 일원이 된 적도 없었고 평생 한 번도 영적인 것에 관심을 가져본 적도 없었다. 그들이 죽어간다는 것을 알게 되면, 갑자기 영적인 것들이 매우 중요해진다. 흔히, 그들은 자기 신앙 이야기를 하고자 갈망하지만, 그것을 어떻게 꺼내야 할지 알지 못한다.

죽음을 앞둔 사람들이 신앙 이야기를 나누도록 초대하는 데 도움이 되는 몇 가지 강력한 질문의 예를 들면 다음과 같다.

- 상황이 정말 나빠질 때, 당신은 어디에서 도움과 힘을 얻나요?
- 이 시간 동안 어떤 의미를 찾을 수 있나요?
- 당신이 죽은 뒤에 당신에게 어떤 일이 일어날까요?

지원 구성 요소supporting building block #8에서 신앙 이야기를 다루는 것과 관련하여 더 설명하겠지만, 지금은 단순히 그들을 초대하여 공유하도록 격려하는 정도로만 언급하겠다.

버킷 리스트

'버킷 리스트 Bucket List'라는 용어는 2007년 잭 니콜슨 Jack Nicholson과 모건 프리먼 Morgan Freeman이 주연한 영화 제목으로 유명해졌다. 병실을 같이 쓰는 불치병에 걸린 두 남자가 '양동이를 걷어차기 kick the bucket' 전에 해야 할 일들의 목록을 정한다. 죽음을 앞둔 코치이에게 버킷 리스트에 무엇이 있는지 물어보면 매우 도움이 될 수 있다. 먼저, 그들에게 중요한 것을 더 많이 공유하게 한다. 그렇지만 두 번째로, 그들이 성취하기 위해 노력할 실질적인 일들을 제공해준다. 그들의 신체가 쇠약해짐에 따라, 그들의 목록은 합리적 기대에 맞게 조정될 수도 있다. 지금은 죽음을 앞둔 사람들이 낙담하는 시기일 수 있다. 그들은 목록에 있는 것 일부를 더는 이룰 수 없다는 것을 깨닫는다. 이때 웰다잉 코치가 그들의 고통을 듣고 나서 그들이 아직 할 수 있는 것들로 목록을 다시 쓸 수 있도록 돕는다면 큰 격려가 된다. 여기서 기본 구성 요소인 '행동과 책임 Action and Accountability'을 적용하여, 그들이 언제 어떻게 그것을 할지, 누가 그들을 도와주고 지원해줄지 결정하는 것을 돕는 다음 단계로 나아간다.

장례식 준비

'그들 이야기'의 또 다른 측면은 장례식에 관한 생각이다. 흔히 이 주제는 코치이 스스로 직접 꺼내지 않지만, 코치가 대화를 시작하면 코치이는 이 주제를 논의하기를 희망한다. 다시 한번 말하지만, 이것은 코치이의 이야기이다. 그래도 그들이 장례식을 논의하고 싶어 하지 않으면, 그것으로 아주 괜찮다. 그렇지만 대부분, 죽음을 앞둔 사람은 장례식을 이야기하고 싶어 한다. 그들과 함께 '거기에 가고' 싶어 하지 않는 사람들은 나머지 가족과 친구들이다.

   죽음을 앞둔 사람들이 이러한 측면에 관해 이야기하게 하는 것은 당사자와 함께 장례 준비를 해야 할 가족들에게 도움이 된다. 가족이 이 대화에 함께하지 않는다면, 기록해서 가족과 정보를 공유할 수 있게 해달라고 요청하라.

   죽음을 앞둔 코치이들 일부에게는 이것이 다른 무엇보다 필요하다. 그들은 코치가 진정으로 함께하며 아무도 듣고 싶어 하지 않는 부분까지 자기 이야기를 나눌 수 있는 안전한 공간이 필요하다. 때때로 그들의 이야기는 계속될 것이고, 지난 세션에서 나눈 것을 반복할 수도 있다. 괜찮다. 새로운 정보를 주려는 것이 아니라, 고객이 자신의 이야기를 공유하는 것이 목적이다. 그리고 흔히 거기에는 많은 정보가 담겨 있다.

   많은 사람이 죽음을 앞둔 사람의 말을 듣는 데 시간을 들이지 않을 것이고, 그들이 들을지도 모르는 것을 두려워할 것이다. 많은 사람이 너무 정서적으로 영향받아서, 무너지지 않고는 듣지 못할 것이다.

   웰다잉 코치는 그들이 죽음을 앞둔 코치이들의 이야기 듣는 것을 좋아한다는 것을 분명히 하고, 그들이 이야기를 나눌 수 있도록 초대한다.

4) 가장 소중한 사람을 확인하라

죽음을 앞둔 사람은 이 지구상에서 살 날이 얼마 남지 않았다는 것을 깨닫는다. 그래서 결국 그들은 대체로 그들에게 그다지 중요하지 않은 것들은 포기하게 될 것이다. 그들은 가장 중요한 사람에게 집중하는 데에 한정된 시간과 에너지를 사용하고자 할 것이다. 웰다잉 코치는 죽음을 앞둔 코치이의 이야기를 들으면서 그들에게 가장 소중한 소유물이 무엇인지가 명확해질 것이다. 다시 한번 내 경험에 따르면, 내가 코칭했던 죽음을 앞둔 사람의 99.9%는 삶에서 가장 소중한 소유물이 사람들(가족, 친구)이라는 것을 분명하게 확인했다.

웰다잉 코치는 이러한 내용을 경청하고, 만약 들을 수 없다면 그것에 관해 질문하는 것이 좋다. 그들의 삶에 있는 사람들은 누구인가? 그들과의 관계는 어떤가? 죽음을 앞둔 코치이가 이들 개인에 대해 사랑하고/바라고/필요로 하는 것은 무엇인가?

일반적으로, 이것은 죽음을 앞둔 사람이 다른 어떤 것보다도 말하기 좋아하는 주제이다. 그들은 가족 구성원들을 자랑하고 싶어 한다. 그들은 상처받은 사람들의 고통을 함께 나누고 싶어 한다. 그들은 잃어버린 관계를 슬퍼하고 싶어 한다. 그들이 나누는 이야기 가운데서 가장 소중한 재산이 떠오를 때, 웰다잉 코치는 그들에게 "… 좀 더 말해주세요."라고 말하는 것이 좋다.

사랑하는 사람들과 함께 보내는 시간

'그들의 삶 안에 있는 사람들'은 대개 그들의 가장 소중한 재산이어서, 이들과 시간을 보내는 것이 대개 그들이 다른 무엇보다 원하는 것이다. 그들이 이와 관련하여 무슨 이야기를 나누는지 경청하라. 그들이 보내는 시간에 만족하는가? 더 많은 것을 원하는가? 누구와 시간을 보내길 원하는가? 그들에게 하고 싶은 말이 있는가? 그들과 하고 싶은 것은? 그들과 어떤 식으로 연락하고, 언제 그렇게 할 것인가?

화해

이 책의 앞부분에서, 나는 '좋은 죽음good death'은 두 가지를 포함한다고 말했다: 잘 진행되는 죽음과 죽을 때 평화롭게 죽는 것. 죽음을 앞둔 사람은 살아오는 동안 화해가 필요한 사람이 있을 때 평화롭지 않다. 특히 그들이 가족일 때는 더욱 그렇다. 당신의 코치이가 죽기 전에 그 관계를 화해하고자 할 때 많은 에너지가 소모된다. 웰다잉 코치는 이 과정을 격려하여, 죽음을 앞둔 사람에게 이것을 어떻게 이룰지 이야기하게 하는 데 큰 역할을 할 수 있다. 대부분 화해가 가능하지만, 때로는 상대방이 원하지 않아서 이루어지지 못할 때도 있다. 두 시나리오 모두 죽음을 앞둔 사람의 시나리오에 따라 처리되어야 한다.

보살핌을 받는지 확인하기

죽음을 앞둔 사람의 또 다른 전형적인 걱정거리는 그들의 가장 소중한 재산이 그들이 죽은 뒤에도 보살핌을 받을 수 있게 하는 것이다. 많은 에너지를 이런 걱정에 쏟게 되며, 죽음을 앞둔 사람은 이 부분에서 편안하다고 느끼기 전까지는 '평화well'롭지 못하다. 때때로 죽음을 앞둔 사람은 이 걱정거리가 너무 마음을 무겁게 짓누르기 때문에 '버티면서hold on' 그냥 죽으려고 하지 않는다.

비록 이런 걱정거리는 매우 현실적이지만, 몇몇 죽음을 앞둔 코치이들은, 특히 사랑하는 사람에게 그것을 표현하는 데 어려움을 겪는다. 웰다잉 코치는 이 부분에서 큰 도움을 줄 수 있으며, 코치이가 끝내 말할 수 있게 돕는다. 코치는 두 당사자를 한 자리에 모아서 이 과정을 코칭할 수 있다. 보살핌에 대한 걱정거리는 다양하다.

- **신체적, 정서적인 면**. 아버지가 돌아가실 때, 아버지는 나에게 엄마를 보살펴달라고 부탁했고, 내가 그렇게 하겠다고 말하는 것을 듣고 싶어 했다. 그는 다른 누군가가 그녀를 지켜보고 있는지 알고 싶어 했다.
- **재정적인 면**. 죽음을 앞둔 사람은 사랑하는 사람이 재정적으로 살아남을 수 있을지 알고 싶어 한다. 그리고 흔히 그것이 잘 이루어지도록 그들이 할 수 있는 일에 대한 아이디어를 가지고 있다.
- **실질적인**practical **면**. 죽음을 앞둔 사람이 해결되었으면 하는 실질적인 걱정거리도 많다. 그들이 재정을 처리했거나, 세금을 준비했거나, 빨래를 했거나, 모든 식사 준비를 한 사람들이라면, 사랑하는 사람이 이런 것들을 이어받을 수 있는지 알기를 바란다. 그들은 사랑하는 사람에게 중요한 서류가 어디에 보관되어 있는지, 어느 은행에 계좌가 있는지, 차에 어떤 종류의 기름을 넣는지 알려주고 싶어 한다.
- **법률적인 면**. 만약 죽음을 앞둔 사람이 유언장을 작성하지 않았다면, 웰다잉 코치는 그들을 도와서 이 과정을 어떻게 처리할 수 있는지 알려줄 수 있다. 자동차가 죽음을 앞둔 사람의 이름으로 등록되어 있다면, 그들이 살아있는 동안 사랑하는 사람의 이름으로 이전하기가 훨씬 더 쉽다.

- **의료적인 면**. 중병에 걸렸을 때 의료 의향서living will는 그 사람의 소망을 선언하는 것이다. 의료 의향서를 작성할 때 도움이 되는 자료로 '다섯 가지 소망Five Wishes'이 있다. '다섯 가지 소망'은 죽음을 앞둔 사람이 다음과 같은 소망을 선언할 수 있게 한다.

    1. 자신이 할 수 없을 때 자신을 위해 돌봄 결정을 내리는 사람
    2. 자신이 원하거나 원하지 않는 의학적 치료의 종류
    3. 자신이 얼마나 편안하기를 원하는지
    4. 사람들이 자신을 어떻게 대하기를 원하는지, 그리고
    5. 사랑하는 사람들이 알기를 바라는 것

    이 자료는 www.agingwithdignity.org에서 얻을 수 있다.

- **물건에 관한 것**. 때때로 유언장에는 명시되지 않았으나, 특정한 가족 구성원들이 가지기를 원하는 특별한 물건들이 있다. 아버지는 잔디 깎는 트랙터를 좋아하셨다. 그의 말년에 대한 내 가장 좋은 기억 하나는 그 트랙터에 있다. 아버지는 돌아가시기 전에 이제는 내가 그 트랙터를 가질 시간이라고 말씀하셨다.

    한 코치이는 나와 함께 이 주제를 다 이야기하고 나서, 가족 모두를 그녀 집으로 불러 모으기로 했다. 그녀는 그들 모두에게 자신의 물건들을 물려주고 싶지만, 그들이 자기 물건을 놓고 싸우는 것을 원치 않는다고 말했다. 그래서 그녀는 접착용 메모지sticky pad를 꺼내서, 가족들에게 하나씩 나누어주고, 그녀가 죽은 뒤에 가져갈 물건에 '꼬리표'로 붙이라고 했다. 그녀는 모든 물건에 꼬리표가 다 붙을 때까지 이것을 계속했다. 이 죽음을 앞둔 코치이는 살아있는 동안 이 일이 평화롭게 처리되었다는 것을 알고는 큰 평화를 얻었다.

- **영적인 면**. 아래 윤리적 유언서 ethical wills를 보라.

윤리적 유언서[12]

일반적인 법적 유언서는 개인의 물건과 금융 상품이 죽은 뒤에 어떻게 분배될 것인지를 선언한다. 유언서는 중요하며, 나는 모든 사람이 유언장을 작성해야 한다고 믿는다. 그러나 문제는 유언서가 고인에게 가장 중요했던 것을 물려주지 않는다는 점이다. 생의 마지막에 대부분 사람은 그들의 물질적 소유물이 가장 중요한 것은 아니라는 결론에 도달한다. 그들의 가치(영적, 관계적, 도덕적)는 은행에 있는 현금보다 더 중요하다. 그들은 남겨진 사람들에게 그들의 영적인 믿음과 바람, 희망과 꿈을 물려주고 싶어 한다.

생의 마지막에 있는 코치이는 이러한 것들에 관해 이야기하고 싶어 할 수 있으며, 당신은 그렇게 하도록 그들을 초대할 수 있다. 여기서 한 걸음 더 나아가서, 당신은 '윤리적 유언서'를 통해 이러한 것들을 남아있는 사람들에게 물려주도록 도울 수 있다. 윤리적 유언서는 법적 문서는 아니다. 오히려 가장 중요한 것들을 남겨두고 떠나는 행위이다.

윤리적 유언서는 다음과 같은 방법으로 작성할 수 있다.

---

12) 윤리적 유언서는 사람들이 죽은 뒤에 사랑하는 사람들에게 자신의 가치, 신념, 인생 교훈을 표현할 수 있게 해주는 문서이다. 이것은 법적 구속력이 있는 문서는 아니며, 사람들이 자신의 유산을 전달하고 가족 및 친구와 지혜를 공유하는 방법이다. 윤리적 유언서는 서한, 에세이, 심지어 동영상 형태로 작성할 수 있다. 이것들은 개인적인 추억, 정성 어린 메시지, 의미 있는 삶을 위한 안내 등을 포함할 수 있다. 윤리적 유언서는 사람들이 자신이 소중히 여기는 사람들에게 긍정적인 영향을 남기고, 자신의 가치와 신념을 미래 세대에 전할 수 있는 강력한 방법이다.(https://chat.openai.com/chat 2023.2.8 검색)

- 죽음을 앞둔 코치이에게 가장 소중한 사람들이 자신에 대해 기억하기를 바라는 것들을 적어달라고 초대하라. 이것은 각 개인에게 편지 형태로 쓸 수 있다.
- 그들이 남기고자 하는 가치와 신념, 그리고 사랑하는 사람들을 위해 바라는 것이 무엇인지 그들이 직접 말하는 것을 녹음한다.
- 그들에게 가장 중요한 것을 공유하는 DVD를 제작한다. 나는 내 많은 웰다잉 코칭 고객을 위해 이 일을 했다. 나는 그들이 사랑하는 사람들과 마음을 나누는 모습을 영상으로 담았다. 죽음을 앞둔 코치이들 가운데 일부는 일반적인 것을 이야기한 반면, 다른 이들은 가족들 한 명 한 명에게 구체적인 희망과 꿈과 바람을 공유하며 자세하게 말했다. 그런 다음 나는 이 영상을 DVD로 만들었다. 일부 고객들은 내게 DVD를 가족에게 즉시 전해달라고 요청했다. 다른 사람들은 자신이 죽을 때까지 DVD를 가지고 있다가 전해 달라고 부탁했다. 후자의 경우, 죽음을 앞둔 내 고객은 "당신이 이것을 보고 있다는 사실은 내가 죽었다는 것을 의미합니다."라고 말하며 DVD를 시작했다.

가족들은 이와 같은 DVD가 매우 의미 있다는 것을 알았다. 코치이는 마음속 깊이 있는 것을 공유하기 때문에 큰 만족감을 느낀다.

임종에 참여하는 사람 final contacts

사람이 죽기 전에, 그들이 가장 소중한 사람들과 마지막으로 만나고 싶어 하는 것은 흔한 일이다. 나는 죽어가는 수많은 코치이가 다른 곳에서 사랑하는 사람이 올 때까지 생명을 유지하는 것을 보아왔다. 때때로 죽음을 앞둔 사람은 더는 말할 기력이 없다. 그들은 사랑하는 사람이 오고 있다는 것을 알았고, 타지에 있는 사람이 도착할 때까지 죽기를 기다렸다. 실제 방문이 가능하지 않을 때, 흔히 전화로 마지막 인사를 하는 것으로도 충분할 것이다. 심지어 죽음을 앞둔 사람들이 더는 말할 수 없을 때도, 전화기를 그들의 귀에 대고 있을 수 있다. 이것만으로도 그들에게 충분히 평화를 주고 죽음을 잘 맞이할 수 있게 한다. 웰다잉 코치는 이러한 가능성을 알아차리는 것이 유익하다.

5) '다섯 가지 중요한 것'을 공유하도록 도와라

존 메이어John Mayer는 '하고 싶은 말을 하세요Say What You Need to Say'라는 제목의 멋진 노래를 작곡했다. 이 개념은 죽음을 앞둔 사람을 코칭하기 위한 다섯 번째 지원 구성 요소의 초점이다.

인간으로서 우리가 가진 큰 특권 가운데 하나는 말로 의사소통할 수 있는 능력이다. 웰다잉 코치는 죽음을 앞둔 코치이와 가족이 이 특권을 이용하도록 격려하는 것이 좋다. (이전 지원 구성 요소는 죽음을 앞둔 코치이에게 특히 초점을 맞췄던 반면, 이 구성 요소는 그의 가족과 관련된 코치이에게 초점을 맞춘다.) 지금은 '그들이 하고 싶은 말을 해야 할 때'이다. 제한되는 주제는 없다. 죽음을 앞둔 사람과 사랑하는 사람들이 마음속에 있는 것을 나눌 수 있는 완벽한 시간이다.

코치는 죽기 전에 함께 있는 이 시간이 어떤 가족들에게는 절대로 주어지지 않는 기회라는 것을 참석한 모든 사람에게 상기시킬 수 있다. 많은 사람이 죽기 전에 사랑하는 사람들과 마음을 나눌 기회가 있기를 바라지만 결코 그러지 못한다.

사람들은 흔히 "이 시간에 할 수 있는 좋은 말이 무엇인가?"라고 묻는다. 나는 그들에게 생각, 추억, 두려움, 희망, 꿈 등 무엇이든 나눌 수 있다고 상기시켜준다. 그렇지만 이때 가장 도움이 된다고 알게 된 것 다섯 가지가 있다.

'다섯 가지 중요한 것'은 아이러 바이옥Ira Byock, MD의 책 『가장 중요한 네 가지The Four Things That Most Matters』(2004)에서 인용한 것이다. 다섯 가지는 다음과 같다.

1. 용서해 주세요Please Forgive Me.
2. 당신을 용서합니다I Forgive You.
3. 감사합니다Thank You.
4. 사랑합니다I Love You.
5. 안녕히Good-Bye.

죽음을 앞둔 사람이나 가족을 코칭할 때, 나는 이 다섯 가지 중요한 것을 나눌 수 있도록 요청할 것이다. "내가 다섯 가지 중요한 것이 무엇인지 말해주겠습니다. 그러면 당신이 원하는 대로 그것들을 할 수 있습니다." 설명해보겠다.

1. **용서해 주세요.** 우리가 그러는 것처럼 당신도 인간이기에 실수한다. 당신이 그런 일들에 대해 용서를 구했다는 것을 알면 이것은 엄청난

차이를 만든다.

2. **당신을 용서합니다**. 사랑하는 사람이 아무리 훌륭하다 해도, 역시 인간이기에 완벽하지 않다. 당신은 그에게 아무 문제가 없으며 용서받았다고 선언함으로써 놀라운 선물을 준다.

3. **감사합니다**. …했던 시간에 감사합니다. …한 사람이 되어주어서 감사합니다.

4. **사랑합니다**. 어떤 사람들은 이런 말 하는 것을 쉽게 생각하지만, 다른 사람들은 어려워한다. 만약 이 사람을 사랑한다면, 그들에게 말하는 것이 중요하다.

5. **안녕히**. 이것은 많은 가족이 어려움을 겪는 말이다. 내가 그 말을 하면 그들은 흔히 눈물을 흘린다. 나는 그들에게 "안녕good-bye이라는 말이 어디서 유래됐는지 아세요?"라고 묻는다. 이 말은 결국 good-bye로 축약된 것인데, '하나님이 너희와 함께 하시기를God be with ye' 이라는 말에서 유래됐다. 작별 인사를 할 때 당신이 진정으로 말하는 것은 '하나님이 당신과 함께하시기를' 그리고 '당신을 다시 볼 때까지 당신을 하나님의 돌보심에 맡깁니다'라는 의미이다. "안녕, 부엌에서 돌아올 때까지 하나님이 함께하시기를 바랍니다." 많은 사람이 하는 가장 큰 후회 가운데 하나는 사랑하는 사람이 죽기 전에 작별 인사를 하지 못했다는 것이다. 그들이 이렇게 작별하는 습관을 들이면, 마지막 작별의 시간이 도래했을 때('천국에서 당신을 볼 때까지') 유족은 고인이 작별 인사를 나누었다는 것을 알게 된다.

나는 '다섯 가지 중요한 것'을 내 코치이들과 그들 가족들에게 지금까지 수년 동안 공유해왔다. 긍정적인 피드백이 많다. 가족들은 사랑하는 사람들과 이 다섯 가지에 관해 이야기한 것이 얼마나 도움이 되었는지 반복해서 말한다. 슬픔에 빠진 사람들은 "하고 싶은 말을 했다."라는 이유로 앞으로 나아갈 수 있다고 정기적으로 말한다.

아버지가 호스피스 병원에 가셨을 때, 나는 이미 사람들과 '다섯 가지'를 나누는 습관이 있었다. 그렇지만 나는 그것이 무엇인지 아버지와 결코 공유한 적이 없었다. 아버지는 펜실베니아 네덜란드인이었다. 그들 일반적 전통으로는, 자신의 감정을 공개적으로 공유하지 않는 것이었다. 그렇지만 아버지는 자신이 죽어가고 있다는 것을 알았을 때, 누가 재촉하지 않는데도 아버지는 그 다섯 가지를 모두 내게 말해주셨다.

죽음을 앞둔 코치이들은 이런 것들을 이야기하고 싶어 한다. 가족들도 그것들에 관해 이야기해야 한다. 웰다잉 코치로서 당신은 그들을 초대할 수 있는 좋은 위치에 있다. 언어적인 소통은 정말 훌륭한 특권이고 선물이다.

불행하게도 우리는 이 선물을 당연하게 여기는 경우가 너무 많다. 더는 말할 수 없게 된 사랑하는 사람과 함께 있는 가족에게 이때만큼 더 이것이 명백해지는 때가 없다.

몸이 죽어가고 있을 때, 죽음을 앞둔 사람은 더는 말할 수 없을 정도로 쇠약해지는 것이 일반적이다. 신체에만 힘이 남아있고 모든 에너지는 신체의 주요 기관들이 기능하게 하는 데만 쓰인다. 결국, 혼자서는 움직이기 어렵고, 말하는 것이 불가능한 경우가 많다. 이런 상태에서 가족들이 '다섯 가지'를 나누는 것은 어려울 수 있다. 그들은 여전히 사랑하는 사람과 소통하기를 원한다. 그들이 말하고 싶어 하는 것이 더 있다. 사랑하는 사람이 그들에게 해주는 말을 더 많이 듣고 싶어 한다.

좋은 소식은 사람이 듣는 데, 즉 귀를 사용하는 데는 거의 에너지가 필요하지 않다는 것이다. 그 의미는 그 사람이 너무 약해져서 움직이거나 말할 수 없을 때도 여전히 들을 수 있다는 것이다. 나는 그들이 숨을 멈추는 순간까지도 바로 들을 수 있다고 믿는다. 아버지가 임종이 가까워져서 actively dying 더는 말할 수 없게 되자 어머니와 나는 아버지 주위에 모였다. 우리는 아버지에게 이야기하면서 마음을 나눴다. 우리는 '다섯 가지'를 다시 공유했다. 우리가 말을 끝냈을 때, 우리는 아버지의 눈에서 눈물이 흐르는 것을 보았다. 그때 그것이 아버지가 우리에게 대답할 수 있는 유일한 방법이었다고 생각하지만, 아버지는 눈물을 통해 우리가 하는 말을 모두 들었다는 것을 보여주셨다.

죽어가는 코치이가 더는 말할 수 없을 때라도 '다섯 가지'를 공유하기에 늦지 않다. 가족에게 이것을 알리면 큰 위안을 얻을 수 있다.

6) 정상이라는 것을 확신시켜라

나는 이제 말 그대로 죽어가는 수천 명의 사람을 코칭하는 특권을 누렸다. 그들 모두 한 가지 공통점이 있었는데, 누구도 전에 죽어본 적이 없다는 점이다. 내가 죽음을 향한 여정을 함께 걸어온 사람들 100%가 미지의 영역에 있었다.

당신이 돌봐줄 죽음을 앞둔 사람들도 죽음에 전문가가 아닐 가능성이 있다. 죽음의 전문가가 될 수 있는 유일한 방법은 죽는 것이다. 주변에 그런 사람들이 많지 않다.

우리가 어떤 일을 처음 할 때, 일반적인 반응은 미지의 영역이 어떻게 보일지에 대한 두려움과 불안을 경험하는 것이다. 우리는 미지의 것에 대해 궁금한 것이 많은데, 죽음의 과정이 어떨지도 그렇다. 심지어 우리가 새로운 경험을 할 때도, 그것을 제대로 하고 있는지 의심한다. 우리가 경험하고 있는 것을 다른 누군가가 경험한 적이 있는지 궁금하다. 우리는 가족/돌봄자들이 어떻게 반응해야 할지 확신하지 못한다. 우리의 여정이 '정상적'인지 아닌지 곰곰이 생각한다.

이 문제에 대해 교육을 받은 웰다잉 코치는 코치이들에게 큰 위로와 지지의 원천이 될 수 있다. 때때로 그들이 듣고 싶은 말은 그들이 경험하는 것이 정상이라는 것이다. 가족들은 같은 질문으로 어려움을 겪을 것이고 또한 당신의 지혜로운 말에 위로받을 것이다.

확실히 나는 죽음에 있어서 전문가가 아니다. 그렇지만 나는 전문가들과 함께 많은 시간을 보냈다. 나는 한 사람이 인생의 마지막을 향해 갈 때 겪는 '정상적인' 경험들을 나누고 싶다.

아래는 대부분 사람이 죽음에 앞서 신체 시스템이 느려지고 마침내 기능을 멈추면서 나타나는 징후들이다. 어떤 사람들은 이런 징후들이 죽기 몇 시간 전에 나타난다. 또 어떤 사람들은 며칠 전이나 심지어 몇 주 전에 나타나기 시작할 수도 있다. 이러한 일이 일어나는 특별한 순서는 없으며, 그것들을 전혀 경험하지 못하는 사람도 있다.

사람이 사망 과정의 마지막 단계에 들어가면, 두 개의 서로 연관되고 상호의존적인 역동dynamics이 작용한다. 물리적 차원에서 신체는 마지막 종료 단계를 시작하고 모든 신체 시스템이 기능을 멈추면서 끝난다. 일반적으로 이것은 의학적 응급 상황이 아닌 질서 정연하고 극적이지 않은 일련의 신체 변화이다. 그것들은 몸이 스스로 작동을 멈출 준비를 하는 정상적이고 자연스러운 과정이다. 이러한 변화를 돕는 가장 좋은 방법은 사랑하는 사람이 편안하고 안전하게 느끼게 하는 것이다.

사망 과정의 또 다른 역동은 정서적-영적-정신적 차원이다. 죽음을 앞둔 사람의 '영혼'이 몸에서 분리되는release 마지막 과정을 시작한다. 또 이러한 분리가 일어날 때 자체적인 우선순위를 따르는 경향이 있다. 여기에는 끝내지 못한 일과 가족 및 다른 사랑하는 사람들에게서 "놓아주어도 된다let go."라는 허락을 받아들이는 일이 포함될 수 있다. 이러한 '일들events'은 영혼이 이승에서 생명의 다음 차원으로 이동할 준비를 하는 자연스러운 방법이다. 정서적-영적-정신적 변화에 대한 가장 적절한 반응은 이러한 분리와 이행을 지지하고 격려하는 것이다.

사람의 몸이 기능을 멈출 준비가 되었지만, 중요한 이슈나 관계가 여전히 해결되지 않았거나 화해하지 않았을 때 마무리가 필요한 모든 것을 끝내기 위해 떠나지 못하는 경향이 있다. 반면에 어떤 사람이 정서적-영적-정신적으로 해결되고 벗어날 준비가 되어있지만, 그/그녀의 몸이 최종적인 물리적 폐쇄를 완료하지 않았을 때는 폐쇄 과정이 종료될 때까지 계속 살아있을 것이다.

우리가 죽음이라고 부르는 경험은, 육체가 폐쇄되고, '영혼'이 화해하고 마무리하는 자연스러운 과정을 완성할 때 일어난다. 이 두 가지 과정은 임종자의 가치관, 신념, 생활양식에 적절하고 독특한 방식으로 진행되어야 한다. 나는 이 모든 일에 하나님의 주권이 역사하고 있다고 믿는다.

웰다잉 코치로서 이해와 지지를 해준다면 코치이(및 가족)가 이러한 이행을 완료하는 데 도움이 될 것이다. 이것은 죽음이 다가올 때 제공해야 하는 가장 큰 선물이다.

죽음이 임박해서 일어나는 신체적, 영적, 정신적 신호와 징후는, 일어나는 일이 자연스러운 것이며 당신이나 가족이 여기에 어떻게 적절하게 반응할 수 있는지 이해하는 데 도움을 준다. 다시 말하지만, 이 모든 징후와 신호들이 모든 사람에게 일어나는 것은 아니며, 어떤 특정한 순서로 일어나는 것도 아니다. 사람은 저마다 독특하고 자신만의 방식으로 이루어져야 한다.

다음의 신호와 징후는 신체가 생의 마지막 단계를 어떻게 준비하는지 설명한다:

1. **수분과 음식 감소**. 환자는 식욕과 갈증이 감소하여 음식이나 수분을 거의 또는 전혀 원하지 않을 수 있다. 신체는 자연스럽게 에너지를 보존하여 이것이 영양분으로 소비된다. 억지로 음식이나 수분을 섭취하게 하지 말고, 죄책감에서 무언가를 먹거나 마시게 하려고 애쓰지 마라. 대개 정상적인 수화작용이 가능하지 않으므로 수분 과다보다는 탈수상태에서 신체가 쇠잔해지는 것이 더 평화롭다. 작은 얼음 조각이나 얼린 주스/얼음 막대popcicle가 입안을 상쾌하게 해줄 수 있다. 삼키는 능력이 떨어지지 않도록 유의하라. 섭취 후 기침하는 사람에게는 억지로 수분을 먹이려 하지 마라. 삼키는 데 필요한 반사운동이 느려질 수 있다. 이것은 사람의 몸이 더는 음식이나 수분을 원하지 않거나 받아들일 수 없을 때 그/그녀에게 알려주는 방법이다. 음식과 음료에 대한 욕구 상실은 사람이 죽음을 준비하고 있다는 신호일 수 있다. 입/입술을 촉촉하고 편안하게 유지하기 위해 면봉을 사용할 수 있다.

2. **사회작용**-socialization **감소**. 생의 마지막 단계에 있는 사람은 혼자서 있거나, 단 한 사람과 아니면 아주 소수의 사람과 함께 있기를 원할 수 있다. 허약하고 피곤할 때 누군가를 만나고 싶지 않은 것은 당연하다. 우리가 하는 말은 때때로 우리와 함께 있는 사람을 자극할 수 있으므로 되도록 좋은 휴식 시간을 가질 수 있게 해주어야 한다. 잠을 자도 괜찮다고 환자를 안심시켜라. 마지막 순간에 이 내부에서 함께 하는 일부가 아니라고 해서 사랑받지 못하거나 중요하지 않다는 의미는 아니다. 그것은 당신이 사랑하는 사람과 함께 이미 해야 할 일을 마무리했고 이제 작별 인사를 할 때라는 것을 의미한다. 당신이 최종 임종을 지켜보는 한 사람이라면 그 사람에게는 당신이 그의 죽음을 확인해주고, 지원하고 허용하는 것이 필요하다. 또 사람은 혼자서 죽음을 맞고자 하는 것이 일반적이라는 점도 유의하라. 가족이 죽어가는 사랑하는 사람 옆에서 24시간 내내 앉아 있는 것을 나는 지켜본 적이 있다. 임종자는 가족이 일어나서 화장실에 가거나 우편물을 받으러 밖으로 나갈 때까지 마지막 숨을 거두지 않는 때도 있다. 임종자를 지켜보는 일이 일반적으로 고통스럽지는 않지만, 이것이 임종자가 가족에게 주는 마지막 선물이라고 생각한다.

3. **수면**. 점점 더 많은 시간을 수면으로 보낼 수 있으며 의사소통이 안 되고 반응이 없으며 때로는 깨우기 어려울 수 있다. 이 정상적인 변화는 부분적으로 신체의 신진대사 변화에서 비롯된다. 죽어가는 코치이와 함께 앉아 손을 잡고 악수하거나 큰 소리로 말하지 말고, 부드럽고 자연스럽게 말하라. 그/그녀가 가장 깨어있을 때 시간을 보낼 계획을 세우라. 이 시점에서 그 또는 그녀와 함께 있는 것이 그들

을 위해 무언가를 하는 것보다 더 중요하다. 응답이 없더라도 평소처럼 직접 이야기하라. 그 사람이 들을 수 없다고 가정하지 마라; 청각은 가장 마지막에 없어지는 감각이라고 한다.

4. **안절부절못함**restlessness. 죽음을 앞둔 사람은 침대 이불이나 옷을 잡아당기는 것과 같이 안절부절못하고 반복적인 동작을 할 수 있다. 이런 일이 자주 일어나며 이는 부분적으로 뇌로 가는 순환 감소와 신진대사 변화에서 비롯된다. 이러한 동작에 주의를 환기하거나 방해하거나 억제하려고 하지 마라. 진정 효과를 얻으려면 조용하고 자연스럽게 말하고, 손이나 이마를 가볍게 마사지하고, 책을 읽어주거나 진정시키는 음악을 틀어놓는다.

5. **방향 감각 상실**disorientation. 죽음을 앞둔 사람은 시간과 장소, 가깝고 친한 사람들을 포함하여 주변 사람들을 식별하는 데 혼란스러워한다. 누구인지 맞혀보라고 하기보다는 먼저 자기 이름을 밝히는 것이 좋다. 중요한 내용을 전달할 때는 환자를 편안하게 하려고 부드럽고, 명확하고 진심으로 말하도록 하라. 예를 들면, "약 드실 시간이에요."라고 말하고, "아프지 않게 하려고요."와 같이 의사소통하는 이유를 설명한다.

6. **소변 감소**. 대체로 소변 배출량이 줄어들고 검게 변해서 차의 색깔과 유사하다. 이것은 소변이 진해지고 있다는 신호이며 수분 섭취가 줄어들고 신장을 통한 혈액 순환이 느려지면서 일어나는 정상적인 과정이다. 또한 호흡과 발한 과정에서 수분이 손실된다.

7. **요실금**incontinence. 해당 부위의 근육이 이완되면서 소변 및/또는 장 조절 능력을 상실할 수 있다. 침대를 보호하고, 죽어가는 코치이가

깨끗하고 편안하게 유지되도록 가족을 격려하라.

8. **호흡 패턴 변화**. 규칙적이었던 호흡 패턴이 이전과는 다른 호흡 속도가 시작되면서 바뀔 수 있다. 특정 패턴 가운데 하나는 얕은 호흡과 함께 불규칙하게 호흡하거나 5~30초 동안 숨을 쉬지 않고 심호흡을 하는 것이다. 또 빠르고 얕고 헐떡이는 형태의 호흡을 할 수 있다. 때로는 숨을 내쉴 때 신음 같은 소리도 들린다. 이것은 괴로움이 아니라 이완된 성대를 통과하는 공기의 소리이다. 이러한 패턴은 매우 일반적이며 내부 장기의 순환 감소를 나타낸다. 머리를 올리거나 옆으로 돌리면 편안함을 느낄 수 있다. 그들의 손을 잡고 부드럽고 안심시키는 말을 하는 것이 좋다.

9. **분비물에 의한 막힘 현상**congestion. 죽음을 앞둔 사람은 여과기와 같이 가슴에서 꼬르륵 하는 소리를 낼 수 있다. 때때로 이 소리는 점점 커져서 듣기에 매우 괴로울 수 있다. 사랑하는 사람을 자세히 관찰하고, 그 사람은 대개 신체에서 일어나는 것을 알아차리지 못한다는 점에 유의하라. 아마도 임종 과정에 있는 사람보다 보고 듣는 것이 더 괴로울 수 있다. 분비물을 흡입기로 빼내는 것은 대개 효과적이지 않을 수 있으며 실제로 불편함을 가중할 수 있다. 분비물이 낮게 고이도록 침대 머리 부분을 높여서 구역질 반사를 자극하지 않도록 하라.

10. **피부색 변화**. 팔과 다리가 차가워지거나 뜨거워지고 변색할 수 있다. 혈액 순환이 감소하면서 피부 신체 아랫부분이 변색할 수 있다. 이것은 혈액 순환이 가장 중요한 기관을 지원하기 위하여 핵심을 보존하고 있음을 나타내는 정상적인 표시이다. 불규칙한 온도는 뇌가 명확하지 않은 메시지를 보낸 결과일 수 있다. 만약 환자가 차가워지면

따듯하게 하고, 전기담요는 사용하지 마라. 그 사람이 계속 이불을 벗겨내면 가벼운 거로만 덮어라.

11. **환영과 유사한 경험**. 이미 죽은 사람과 말을 했다고 말하거나 주장할 수 있으며, 현재 접근할 수 없거나 당신이 볼 수 없는 장소를 보거나 본 적이 있다고 주장할 수 있다. 이것은 환각이나 약물 반응을 나타내는 것은 아니다. 그 사람은 이승의 삶에서 멀어지기 시작했고 이행을 준비하고 있으므로 두려워하지 않을 것이다. 그 사람이 보거나 들었다고 주장하는 것에 대해 반박하거나, 설명하거나, 경시하거나, 논쟁하지 마라. 당신이 그것을 보거나 들을 수 없다고 해서 그것이 그들에게 현실이 아니라는 것을 의미하지는 않는다. 그 또는 그녀의 경험을 긍정하라. 그들은 정상이고 일반적이다.

12. **비정상적인 의사소통**. 그 사람은 겉보기에 성격에 맞지 않거나 비합리적인 진술, 몸짓 또는 요청을 할 수 있다. 이것은 그/그녀가 작별인사를 할 준비가 되었고 당신이 그/그녀를 보낼 준비가 되었는지 확인하기 위해 당신을 시험하고 있음을 나타낼 수 있다. 그런 순간이 주어질 때 그것을 아름다운 선물로 받아들여라. 키스하고, 껴안아 주고, 손을 잡아주고, 울고, 하고 싶은 말은 무엇이든 하라.

13. **떠날 수 있게 하라**. 가족들이 사랑하는 사람이 떠날 수 있게 놓아주는 것은 쉬운 일이 아니다. (그/그녀가 떠나는 데 대한 죄책감 없이 그렇게 하기는 어려울 수 있다. 때때로 유가족은 그들 자신의 필요를 충족시키기 위해 그/그녀를 붙잡아 두려고 한다.) 임종자는 대체로 불편함이 오래가더라도 남겨진 사람들이 괜찮을 거라는 확신을 하기 위해 버티려고 할 것이다. 이러한 걱정에서 임종자를 안심시키고

벗어나게 하는 가족의 능력은 이 순간에 그들이 줄 수 있는 가장 큰 사랑의 선물이다. 다음과 같은 말이 도움이 될 수 있다: "우리는 당신을 보내드릴 만큼 충분히 당신을 사랑합니다." "당신이 평화롭기를 바랍니다." 그리고 "나는 괜찮을 거예요."

14. **작별 인사.** 그 사람이 죽을 준비가 되어있고 가족이 놓아줄 수 있을 때, 이것은 자신의 방식으로 작별 인사를 나눌 때이다. 이러한 마무리는 최종적으로 놓아줄 수 있게 한다. 사랑하는 사람이 그 사람과 함께 침대에 누워 손을 잡거나 하고 싶은 모든 말을 하도록 격려하면 도움이 될 수 있다. 사랑한다는 말처럼 간단할 수도 있다. 여기에는 그들이 나눴던 가장 좋아하는 추억, 장소 및 활동에 관한 이야기가 포함될 수 있다. 눈물은 평화를 만들고 작별 인사를 할 때 정상적이고 자연스러운 부분이다. 임종자에게 감출 필요가 없다. 눈물은 사랑의 표현이다.

죽을 때 …

- 호흡이 멈춘다.
- 심장 박동이 멈춘다.
- 자극을 느낄 수 없다.
- 시선이 고정된 상태에서 눈꺼풀이 조금 열릴 수 있다.
- 턱이 이완되면서 입이 벌어질 수 있다.
- 때때로 몸이 이완되면서 장과 방광에서 배설물이 나오기도 한다.

이 정보가 이 순간을 위해 가족을 준비하게 하는 데 도움이 되길 바란다. 그들을 불안과 두려움에서 자유롭게 할 수 있다면 임종자가 고요하고 평화로운 분위기에서 생의 마지막 단계를 경험할 수 있게 도울 수 있다.

7) 전문가가 아닌 학생이 돼라

코치에 대한 태도는 학생의 태도이어야 한다. 상담사는 이렇게 말할 것이다. "저는 전문가입니다. 당신을 돕고 고치기 위해 여기에 있습니다." 웰다잉 코치는 "당신은 전문가입니다. 당신이 이 일을 겪는 것이 어떤 것인지 가르쳐 주세요. 당신이 경험하는 것을 이해할 수 있게 도와주세요."

 죽음을 앞둔 코치이에게 학생의 태도로 다가가는 것은 무엇보다 코치이에게 중요하다. 이러한 태도를 보이면 그가 더 마음을 열고 깊이 있는 이야기를 나눌 수 있게 격려할 수 있다. 그는 자신이 말해야 하는 데에 당신이 관심을 두고 있다는 것을 알게 된다. 이러한 학생의 태도는 그가 안심하고 들을 수 있게 해주고 자신의 여정을 책임질 수 있게 해줄 것이다.

 웰다잉 코치가 학생의 태도로 죽음을 앞둔 코치이에게 다가가는 두 번째 중요한 이유로는 코치를 위해서이다. 죽음을 앞둔 사람들은 우리에게 가르칠 것이 아주 많다!

 내가 호스피스 일을 시작했을 때, 죽음을 앞둔 사람들과 그토록 많은 시간을 보내는 것이 어떨지 걱정했다. 나는 그것이 지치고 우울하게 할 것으로 예상했다. 솔직히, 나는 그것이 두려웠다. 놀랍게도, 나는 그들과 함께 보낸 시간이 너무 좋았다. 죽음을 앞둔 사람은 무엇이 중요한지 안다. 그들은 시간과 에너지를 어떻게 써야 할지 안다. 죽음을 앞둔 사람은 나 자신의 삶을 어떻게 살지 가르쳐준다. 가끔은 살아있는 사람보다 죽음을 앞둔 사람과 함께 있는 게 더 좋은 것 같다.

당신은 곧 출간될 내 책『사즉생死卽生: 죽음을 앞둔 사람에게 배운 교훈 Dying To Live: Lessons Learned from the Dying』에서 죽음을 앞둔 사람에게서 내가 배운 것을 읽을 수 있다. 또는 죽음을 앞둔 코치이와의 모든 만남에 학습의 기회로 접근함으로써 이러한 교훈을 스스로 배울 수 있다. 그들의 말을 경청하라. 그들에게서 배우라. 가르쳐 달라고 부탁하라. 학생이 돼라. 그러면 그들이 어떻게 살지를 당신에게 가르쳐 줄 것이다.

> 좋은 이름이 좋은 기름보다 낫고 죽는 날이 출생하는 날보다 나으며, 초상집에 가는 것이 잔칫집에 가는 것보다 나으니, 모든 사람의 끝이 이와 같이 됨이라. 산 자는 이것을 그의 마음에 둘지어다(전도서 7:1-2).

8) 희망을 붙잡도록 격려하라.

"단어를 보기가 어렵겠지만, HOsPicE에는 항상 희망이 있다."

사람들이 호스피스와 관련된 희망을 생각하는 것이 놀라운 일인 만큼, 죽음을 앞둔 사람을 코칭할 때 여덟 번째 지원 구성 요소가 '희망을 붙잡도록 격려'하는 것이라는 사실에도 놀랄 수 있다.

희망을 낳거나 희망을 주거나 자기 희망을 코치이에게 강요하는 것은 웰다잉 코치의 책임이 아니다. 오히려 코치는 죽음을 앞둔 사람들을 도와 이미 그들 내면에 있는 희망을 발견하고 그 희망을 지속할 수 있도록 돕는 특권이 있다.

나는 정기적으로 죽음을 앞둔 사람들에게, "당신이 경험하는 모든 것 가운데 무엇이 당신에게 희망을 줍니까?" 또는 "일이 정말 힘들 때 어디서 힘을 얻나요?"라고 물을 것이다.

나는 최근에 암으로 죽음을 앞둔 60세 여성을 코칭했다. 그녀는 태어날 때부터 시각 장애인이었다. 나는 그녀에게 희망을 준 것이 무엇이냐고 물었는데, 그녀는 내게 "저는 기독교인이며, 죽으면 천국에 갈 것으로 알고 있습니다. 제가 가장 좋아하는 성경 구절은 우리가 예수님을 직접 뵙게 된다는 말씀입니다. 내게 희망을 주는 것은 내가 죽고 나면 내가 볼 수 있고, 내가 가장 먼저 바라볼 얼굴이 예수님 얼굴이라고 깨닫는 것입니다." 그녀를 만날 때마다 우리는 그것에 관해 이야기했다. 그녀가 임종 과정으로 들어가서 더는 말할 수 없게 되자, 나는 그녀에게 '희망'을 상기시켰다. 그녀의 얼굴에 미소가 떠올랐고, 그렇게 그녀는 죽었다.

희망이란 무엇인가?

성경에서 희망은 절대적이다. 의심의 여지 없이 보장한다. 그것은 기쁨으로 기대하거나 예상하는 것을 의미한다(로마서 5:2, 골로새서 1:5, 디도서 1:2, 2:13, 3:7 참조). 이것은 내 시각 장애인 코치이가 가졌던 희망이다.

그렇지만 죽음을 앞둔 모든 사람이 강한 희망적 느낌이 있는 것은 아니다. 사실 죽음을 앞둔 많은 사람이 희망이 없다고 느낀다.

질병을 극복할 수 있다는 것과 죽음을 늦출 수 있다는 두 가지 기본적인 희망에 매달리는 것은 인간의 본성이다. 그렇지만 많은 코치이의 현실은 그들이 지속해서 의학적 쇠퇴에 직면해 있고 임박한 죽음을 기다리고 있다는 것이다. 그들 관점에서 보면, 절망감이 있을 수 있다.

웰다잉 코치는 새로운 알아차림을 얻도록 도울 수 있다. 내가 사용하는 희망에 대한 정의는 '희망은 현재 상황에 대한 초월(일반적인 인식 범위를 벗어나는 것)을 가능하게 하고 존재에 대한 새로운 긍정적 알아차림을 촉진하는 역동적인(살아있는, 변화하는) 내적 힘'이라고 말한다.

희망은 끊임없이 변화하는 어떤 것이다. 처음에, 당신의 코치이는 그들의 병을 치료하거나 치유하는 기적이 일어나기를 희망할 수 있다. 그들의 몸이 계속 쇠약해짐에 따라, 그 희망은 바뀔 수 있다. 그들은 어떤 일을 성취하거나, 어떤 좋아하는 목적지로 여행 갈 힘을 바랄지도 모른다. 점점 더 약해지면 그 희망은 또다시 바뀔지도 모른다. 이제, 그들은 고통이 줄어들기를 바라거나, 친구들의 방문이나 손주들의 전화를 바랄 수도 있다. 나중에 그들은 자기 집에서 머물거나 평화롭게 잠 잘 수 있기를 바랄지도 모른다 - 그리고 결국, 가족과 함께 있는 동안 평화롭게 죽을 수 있기를 희망할 것이다.

비록 희망은 끊임없이 바뀌지만, 죽음을 앞둔 사람이 희망을 붙잡을 수 있을 때 세상은 완전히 달라진다. 웰다잉 코치는, 적극적인 경청과 강력한 질문과 확언을 통해, 그들이 이 희망을 지속하도록 도울 수 있다.

그릇된 희망을 주지 마라

희망은 항상 진실에 기반을 둔다. 웰다잉 코치는 죽음을 앞둔 사람이나 가족에게 희망을 북돋우는 수단으로 절대로 진실이 아닌 일을 말해서는 안 된다. 죽음을 앞둔 사람은 자기 몸에서 무슨 일이 일어나는지 정직하게 알 권리가 있다. 치료 또는 생명 유지 조치를 사용할지와 관련한 결정은 그의 것이어야 한다. 죽음을 앞둔 사람의 희망이 가족이나 코치의 그것과 다를 때, 이것은 모두 코치이의 것이라는 점을 기억해야 한다. 우리는 그들과 함께 여정을 걷고 그들의 결정을 지지하기 위해서이지, 우리 생각을 강요하기 위해서가 아니다.

기분은 어떤가요?

"잘 지내시나요?" 또는 "어떠신가요?"는 죽음을 앞둔 사람과 시간을 보낼 때 처음 마주하면서 물어보는 전형적인 질문이다. 그렇지만 그 질문에 대한 대답은 보통 그들이 몸이 어떤지에 초점을 맞추고 있다. 그들이 희망을 붙잡도록 격려하기 위해서, 웰다잉 코치는 코치이의 정서적/영적 자기self를 이용할 필요가 있다. 그렇게 하려면, 이어지는 좋은 질문은 "그리고 당신 기분은 어떤가요?"이다.

내적으로 새로워지는 것

코치는 죽음을 앞둔 사람에게 사도 바울이 고린도 교인들에게 남긴 말을 상기시키는 것이 도움이 될 수 있다. 바울은 우리가 겉으로는 쇠약해지고 있지만, 동시에 내적으로는 영적으로 더 강해질 수 있다고 말했다(하루하루 새로워지는 것). (고린도후서 4-5 참조.) 우리가 진짜 누구인지에 대한 보물은 금이 가고 깨져서 아무 쓸모 없게 되는 질그릇 안에 보관되어 있다. 죽음을 앞둔 사람은 이것을 잘 이해할 것이다. 그렇지만 그러한 일이 일어나는 동안, 그들의 희망은 어느 때보다 강해질 수 있다. 그들 내면의 정서적 힘과 하나님과의 관계는 예전보다 훨씬 더 커질 수 있다. 이것은 죽음을 앞둔 사람들이 흔히 반성하고 토론하고 싶어 하는 것이다.

성경과 기도

많은 이에게 성경과 기도는 희망과 내적 새로움을 가져다준다. 그렇지만 코치는 죽음을 앞둔 사람에게 희망을 북돋우려고 할 때 자신의 의제를 밀어붙이지 않도록 주의해야 한다. 죽음을 앞둔 사람들은 성경을 읽고 싶지 않을 때가 있다. 그들은 소리 내어 기도하려고 일어나지 않을 때도 있다. 따라서 웰다잉 코치는 성경을 읽거나 기도할 수 있도록 항상 허락을 구해야 한다(죽음을 앞둔 사람이 교구민이더라도). 죽음을 앞둔 사람들이 '아니오'라고 말하더라도 기분이 상하지 않아야 하며, 다음에 방문할 때, 죽음을 앞둔 사람이 그러한 영적 지원 수단을 매우 고마워할 수 있다고 이해해야 한다.

 같은 맥락에서, 나는 일반적으로 웰다잉 코치가 죽음을 앞둔 사람을 방문할 때 성경을 가지고 가는 것을 권장하지 않는다. 성경을 손에 들고 나타나면 죽음을 앞둔 사람에게 의제를 정하게 하기보다는 자신의 방문 목적과 의제가 있음을 전달하게 된다. 원할 때 쉽게 꺼낼 수 있는 주머니나 지갑, 휴대전화에 성경을 담아가면 죽음을 앞둔 사람들을 코칭하는 데 훨씬 더 나은 분위기를 만든다.

죽은 뒤에 일어나는 일

거의 모든 죽음을 앞둔 사람들 마음에는 "내가 죽은 뒤에 무슨 일이 일어날까?"라는 질문이 있다. 교회의 일원이 아니었고 영적인 것에 전혀 관심이 없던 사람들조차도 자신이 죽어간다는 것을 알면 스스로 영적인 질문을 하기 시작한다. 사후세계afterlife에 대한 의문과 거기에 도달하기 위한 요건이 무엇인가 하는 것이 절박한 현실이 된다.

내 경험에 따르면 죽음을 앞둔 대부분 사람은 이것에 관해 생각할 뿐만 아니라, 그들 가운데 99%는 그것에 관해 이야기하고 싶어 한다. 그들은 너무 늦기 전에 이 문제를 해결하고 싶어 한다. 자신의 영원한 운명에 대한 논의를 원치 않는 드문 예외들이 있다. 그들은 알지 못하는 것에 만족한다. 그러나 대부분 사람은 그들에게 무슨 일이 일어날지에 관해 이야기하고 싶어 한다. 나는 개인들이 세 가지 범주 가운데 하나에 빠지는 것을 발견한다.

1. 영원한 운명은 결정되어 있다. 이들은 죽은 뒤에 무슨 일이 일어날지 확신한다. 이 사람들은 대개 큰 자신감과 평화로운 마음으로 죽음을 맞이한다.
2. '천국'에 가기를 희망하지만, 그렇게 되리라고 확신하지는 않는다. 이들은 또한 그곳에 도달하기 위한 요건이 무엇인지 확신하지 못한다. 이들 가운데 많은 이가 이 이슈가 자기 내부에서 해결되지 않았다는 것을 알고 두려워한다.
3. 영원한 운명이 즐겁지 않으리라고 매우 확신한다. 이들은 반항적인

삶을 살아왔고, 이제 행동으로 인해 얻게 될 결과를 두려워한다. 이러한 사람들 가운데 많은 이가 생의 마지막이 다가옴에 따라 동요와 불안 징후를 보인다.

웰다잉 코치의 목표는 개입해서 죽음을 앞둔 사람에게 사후세계에 대한 자신의 견해를 강요하는 것이 아니다. 코칭 접근법과 정반대일 뿐만 아니라, 대개 좋지 않다. 내 경험에 따르면, 내 의제를 앞세우고 코치이에게 다가가서, 내 견해를 주장하려고 하면, 그들은 나와 아무 관계도 맺으려 하지 않는다. 다시 오지 말라고 하거나, 나와 함께 깊이 들어가기를 거부한다. 그들은 더는 안전하다고 느끼지 않는다.

코치는 항상 죽음을 앞둔 사람이 있는 곳에서 그들을 만날 것이다. 그들을 있는 그대로 사랑하라. 그들을 알려고 하라. 그들을 확인하라. 그들 삶에 관심을 보여라. 이런 것들이 이루어지고 죽음을 앞둔 사람이 안전하다고 느끼면(지원 구성 요소 #1로 돌아가면) 그들은 당신과 함께 깊이 들어가기 시작할 것이다. 그들이 안전하다는 것을 알고 그들이 있는 그대로 사랑받고 있다고 알게 되면, 죽음을 앞둔 사람들은 아마도 하나님(당신이 마음에 두고 있는)이 그들을 사랑할 수도 있고 같은 방식으로 그들을 받아들일 수도 있다는 연결을 만든다. 그때부터 영적인 질문이 시작된다.

도움이 되는 강력한 질문은, "당신이 죽은 뒤에 당신에게 무슨 일이 일어날까요?"라고 간단히 묻는 것이다. 코치이의 대답은 그가 어떤 범주에 속하는지와 그것에 대해 어떻게 느끼는지, 그리고 그것이 죽음을 준비하기 위해 논의하고 싶은 주제인지를 나타낼 것이다.

죽음을 앞둔 사람들이 자신의 영원한 운명에 대해 불확실하고 천국에 가기 위한 '요건'을 알지 못할 때, 코치는 명확하게 말할 수 있다. 항상 먼저 허락을 구해야 한다. 예를 들어, "사람이 어떻게 천국에 갈 수 있는지에 대해 성경이 말하는 것을 당신과 나눴으면 하나요?" 내 경험으로는 이 질문에 대한 답은 거의 항상 "예!"이다. 죽음을 앞둔 사람들은 자신을 괴롭히는 질문에 대답해달라고 나에게 간청한다. 이 시점에서 성직자들은 그들의 신앙 전통에 따라 어떻게 하면 그들의 영원한 운명에 대해 자신감을 가질 수 있는지 교구민들과 공유할 수 있다.

이러한 이슈를 해결하면 큰 차이를 만든다. 내가 암송할 수 있는 많은 예화가 있지만, 한 가지만 공유하고자 한다. 나는 밥Bob이라고 부르는 새로운 호스피스 환자를 방문하러 갔다. 내가 그의 집에 도착했을 때, 밥은 흥분해서 숨을 쉬려고 안간힘을 썼다. 그는 산소를 공급받고 있었지만, 그것은 분명히 도움이 되지 않았다. 나는 간호사에게 전화했고 그녀는 오는 중이었다. 밥이 숨 쉬는 사이에 나는 그와 이야기를 나누었다. 나는 그에게 무슨 생각을 하고 있는지 물었다. 밥은 죽는 게 얼마나 두려운지 모른다고 말했다. "좀 더 말해주세요."라고 말했다. 밥은 계속해서, 자신이 살아온 삶이 부패하고 이기적이었다고 이야기했다. 이제 그는 죽음에 직면해서 자신의 과거를 후회했지만 이미 늦었다고 말했다. 그는 절망감을 느꼈고 앞으로 큰 고통과 고뇌가 닥칠 것으로 예상했다. 그는 평생 얼마나 하나님을 부정하고 기독교인들을 조롱해왔는지 모른다고 말했다. 이제 그는 하나님 앞에 설 준비가 되어있었고, 그 생각이 그를 두렵게 했다. 그가 내게 물었다. "나에게 어떤 도움이 있을까요? 내가 하나님과 함께 바로잡을 방법이 없을까요?" 나는 그에게 용서를 받는 것과 어떻게 하면 천국에 갈 수 있는지에 대해 성경에 나온 것을 함께 나누고자 하는지 물었다. 그는 고통과 숨쉬기 힘든 몸부림 속에서 나에게 말해달라고 간청했다.

복음주의 기독교 배경을 가진 나는, 하나님의 사랑과 밥의 친구가 되고자 하는 그의 열망에 관해 이야기를 나누었다. 나는 예수님에 대해, 그리고 그가 우리의 죄를 대신하여 십자가 위에서 어떻게 돌아가셨는지, 우리를 위해 천국에 있는 그 자리를 사기 위해 죽은 자 가운데서 부활하셨으며, 그것은 우리에게 거저 주신 선물이라고 말했다. 나는 밥에게 그것을 믿고 받아들이며, 용서의 선물과 천국에서 영생의 선물을 원한다면, 그가 할 일은 하나님과 그것에 관해 이야기하는 것뿐이라고 설명했다. 밥은 나에게 도와달라고 부탁했고 우리는 함께 기도했다. 우리가 기도를 끝냈을 때, 밥은 머리를 숙였고, 나는 그가 훨씬 수월하게 숨 쉬고 있다는 것을 알아차렸다. 나는 밥에게 어떤지를 물었다. 그는 이런 평화를 느껴본 적이 없으며, 처음으로 죽음이 두렵지 않다고 말했다. 그는 눈을 감은 채 잠시 조용히 누워 평화롭게 숨을 쉬다가 두 팔을 머리 위 허공으로 뻗었다. 나는 "뭐 하세요?"라고 말했다. "예수님입니다. 그분은 바로 여기 저와 함께 계십니다. 모든 것이 잘 될 겁니다." 그러고 나서 그는 팔을 아래로 내려서 마치 누군가를 가까이 끌어당기는 것처럼 가슴 위로 교차시켰다. 참석한 가족들은 신체적, 정서적, 영적인 그 변화를 믿을 수 없었다. 밥은 이제 희망을 품었고, 그것은 세상을 완전히 바꿔놓았다. 밥은 그날 저녁 늦게 숨을 거뒀다. 몸부림 없이 조용하고 평화로운 죽음이었다.

죽음을 앞둔 코치이들은 자신이 죽어간다는 것을 알면서도 영원한 운명에 관한 질문을 해결하지 못해 고통과 어려움을 토로하는 이야기를 연이어 들려주었다. 이들 가운데 일부는 더는 이야기하지 않기로 했다. 그것은 그들의 선택이었다. 코칭은 코치이와 그들의 소망에 관한 모든 것이다. 그렇지만 대부분 사람은 내면의 불타는 투쟁을 해결하고자 했으며, 그들의 말을 들어주고 투쟁을 통과해 갈 수 있도록 도와줄 사람을 찾고 있었다. 이것은 웰다잉 코치의 큰 특권 가운데 하나이다.

존엄하고 평화로운 죽음

죽음 앞둔 사람들은 마지막 숨을 쉬는 순간이 가까워지면, 보통 놓아줄 준비가 된 것이다. 그들은 고통과 불편함에 지쳤다. 그들은 지상에서 평화를 이루었다. 그리고 그들은 영원한 운명에 대한 준비를 마쳤다. 내 경험은 그들에게 죽음은 환영할 만한 해방이라는 것을 보여준다. 그들이 마침내 그 순간에 항복하고 놓아줄 때, 놀라운 해방 경험이 있을 것으로 나는 상상한다. 인간의 육신 안에 갇힘으로써 뒤따르는 모든 제약과 속박에서 벗어나 마지막 자유의 황홀감이 있어야 한다.

그렇지만 죽음을 앞둔 사람들의 가족은 보통 똑같은 마지막 자유의 황홀감을 경험하지 않는다. 그들에게 슬픔과 애도라는 힘든 일이 이제 곧 시작되는 것이다. (이 책의 후반부는 이러한 슬픔을 겪는 사람들을 돌보기 위해 코칭 접근법 사용에 초점을 맞출 것이다.)

그런데도 가족이 겪은 일은 특별하고 의미 있는 일이다. 그들은 사랑하는 사람을 영원의 문까지 바래다주는 특권을 누려왔다. 다음과 같이 생각해 보라: 개인이나 가족이 저녁 식사를 위해 사람들을 집으로 초대할 때, 저녁은 보통 전형적인 방식으로 끝난다. 호스트가 "와 주셔서 감사합니다. 조심해서 돌아가시고 안녕히 주무세요."라고 거실에 앉아서 말하는 경우는 드물다. 오히려 주인은 의자에서 일어나 일행들을 문까지 바래다주고 거기서 작별 인사를 한다. 그것은 존경심과 함께 보낸 시간에 대한 고마움을 나타낸다. 이것은 작별 인사를 하는 진심 어린 방법이다. 죽은 코치이의 가족이 하는 일은 사랑하는 사람을 영원의 문까지 바래다주는 것이다. 사랑하는 사람이 이 문까지 가는 여정을 함께하는 것은 가족이 임종자에게 주는 마지막 선물이다. 비록 강렬한 충격과 슬픔 때문에 그 당시를 보는 것은 어렵지만, 그것은 놀라운 영적 경험이다. 가족과 함께 이런 경험을 할 수 있는 웰다잉 코치는 특권을 부여받은 것이다.

제8장
슬픔을 겪는 사람 코칭하기

나는 슬픔 지원 단체의 촉진자 역할을 하고^{facilitating} 집에 돌아와 이 글을 쓴다. 그룹의 한 명이 눈물을 흘리며 회의실로 들어왔다. 왜 눈물을 흘리는지 물어본 다음 그룹 구성원들과 나는 이 여성이 슬픔 상담사와 방금 세션을 끝냈다는 것을 알았다. 상담사가 그녀에게 62세 남편이 죽은 지 2년 가까이 되는데 지금은 슬픔을 끝내야 한다고 말해서 그녀는 마음이 상했다. 상담사는 그녀에게 다음 주에 와서 해결하는^{fixed up} 과정을 시작하자고 말했다.

내 견해로는 이 여성이 상담사를 만날 필요는 없었다: 그녀에겐 웰다잉 코치가 필요했다. 그녀는 '해결^{fixed}'이 필요하지 않았다. 그녀에겐 함께 슬픔의 여정을 걸어갈 사람이 필요했다.

웰다잉 코치가 어떻게 그것에 관한 일을 하고, 어떻게 슬픔을 코칭하는가?

죽음을 앞둔 사람을 코칭하는 것과 마찬가지로 '여덟 가지 구성 요소'를 기억하는 데서 출발한다. 그것들은 코칭 프레임워크를 제공해야 한다.

슬픔을 겪는 사람을 코칭하기 위한 여덟 가지 지원 구성 요소

여덟 가지 구성 요소를 염두에 두고 이제 슬픔을 겪는 사람을 코칭하기 위한 여덟 가지 지원 구성 요소eight supporting building blocks를 추가하고자 한다.

1) 안전한 공간을 제공하라

지원 구성 요소 #1은 죽음을 앞둔 사람과 슬픔을 겪는 사람을 코칭할 때 모두 같다. 그렇지만 슬픔을 겪는 사람을 코칭할 때 오히려 더 중요하다. 우리가 사는 문화 때문에 대부분 사람은 슬픔의 여정을 이해하지 못한다. 이해하지 못 하는 것을 넘어, 슬픔을 겪는 사람 주위에 있으면 많은 사람이 불편해한다. 사람들은 슬픔을 겪는 사람들에게 대처하는 방법을 알지 못한다. 그들은 불편하다고 느껴서 슬픔을 겪는 사람에게 그것을 '극복하도록get over' 밀어붙이면서 애도하는 그들을 비판한다. 결국 세상에는 자신들의 슬픔을 이해받거나 지지받지 못한다고 느끼는 사람들로 많아지게 되었다. 한 걸음 더 나아가, 많은 사람이 자신이 슬퍼하는 방법을 세상이 받아들이지 않는다는 것을 알게 되면서, 그들은 자신을 지키고 누구와도 공유하지 않는 법을 터득했다. 그들은 ""안전하지 않아요."라고 말한다.

슬픔은 정상적인 다양한 정서를 일으킨다. 슬픔을 겪는 사람이 겪는 전형적인 정서에는 충격, 비애, 걱정, 죄책감, 좌절감, 두려움, 분열disorganization, 혼란, 분노, 증오, 질투, 기쁨과 안도감 등이다.

아래에 있는 그림은 노먼 라이트H. Norman Wright가 '얽히고 설킨 정서의 공Tangled Ball of Emotions'이라고 부르는 것이다. 많은 사람에게 슬픔의 정서가 어떤 것인지 보여준다. 일반적으로 경험하는 정서는 매우 다양하다. 때때로 한꺼번에 몰려올 수도 있다. 이것들은 서로 얽혀 있어서 겪고 있는 정서를 분류하기 어렵게 한다. 정서는 예측할 수 없어서 슬픔을 겪는 사람이 어느 때는 좋다가도 어떤 때는 갑자기 걷잡을 수 없이 울기도 한다. 때때로 정서가 압도적으로 느껴지기도 하고 통제 불능이 되기도 한다.

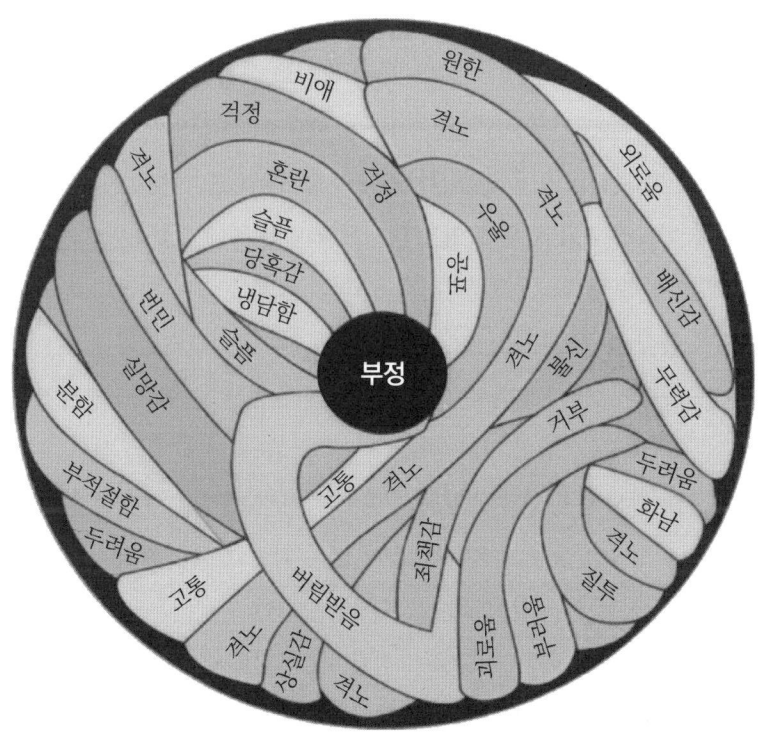

허락을 받아 게재함(Wright, 2006, 64)

원의 정중앙에는 부정이 있다. 이것은 대부분 사람이 사랑하는 사람이 죽었다는 소식을 들었을 때 처음 경험하는 정서이다. 충격, 무감각, 그리고 불신을 느낀다. 그들은 멍하거나 망연자실한 감정이 든다. 나는 이러한 감정이 하나님의 선물이라고 믿는다. 그 감정들은 사랑하는 사람의 죽음을 알게 된 사람들이 믿고 싶지 않은 것을 좀 더 견딜 수 있을 때까지 일시적, 심리적으로 보호한다. 그것들은 우리가 죽음이라는 완전한 현실에 직면할 수 있을 때까지 일시적인 멈춤 현상time-out이다. 나는 가끔 부정을 '천연 마취 주사'라고 묘사한다. 특히 슬픔의 여정 초기에 사람의 정서는 마음이 말하는 것을 따라잡을 시간이 필요하다. 우리가 한 번에 모든 슬픈 감정을 맞는다면 우리는 살아남지 못할 것이다. 그래서 처음에는 부정하고, 하나씩 차례로 위에 있는 정서에 직면할 수 있고, 죽음이라는 현실을 받아들일 수 있다. 그런 다음 슬픔이라는 힘든 일이 시작되고, 정서는 쉽게 통제 불능이 된다.

많은 사람이 슬픔을 겪는 사람을 불편해하는 이유를 쉽게 알 수 있다. 가족과 친구들은 사랑하는 사람이 슬픔을 '극복over'하게 하려 하고, 그들이 이러한 정서를 터놓고 표현하면 멈추게 하려는 것은 이해할 만하다. 그러나 그 결과 슬픔을 겪는 사람들이 많은 사람과 그것을 나누는 것이 안전하지 않다는 것 또한 명확하고 이해할 만하다.

그러므로 슬픔을 겪는 사람을 코칭할 때, 안전한 공간을 제공하라. 애도하는 사람은 자신만의 방식으로 상실을 공개적으로 애도할 수 있음을 알아야 한다. 코칭은 코치이에 관한 것이 전부이다. 코치이가 의제를 정하고 그 수준을 선택한다. 이것이 슬픔을 겪는 사람들이 코치가 필요한 이유이다.

슬픔을 겪는 코치이들에게 안전한 공간을 제공하는 방법은 무엇인가?

내가 아래 섹션에서 해답을 제시하기 전에, 다음 주의 사항으로 시작하겠다. 아래에 있는 모든 슬픔 반응은 정상적이고 예상되는 것이지만, 변화 없이 장기간 지속하거나 슬픔을 겪는 사람이 자신 또는 다른 사람에게 해를 입히거나 그렇게 하겠다고 위협한다면, 정신건강 전문가에게 의뢰해야 한다.

그들이 아픔을 느끼게 하라

슬픔을 겪는 사람을 코칭할 때 가장 어려운 일 가운데 하나는 그들이 아픔을 느끼게 하는 것이다. 슬픔은 상처를 준다. 유가족 모임grief support group에 참석하는 사람들은 슬픔이 상상했던 것보다 훨씬 더 고통스럽다고 한결같이 말한다. 누군가 아픔을 느낄 때 일반적인 경향은 사람들이 그들의 기분을 나아지게 해주고 싶어 한다는 것이다. 웰다잉 코치는 이런 일을 자제할 것이다. 사실 웰다잉 코치와 시간을 보내고 나면 일반적으로 코치이의 기분이 더 나빠지는 결과로 이어진다. 이는 세션이 잘 진행되었음을 의미할 수 있다. 앞에서 언급했듯이 상실은 슬퍼해야 하고 애도해야 한다. 고통을 정면으로 마주해야 한다. 강렬한 감정을 받아들여야 한다. 슬픔의 감정을 넘어서는 유일한 방법은 그것을 겪으며 걸어가는 것이다. 효과적인 웰다잉 코치는 고통을 없애려 하지 않고, 코치이의 고통 속에 함께 앉아 있을 것이다. 코치는 그들과 함께 고통의 여정을 걸어갈 것이며, 그들이 강해져야 한다거나 힘을 내야 한다거나, 바쁘게 지내야 한다고 말하지 않을 것이다. 코치가 본능적으로 아픔을 없애려고 한다면 진정한 치유가 일어날 기회를 없애버릴 가능성이 크다. 게다가 아픔을 느끼는 것은 잘못이며, 만약 아픔을 느끼려고 해도 그렇게 하기에 안전한 공간이 아니라는 메시지를 코치이에게 무의식적으로 보내게 될 것이다.

울도록 허용하라

"그들이 아픔을 느끼게 하라."에 이어지는 것이 "울도록 허용하라."이다. 이미 말했듯이, 우는 것은 고통을 위한 건강하고 좋은 배출구이다. 우는 것은 애도의 한 형태이다. 다시 한번 말하지만, 당신과 함께 있는 누군가가 울기 시작하면 그들의 기분을 나아지게 하려는 것이 자연스러운 본능이다. 서둘러 그들을 안아주려 한다. 그들에게 티슈를 건네준다. 이러한 몸짓을 코치이가 고맙게 여기는 때도 있다. 그렇지만 흔히 안아주거나 티슈를 건네줄 때 코치이는 "눈물을 닦아요. 울음을 그칠 때입니다. 당신의 고통을 덜어주고 싶어요."라는 메시지를 받는 것으로 여긴다. 코치의 더 나은 반응은 "당신의 눈물을 사랑합니다. 울고 싶으면 그렇게 하세요. 눈물은 훌륭한 겁니다. 티슈가 필요하시면 여기에 있으니, 마음껏 눈물을 흘리셔도 됩니다." 코치이가 울기를 멈추면 다시 이야기를 나눌 수 있다. 코치는 다음과 같이 말할 수 있다. "…. 눈물에 관하여 좀 더 말해주세요." 그 말은 코치이에 관한 모든 것이 안전하고 치유의 공간을 제공하는 것을 의미한다.

그들이 느끼는 무엇이든 느끼게 하라

안전한 공간은 코치이가 느끼는 것은 무엇이든 느낄 수 있는 공간을 말한다. 이를테면, "그런 식으로 느끼면 안 된다."라거나 "그것을 극복하거나 처리해야 한다." 또는 "그렇게 느끼는 것은 경건한 감정이 아니다." 또는 "그는 다른 사람에게 좋은 증언이 되지 않으므로 멈춰야 한다."라는 말을 듣지 않는 공간이다. 이런 말들을 나는 늘 들어왔다. 결과는 항상 같다. 슬픔을 겪는 사람은 "이곳이 진짜 내가 있을 수 있는 안전한 곳이 아니다."라는 것을 알게 된다.

앞서 말했듯이, 슬픔을 겪는 사람은 어떤 강렬한 정서를 느낄 것이다. 그들은 그것을 풀어낼 안전한 공간이 필요하다. 그들이 느끼는 화("이것은 내가 원했던 것이 아닙니다."라고 말하면서, 저항하는 형태)는 의사를 향하거나 자신이 사랑한 사람을 향하거나 신, 또는 자신의 코치나 영적 지도자를 향할 수 있다.

나는 죽어가는 한 남자를 위한 웰다잉 코치였다. 그가 죽기 전에 그날 오후에 그를 만났다. 그의 아내가 내게 "존에게 나아져야 한다고 말해주셔야 합니다. 하나님께서 그를 살려주시도록 기도해주셔야 해요. 나는 그를 잃을 준비가 되어있지 않아요."라고 말했다. 그날 저녁 늦게 존이 죽었다는 소식을 들었고, 상가에 와달라는 요청을 받았다. 내가 도착했을 때 그의 아내는 나에게 달려와서 말 그대로 나를 때리기 시작했다. 그러면서 그녀는 "당신은 일하지 않았어요. 그에게 살아있으라고 말해야 했어요."라고 고함을 질렀다. 그녀는 실제로 내게 화가 난 것이 아니라, 밖으로 내보내야 할 마음속의 화가 많았던 것이다. 나는 그녀가 그렇게 할 수 있는 안전한 공간이었다. 그 뒤로 몇 달 동안 그녀와 함께 슬픔의 여정을 걸어갈 수 있었고, 그녀는 안전하다고 느껴서 진정한 자신이 될 수 있었다.

다음은 코치이에게 도움이 될 수 있는 정서에 관해 기억해야 할 몇 가지 사항이다.

- 당신의 정서가 당신은 아니다. 정서와 감정은 왔다가 사라진다.
- 감정은 좋거나 나쁜 것이 아니라 그저 있을 뿐이다.
- 슬픔을 느끼고 울어도 괜찮다. 예수님도 친구가 죽었을 때 우셨다(요한복음 11:35).
- 화를 느껴도 좋다. 성경에 나오는 많은 예언자, 그리고 예수님조차도 화를 느끼셨다.
- 행복을 느끼고, 웃고, 즐겁게 지내도 괜찮다. 항상 슬퍼할 수는 없으며 때때로 슬퍼하는 일에서 벗어나 친구들과 즐겁게 시간을 보낼 필요가 있다.
- 죄책감을 느껴도 괜찮다. 당신은 죽은 사람과 싸웠거나, 그 사람이 죽기를 바랐을 수 있다. 당신의 바람만으로는 아무도 죽일 수 없다. 아마도 당신이 그 사람과 더 많은 시간을 보냈거나, 그들이 해달라고 요청한 것을 했으면 하고 바랐을 것이다. 이런 감정으로 힘든 시간을 보내고 있다면 코치에게 말하거나 죽은 사람에게 편지를 써보라.
- 두려움을 느껴도 괜찮다. 누가 당신을 돌보아줄지, 돈이 어디서 나올지, 옷이나 식품을 살 만큼 충분할지 확실하지 않아서 두려울 수 있다. 코치나 믿을 만한 어른과 함께 앉아서 관심사를 논의하라.
- 이러한 감정들을 몸으로 느껴도 괜찮다. 하나님은 스트레스를 처리

할 수 있게 우리 몸을 만드셨다.
- 죽음으로 오래된 질병이나 다른 어려운 상황이 끝난다면 실제로 안도감을 느낄 수도 있다. 이러한 감정을 용인하기 어려울 수 있지만, 정상이다.
- 혼란스럽거나 당황스럽게 느끼더라도 괜찮다. 심지어 불안 발작을 경험할 수도 있다. 이런 것들은 대개 지나가지만 편안하지는 않다.
- 아무 느낌이 없어도 괜찮다. 죽음에 관한 소식을 듣고 친구들과 어울려서 웃고 즐겁게 시간을 보낼 수도 있다. 그것은 정서적 자기emotional self가 큰 충격에서 자신을 보호하는 방법의 하나이다.

그들이 말하고자 하는 것은 무엇이든 말하게 하라

강렬한 정서로 말미암아 슬픔을 겪는 사람들은 때때로 정상적이라면 말해선 안 될 일들을 말한다. 다른 사람이나 하나님에 대한 극도의 분노를 말로 표현할 수 있다. 정상적인 상황에서 이와 같은 사람은 "말조심하세요." 또는 "그런 식으로 말하지 마세요."라고 요청받을 수 있다. 그렇지만 슬픔을 겪는 사람을 코칭할 때, 코치는 그 사람의 이야기를 주의 깊게 듣고, 더 많은 이야기를 나눌 수 있게 격려하는 것이 좋다. 이렇게 함으로써 코치이가 느끼는 것을 풀어줄 수 있다. 이 상황은 받아들여질 뿐만 아니라 건강하다.

슬픔을 겪는 사람은 더 살아갈 희망이 없다고 말할 수 있다. 즉 삶은 이제 의미가 없으며, 인생이 끝나면 좋겠다고 말한다. 정상적인 상황에서 이런 말을 하는 사람은 자살 감시를 받아야 하며 즉시 전문가의 도움을 받아야 한다. 그렇지만 이런 말을 하는 슬픔을 겪는 대부분 사람은 자살할 의도는 없다. 그들은 단지 "이 정도면 내가 얼마나 심각하게 상처받았는지." "이 정도면 내가 사랑하는 사람이 얼마나 그리운지."라고 말하고 있다. 이 사람은 자신을 해칠 계획이 없다는 것을 확신할 수 있게 계속 질문을 받아야 한다. 자살에 관한 이야기는 항상 심각하게 받아들여야 한다. 그렇지만 슬픔을 겪는 사람에게 무엇보다 필요한 것은, 그들이 가장 깊숙이 있는 감정과 고통을 나눌 만큼 충분히 안전한 공간이라는 점을 알아야 한다. 나는 슬픔을 겪는 사람에게 아마도 이런 식으로 대응할 것이다. "당신은 정말 아픔을 느끼고 있군요. 당신이 느끼는 감정에 관하여 좀 더 이야기해주세요." 또는 "실제로 자해를 한다면 허용될 수 없는 행동이지만 이런 말을 할 정도로 심각하게 상처를 느끼고 있다면 일리가 있습니다. 지금 당신이 무엇을 겪고 있는지 좀 더 이야기 나누어주세요."

슬픔을 겪는 사람은 자신이 말하는 것을 바로잡아 주는 사람도, 그가 생각하는 것을 더 긍정적으로 바꾸려고 하는 사람도 필요하지 않다. 그와 같이 앉아서 그가 겪는 수많은 정서를 처리할 때 그가 말해야 하는 것은 무엇이든 말하게 하는 코치가 필요하다. 심지어 그가 폭발적인 말을 하더라도 그렇게 말하도록 허용한다면, 그가 당신과 함께 깊이 들어갈 수 있을 만큼 안전하다고 느끼는 공간을 제공하게 되는 것이다.

코치이가 어떤 것도 말하려 하지 않는 때가 있다. 그를 압박하지 마라. 오히려 그가 책임자라는 것을 기억하라. 그와 함께 앉아서 침묵하면서 편안하게 있어라. 코치이에게 침묵하는 시간을 주면 선물이 될 수 있다. 애도는 침묵과 고독의 기간이 필요하다. 슬픔의 여정을 이해하지 못하거나, 개입해서 슬픔을 겪는 사람을 바로잡으려고 하는 많은 사람이 이 필요한 침묵을 허용하지 않으려고 한다. 침묵은 코치에게도 도움이 된다. 그것은 그에게 말하기보다 경청의 우선순위를 상기시켜서 코치이의 필요를 최우선으로 두게 한다. 그것은 코치에게 자신의 감정뿐 아니라 코치이의 내면에 있는 정서의 정도를 일깨워준다. 또 슬픔의 신비로움은 흔히 코치에게 말이 부적절하다는 사실을 상기시켜준다. 침묵은 슬픔을 겪는 사람을 위한 안전한 공간을 만드는 데 도움이 된다.

하고 싶은 것은 무엇이든 하게 하라

슬픔을 겪는 개인을 코칭하는 것은 함께하는 시간이 오로지 코치이에 관한 것임을 의미한다. 코치이는 그런 식으로 느껴선 안 된다는 말을 듣지 않고도, 무엇이든 느낄 자유가 있다. 그는 고통과 상실을 표현할 때, 필요한 모든 것을 말할 수 있다. 적절한 경우 정신건강 전문가에게 의뢰하는 것과 관련하여 이 장 앞부분에서 언급한 주의사항을 염두에 두고, 다음 단계의 진행으로 슬픔을 겪는 사람이 하고 싶은 것은 무엇이든 하도록 허용하는 것이다.

우리 교회의 오랜 신자였던 사람이 최근 죽었다. 그의 아내 메리는 독실한 신자였는데, 적절하게 슬퍼하고 있었다. 그녀는 울면서 상실을 애도하고 있었다. 메리는 외로웠고 남편이 몹시 그리웠다. 메리가 슬픔에 잠긴 지 몇 주 지나서 그녀의 친구들이 메리를 걱정하며 나에게 왔다. 메리는 더는 교회에 나가고 싶지 않다고 친구들에게 말했다. 그녀는 너무나 상처를 받아서 집에만 있고 싶어 했다. 나는 친구들이 메리에게 무슨 말을 했는지 물어보았다. 친구들은 그녀에게 집에만 있으면 안 된다고 말했다. 메리는 교회에 나가야 했고, 사람들로 둘러싸여 있어야 했다. 그러나 메리의 상황은 더 악화했고, 그녀는 집에만 있겠다고 위협했다. 친구들은 내가 메리에게 이야기해서 교회에 계속 나와야 한다고 설득해주도록 요청했다. 나는 말해보겠다고 했지만, 메리에게 집에 있도록 허용할 것이며, 친구들도 똑같이 허용해주어야 한다고 말했다. 메리는 2주 동안 집에 있다가, 교회로 돌아와서는 그곳이 자신이 있고 싶은 곳이라고 말했다. 그러나 메리는 스스로 그것을 판단해야 했다. 그녀가 그렇게 할 수 있는 유일한 방법은 집에 있을 자유를 갖는 것이었다.

어떤 사람들은 사랑하는 사람의 옷을 곧바로 치울 것이고, 다른 사람들은 그렇게 하기까지 오랜 시간이 걸릴 것이다. 어떤 사람은 유가족 모임에 참여하고 또 어떤 이는 오랫동안 혼자서 지낼 것이다. 어떤 사람은 의사에게 가서 슬픔을 이겨낼 약물 처방을 받을 것이며 어떤 이는 어떤 약물 처방도 거부할 것이다. 사람들이 애도 작업을 하는 한, 슬픔을 겪는 사람은 자신의 방식으로 슬퍼하고, 하고 싶은 것이면 모두 할 수 있게 허용되어야 한다. 슬픔을 겪는 사람이 어디에 있든 자신의 길을 선택할 수 있게 해주는 코치가 목회 활동이 일어나는 안전한 공간을 제공하게 된다.

바로잡으려고 하지 마라

나는 이 말을 계속 해왔지만 다시 한번 말하겠다. 슬픔의 한가운데 있는 사람들을 바로잡으려 해서는 안 된다. 그들이 특히 초기에 더 많이 애도하고 슬픔을 토로할수록 더 잘 겪어낼 수 있다. 그렇지만 그들에게 필요한 것은 그들과 함께 여정을 걸어갈 코치이다. 코치가 변화를 만들어내려면 안전한 공간을 확보해서 코치이가 있는 그대로 슬픔을 정면으로 맞설 수 있게 해야 한다.

2) 그들과 롤러코스터를 함께 타라

슬픔을 겪는 사람들을 코칭하는 두 번째 지원 구성 요소는 죽음을 앞둔 사람을 코칭할 때와 마찬가지로 그들과 함께 있어 주는 것이다. 그렇지만 여기서는 다르게 표시된다. 슬픔을 겪는 사람과 함께 있는 것은 정적인 것이 아니다. 그들과 함께 가만히 있기보다는 대부분 시간을 그들을 따라잡기 위해 빠르게 움직이며 보낸다. 죽음을 앞둔 사람 옆에서 함께 있는 이미지 대신에 슬픔을 겪는 사람과 함께 롤러코스터를 타고 그들과 함께 삶의 여정을 떠나는 이미지이다.

롤러코스터만큼 슬픔을 겪는 사람을 잘 묘사하는 사진은 없다. 정서가 최고조에 도달했다가 바닥까지 가파르게 떨어져 내릴 때가 있다. 정서의 기복은 보통 예상치 못한 간격으로 지속한다. 동시에 슬픔은 직선 경로를 따르지 않는다. 우여곡절이 있고 삶이 완전히 뒤집힐 때가 있다. 갑자기 멈추었다가 다시 시작하기도 한다. 슬픔의 여정은 이렇게 묘사된다.

슬픔을 겪는 사람에게 무엇보다 필요한 것은 롤러코스터를 함께 타줄 누군가이다. 언제 타거나 내릴지 알려주는 사람은 필요 없다. 그들에게 롤러코스터를 타는 법을 알려주는 사람은 필요 없다. 그들에게 필요한 사람은 잘 타는 법을 알려주는 사람이 아니라 함께 타고 갈 동반자이다.

이것은 내 목회 활동 초기에 나에게 명확하게 받아들여졌다. 내 신자들 몇몇이 죽었다. 나는 이 가족들을 돌보면서 그들이 슬픔을 다루는 데 도움이 되는 몇 가지 훌륭하고 통찰력 있다고 생각하는 지침을 제공했다. (나는 아마도 그들을 매우 짜증 나게 했다는 것을 이제 와 깨닫는다.) 그 때 나는 한 가정의 10대 소녀가 죽었다는 전화를 받았다. 나는 그 집으로 가서 가족들과 몇 시간 동안 앉아 있었다. 나는 일어난 일이 너무 당황스러워서 무슨 말을 해야 할지 몰랐다. 나는 아무런 지침이나 조언을 주지 못했다. 나는 단지 가족들 곁에서 그들과 함께 울면서 조용히 앉아 있었다. 몇 시간이 지난 뒤에 나는 일어나서 나왔다. 나는 세상에서 가장 형편없고 무능한 목회자가 된 기분이었다. 나는 완전히 실패한 기분으로 차를 몰아 집으로 돌아갔다. 나는 이 가족에게 전혀 쓸모없는 사람이라고 생각했다. 그렇지만 앞으로 며칠 내에 내가 얼마나 놀라운 도움이 되었는지를 듣고 또 들었다. 그들은 내가 그들을 그토록 효과적으로 보살펴준 데 대해 무슨 말로도 감사를 표현할 수 없었다고 말했다. "뭐라고??? 나는 단지 아무것도 하지 않고 그들과 함께 앉아 있었을 뿐이었다." 바로 그것이 그들이 필요로 하는 것이었다. 그들은 내 현명한 가르침이 아니라, 그들과 함께 있어 주는 것을 필요로 했다. 그들은 내가 함께 롤러코스터를 타 주기를 바란 것이었다.

예상했던 친구와 예상치 못했던 친구

슬픔을 겪는 사람이 누구와 함께 롤러코스터를 타고, 누구와는 타지 않을지 알게 되면 놀라는 일이 자주 있다. 흔히 그들과 함께 롤러코스터에 탈 것으로 예상했던 사람들은 전혀 보이지 않는다. 함께할 것으로는 전혀 생각하지 못했던 사람들이 그들의 가장 가까운 동료가 되곤 한다.

예상했던 친구와 예상하지 못했던 친구 문제가 흔히 슬픔을 겪는 사람의 마음을 무겁게 하므로 이것을 공유하려는 것이다. 기대했던 친구가 함께할 것을 거부하게 되면 슬픔의 이차적인 문제가 될 수 있다. 코치는 이 문제에 민감하게 반응하고 어떠한 지원이 가능할지 주목하기를 원할 것이다. 도움이 되는 강력한 질문은 다음과 같다. "지금 당신을 지원해주는 것들에 관하여 말해주세요." 또는 "저 외에 당신과 함께 슬픔의 여정을 함께 걸어갈 사람은 누구입니까?"

자신의 슬픔 이슈를 해결하라

슬픔을 겪는 코치이들과 진정으로 함께하기 전에 슬픔과 관련한 자신의 이슈를 해결해야 한다. 11장 '웰다잉 코치'에서 이렇게 하는 과정을 좀 더 자세하게 기술할 것이다. 지금은 자신의 개인적인 이슈를 해결하기 전까지 당신은 슬픔을 겪는 사람과 진정으로 함께 있어 주지 못한다는 점을 아는 것으로 충분하다. 초점은 항상 당신 자신과 상실에 대한 당신의 감정, 반응, 경험에 두어야 할 것이다. 진정으로 그들과 함께 있어 줄 때 당신과 더불어 코치이는 얼마나 자유로울 수 있는가. 그때가 바로 진정으로 목회 활동이 일어나는 때다!

말하면 안 되는 것들

웰다잉 코치가 슬픔을 겪는 코치이들과 롤러코스터를 함께 탈 때, 사용하고 싶지 않은 말과 문구가 몇 가지 있다. 이 책 3장에 피해야 하는 몇 가지 공통의 낡은 표현cliches이 제시되어 있다. 그것들은 슬픔을 겪는 사람에게 좌절감과 방어적 심리가 깃들게 한다. 이런 낡은 표현을 사용하는 코치는 지지적이라기보다는 무감각해 보일 것이다. 그 가운데 몇 가지를 강조하고, 슬픔을 겪는 사람에게 해서는 안 되는 말 몇 가지를 덧붙이고자 한다.

이해한다고 말하지 마라
- 당신이 느끼는 감정을 알아요.
- 나도 똑같은 일을 겪었어요.

"적어도/아무리 그래도at least …."로 시작하는 문장을 사용하지 마라
- 아무리 그래도 당신은 그녀와 좋은 삶을 살았습니다.
- 아무리 그래도 그는 천국에 있습니다.
- 아무리 그래도 두 자녀가 있잖아요.
- 아무리 그래도 당신은 젊고 다시 결혼할 수 있어요.
- 아무리 그래도 출산의 고통은 겪지 않아도 되었습니다.

무대 뒤에서 하나님이 하시는 일을 설명하려 하지 마라
- 하나님은 이번 일로 당신을 더욱 강하게 만드시려고 하십니다.
- 이 아이는 운명이 아니었던 것이 틀림없습니다.
- 그것은 하나님 계획의 일부입니다.
- 암은 당신이 매우 강해서 하나님이 주신 선물입니다.

코치이의 고통을 최소화하려고 하지 마라
- 행복하세요. 그는 더는 고통받지 않는 좋은 곳에 있습니다.
- 괜찮아요. 당신은 다시 아이를 가질 수 있습니다.
- 그가 어린 나이에 죽은 것을 기뻐하세요. 그는 지상에서 신체적 정신적 고통을 겪지 않아도 되니까요.

코치이가 겪는 일을 다른 사람이나 다른 사람의 문제와 비교하지 마라
- 내가 … 했던 때만큼 나쁘지는 않아요.
- 제 형은 같은 날 아내와 아들을 잃었습니다.

코치이를 비난하지 마라
- 당신이 좀 더 믿음이 있었다면, 그녀는 치유되었을 겁니다.
- 당신은 충분히 기도하지 않고 있군요.
- 아마 하나님이 당신을 벌하시는가 봅니다. 죄가 되는 일을 했나요?
- 오, 이것 때문에 실망하지 않을 거예요. 그렇죠?

코치이가 애도하는 데 죄책감을 느끼지 않도록 하라
- 아직도 끝나지 않았나요?
- 그녀는 당신이 이런 식으로 느끼기를 원하지 않았을 겁니다.

"~ 해야 한다." 또는 "~할 것이다."로 시작하는 문장을 사용하지 마라
- 그녀가 고통에서 벗어났다는 것을 기뻐해야 해요.
- 취미를 가져야 해요.

- 기분이 곧 좋아질 거예요.

슬픔을 겪는 코치이에게 영적인 답변을 하지 마라. 적어도 처음에는 아니다.
- 이것은 당신 자신을 위해 보내진 것입니다. 거기서 모든 혜택을 얻기 위해 받아들여야 합니다.
- 하나님이 주재하고 계시다는 것을 기억하세요.
- 모든 것이 선을 위해, 그리고 하나님을 사랑하고 그분의 목적에 따라 부르심을 받는 사람들을 위해 이루어지는 것임을 기억하세요.

회복하는 일정계획을 세우지 마라
- 일주일만 시간을 주면 그에 대해 잊을 겁니다.
- 시간이 모든 상처를 치유할 거예요.

말해야 하는 것들

아래 3항을 보라.

3) 그들의 이야기^{story}를 말하도록 초대하라

슬픔을 겪는 사람들을 코칭하기 위한 세 번째 지원 구성 요소는 코치이에게 무엇을 말하게 하면 유용할지에 초점을 맞춘다. 그들에게 할 수 있는 가장 좋고 유용한 말 가운데 하나는 "당신의 이야기를 말해주세요."이다. 슬픔을 겪는 대부분 사람은 자기 이야기를 말하기 좋아한다. 그들 자신의 이야기를 말해야 한다. 자신의 이야기를 말하는 것은 치유의 길로 가는 애도 과정에서 큰 부분을 차지한다. 그것은 그들이 상실의 현실감을 인정하는 방법이다. 그들의 정서와 고통을 인식하고 인정할 수 있게 해준다. 그것은 그들이 기억하고 그것을 유지하기 위해 되돌아보는 중요한 방법이다. 새로운 의미와 목적을 발견하기를 희망하면서 앞을 내다보는 과정에서 내딛는 멋진 발걸음이다.

슬픔을 겪는 사람들이 자기 이야기를 들려주는 것이 중요한 만큼, 그런 기회를 줄 사람은 많지 않다. 이야기를 들려주는 데는 시간이 걸린다. 빠르게 흘러가는 사회에서 많은 사람이 그러한 시간을 포기하려 하지 않는다. 이야기를 말하는 데는 수용적인 정신을 가진 사람이 필요하다. 슬픔을 겪는 사람은 흔히 사랑하는 사람의 질병이나 죽음에 대해 세세하게 되풀이해서 말할 것이다. 그들은 당신에게 당신이 필요하거나 듣고자 하는 것보다 훨씬 많은 것을 공유할 것이다. 그렇지만 그것이 당신과 당신이 필요로 하는 것에 관한 전부는 아니다. 그것은 슬픔을 겪는 사람이 나누고자 하고 필요로 하는 것에 관한 내용이다. 그러나 많은 사람이 금세 좌절할 것이다. 그들의 이야기를 들으려면 인내심이 필요하다. 슬픔을 겪는 사람은 같은 이야기를 반복해서 말하는 경향이 있다. 그것을 말할 때마다 마치 새로운 것처럼 한다. 그들은 이렇게 해야 한다. 이야기를 반복하는 것은 죽음을 받아들이고 앞으로 나아가는 방법이다. 모든 사람이 반복되는 똑같은 이야기를 누구나 다 참을성 있게 듣는 것은 아니다. 결국 많은 사람이 자기 이야기를 들어줄 사람을 갖지 못한다. 이것은 슬픔을 겪는 사람에게 큰 영향을 미치고, 치유를 향해 나아가는 것을 막아버린다.

웰다잉 코치로서 슬픔을 겪는 코치이의 이야기를 경청해주는 것뿐만 아니라 그를 초대하여 공유하도록 하는 것이 중요하다. 모든 기본적인 코칭 구성 요소, 즉 깊은 경청, 코칭 관계, 강력한 질문, 섬세한 언어, 알아차림을 만들어내는 것 등이 여기서 작동한다. 당신은 그들이 더, 더, 더 많은 것을 이야기하도록 그들을 초대한다. 슬픔을 겪는 사람은 당신이 자비로운 경청자이며 자기 이야기에 주의를 기울이는지 알 수 있을 것이다. 만약 당신이 그런 사람이라면 말로써 설명할 수 있는 것 이상의 돌봄을 코치이에게 제공하는 것이다.

그들의 이야기에는 어떤 것이 포함되는가?:

추억memories

코치이가 자기 이야기에 포함할 만한 일 가운데 하나는 사랑하는 사람과 보냈던 날들에 관한 추억이다. 그들은 이러한 추억을 끊임없이 생각한다. 그래서 공유할 준비가 된 추억이 끊임없이 공급되는 것처럼 보일 때 아마도 그들은 그렇게 할 것이다! 그리고 그들은 다시 그것들을 공유할 필요가 있다. 경청하라. 보장하라engage. 초대하라.

나는 이러한 추억들이 아무도 빼앗을 수 없는, 하나님이 주신 소중한 선물이라고 코치이들에게 상기시킨다. 그것들은 그들이 영원히 간직해야 하는 것들이다. 나는 코치이들이 추억을 공유함으로써 사랑하는 사람이 살아있게 하는 것이라고 격려한다.

성직자를 위해 실용적인 참고사항을 덧붙인다면, 이러한 추억을 경청함으로써 장례식에 필요한 많은 정보를 모을 수 있다는 점이다. 추억을 공유하도록 그들을 초대함으로써 당신이 필요로 하는 개인적인 정보를 얻을 수 있으며, 동시에 슬픔의 여정에 있는 그들을 도울 수 있다.

관계

아마도 코치이는 세상을 떠난 사랑하는 사람과 나눈 관계에 관한 자세한 정보를 포함할 것이다. 여기에는 그들 관계의 강점과 그들이 달랐더라면 하고 바라는 것들이 포함될 것이다. 이야기하는 동안 코치이는 코치가 그들의 관계에 관해 언급하는 것을 원치 않는다. 기억하라, 그들을 바로잡으려고 거기에 있는 것이 아니다. 그들과 함께 슬픔의 여정을 걸어가기 위해 거기에 있는 것이다. 그들은 당신이 "오, 그렇게 나쁘지는 않았습니다. 잘했습니다."라고 말하면서 약점 부분을 부드럽게 처리하려는 것을 원치 않는다. 그들이 하는 이야기를 경청해주고 들은 것을 확인해주는 것이 필요하다. 그들은 자신의 죄책감과 후회를 겪어 내거나 최선을 다했다고 스스로 결론 내리거나 실패했다면 용서받을 기회가 필요하다. 그 모든 것이 이야기를 공유하는 데서 온다. 그들 마음에 평화를 가져오는 유일한 방법은 그들이 이러한 이슈를 스스로 해결하는 것이다.

세부내용

코치이는 아마도 사랑하는 사람의 죽음과 관련된 상황을 나누려고 할 것이다. 즉 질병, 비극, 죽음으로 이어진 원인, 마지막 날의 상황, 마지막 순간, 마지막 몇 초가 어땠는지, 코치이는 이때 무엇을 했는지, 죽은 직후에 어떤 일이 이어졌는지, 누가 있었고 누가 없었는지, 사랑하는 사람이 남긴 마지막 말은 무엇이었는지, 방 안에 있던 사람들은 무슨 말을 했는지, 사랑하는 사람은 지금 어디에 있는지, 그리고 그들은 지금 무엇을 경험하고 있는지 등이다. 그들이 사랑하는 사람의 죽음이라는 현실을 확인하고 그들 삶과 조화시키려면 이런 모든 세부내용이 필요하다. 그들은 이러한 세부내용을 여러 번, 아마도 만날 때마다 말할 가능성이 크다. 이것은 코치가 아니라 그들에 관한 모든 것이기 때문이다. 코치가 "당신은 이미 이것을 내게 말했습니다!"라고 말하면서 공유하는 것을 제지할 수도 있다. 설령 코치가 이렇게 생각했다 하더라도 이야기를 공유하는 것이 코치이에게 가장 유익하다는 것을 기억해야 한다. 코치는 주의 깊게 경청하고 더 많은 이야기를 공유하도록 코치이를 격려해야 한다.

정서

"기분이 어떤가요?"는 슬픔을 겪는 코치이들에게 물을 수 있는 강력한 질문이다. 그들은 자기 이야기를 공유하는 것으로 이 질문에 답할 것이다. 수많은 슬픔의 정서를 겪어내기 전에 그들은 그들이 경험하고 있는 정서를 알아차려야 한다. 웰다잉 코치는 이러한 정서를 식별하고, 이름을 붙이고, 존재를 정상화하고, 그런 다음 각각의 정서를 겪어내도록 도울 수 있다. 슬픔을 겪는 대부분 사람은 그들 내면에 이러한 정서를 극복하고 그것들을 해결하는 데 필요한 모든 것을 이미 가지고 있다. 웰다잉 코치는 그들을 도와서 이러한 회복 과정으로 나아가게 할 수 있다.

두려움과 투쟁

슬픔을 겪는 코치이의 이야기에 포함될 것 같은 또 하나의 분야는 두려움과 투쟁이다. 여기에는 신체적, 정서적, 영적, 재무적, 관계적, 그리고 다른 실질적인 두려움과 투쟁이 포함된다. 이러한 두려움과 투쟁을 자세히 설명하는 것은 이 책에서 필요하지 않다. 슬픔을 겪는 사람은 대개 그것들을 해결하거나 완화하기 위해 코치를 찾지 않는다는 것을 기억하는 것이 중요하다. 그들은 자신이 공유하는 이야기를 들어주기를 바라기에 당신을 찾는다. 그들은 당신이 자신의 두려움으로 말미암아 겁먹지 않을 수 있는지 알고자 한다. 그들은 자신과 함께 투쟁하면서 견뎌낼 수 있을지 확신하고 싶어 한다. 그들의 두려움과 투쟁을 공유하는 것은 애도의 일부이다.

어느 정도 시간이 흐르고 코치이가 애도 작업을 해오고 있을 때 이러한 두려움과 투쟁이 다시 찾아온다. 이번에는 대답과 해결책이 필요할 수 있다. 이것은 코치이가 스스로 해결책을 찾도록 코치 자신의 코칭 전문성을 사용하면 된다. 이런 식으로 그들에게 힘을 실어주면 치유를 향한 또 다른 발걸음이 될 것이다.

완곡어법을 쓰지 마라

지원 구성 요소의 마지막 한 가지 실용적인 참고사항은 코치가 코치이에게 이야기를 말하도록 초대할 때 죽음에 대한 완곡어법을 사용하지 않도록 주의를 기울여야 한다는 것이다. 이야기를 공유하는 목적 가운데 하나는 이야기하는 사람이 사랑하는 사람이 죽었다는 현실을 직면하도록 돕는 것이다. 코치가 죽은 사람을 숨을 거둔expired 사람이나 세상을 떠난pass away 사람으로 언급한다면 그는 현실을 은폐하는 것이다. 코치는 코치이가 사랑하는 사람이 이미 '죽었다died'와 이제는 '죽은 상태dead'라고 부드럽고 자비롭게 인정할 때 코치이를 돕는 것이 된다.

4) 정상이라고 안심시켜라

수년 동안 슬픔을 겪는 사람들을 코칭하고 수백 시간을 슬픔 지원 단체를 이끌면서, 애도자들이 다른 어떤 질문보다 더 많이 하는 질문 하나가 있다. 그 질문은 "내가 미쳐가고 있나요?"이다. 두 번째 가장 흔한 질문은 "내가 정상인가요?"이다.

   슬픔을 통과해 가는 여정은 일상 현실과는 완전히 달라서 때때로 지구를 여행하는 것보다 달 표면 위로 들어 올려졌다가 떨어뜨리는 느낌이 들 수 있다. 삶에서 유별난 것이 때때로 슬픔에서는 일상적이다. 그렇지만 우리는 죽음과 슬픔에 관해 공개적으로 이야기하지 않는 문화 속에서 살고 있어서 슬픔을 겪는 대부분 사람은 그들이 경험하는 것이 정상이라는 것을 알지 못한다. 사실 그들은 그 반대를 두려워한다.

   따라서 슬픔을 겪는 사람에게 가장 중요하고 필요한 것 가운데 하나는 자신이 겪는 일이 정상이라는 것을 깨닫는 것이다.

   일반적인 경우에, 나는 의사의 의뢰를 받은 사람들이 내게 오도록 하곤 한다. 의사들은 그들에게 치료가 필요하다고 말한다. 그들은 슬픔 상담사를 만나야 한다. 그들이 겪는 슬픔은 일상적인 행동과 전반적인 건강에 영향을 미친다. 상담이 필요하다고 듣는다. 그러나 열에 아홉은 슬픔 상담이 필요하지 않다. 그들에겐 곁에서 함께 걸어가줄 슬픔 코치가 필요하다. 그들이 배워야 할 중요한 사실 하나가 있다. 그들이 경험하는 것이 정상이라는 점이다. 그들은 미쳐가고 있는 것이 아니다. 그 단순한 몇 마디 말을 듣고 이해하는 것만으로도 그들은 새사람이 되어 내 사무실을 나간다. 이제 그들은 무언가가 크게 잘못되었다고 당황하는 대신, 슬픔의 여정을 함께 걸어가는 코치의 지원을 받으며 자유롭게 애도할 수 있다.

국제코칭연맹은 다음과 같이 '고객을 정신건강 전문가에게 의뢰하는 10가지 지표'를 제시하고 있다.

당신의 고객이 …

1. 즐거움pleasure을 느끼는 능력이 감소, 및/또는 증가를 보인다. 점점 더 슬퍼하고sad, 절망적이며hopeless, 무력감helpless을 느낀다.

   - 코치로서, 당신의 고객이 평소처럼 명랑하지upbeat 않다는 것을 알 수 있다.
   - 그/그녀는 삶/세상이 얼마나 끔찍한지, 그리고 아무것도 할 수 없다는 말을 점점 더 자주 할 수 있다.
   - 고객은 "왜 이렇게 귀찮지?" 또는 "아무 소용없어."라고 이야기할 수 있다.
   - 재미있는 일에 관한 이야기가 줄어든다.
   - 그/그녀는 자신이 하고 싶은 일을 그만둘 수 있다(예: 영화 보러 가기, 친구들 방문하기, 운동 경기에 참여하거나 스포츠 경기 관람).
   - 고객은 자신의 꿈이나 소망을 이루는 어떤 일도 할 수 없다고 말하기 시작한다.

2. 거슬리는 생각intrusive thoughts을 하거나, 집중concentrate할 수 없거나, 초점을 맞추지 못한다.
   - 코치로서, 고객이 그들의 목표나 대화 주제에 집중할 수 없다는 것을 알 수 있다.
   - 고객은 행동을 완료할 수 없으며, 방해 요소가 무엇인지 파악하지 못한다.
   - 당신은 고객이 자신과 목표에 관해 이야기하는 과정에서 불쾌한 사건을 이야기하기 시작한다는 것을 알게 된다.
   - 고객은 부적절한 순간이나 다른 일을 생각하거나 할 때 불쾌한 생각이 자꾸 떠올라 이러한 생각에서 벗어나지 못하는 것 같다고 알려준다.
   - 고객이 전에는 없었던 반복적인 무서운 꿈에 대해 알려준다.
   - 고객이 머릿속에서 너무 많은 생각이 소용돌이쳐서 그 속도를 늦출 수 없다고 보고한다.

3. 밤에 잠을 잘 수 없거나 깨어나서 다시 잠들지 못하거나 과도하게 잔다.
   - 고객이 피곤하고, 지칠 대로 지친 상태로 코칭받으러 온다.
   - 고객이 잠을 잘 수 없거나 항상 잠들고 싶다는 주제로 이야기한다.
   - 고객이 어떻게 잠들었는지, 어떻게 깨어났는지, 그리고 다시 잠 잘 수 없었다고 보고할 수 있다.
   - 고객은 낮에 얼마나 낮잠이 필요한지 이야기하는데, 이는 전에는 하지 않았던 일이다.
   - 고객이 적절하지 않은 시간이나 장소에서 잠든 사실을 보고한다.

4. 식욕에 변화가 있다고 보고한다: 식욕이 감소하거나 증가한다.
    - 고객은 배고프지 않고 단지 먹고 싶지 않다고 보고한다.
    - 고객은 배고프든 아니든, 늘 단 음식이나 정크 푸드 같은 음식을 먹는다고 보고한다.
    - 고객은 예전에 그랬던 것처럼 먹는 데서 어떠한 즐거움도 느끼지 못한다고 말한다.
    - 고객이 예전에 그랬던 것처럼 친구나 가족과 함께 식사하기 위해 앉아 있는 것은 아니라고 보고한다.

5. 다른 사람들이 고통받거나 죽은 것에 대해 죄책감^{guilty}을 느낀다.
    - 고객은 자신이 살아있거나 부상당하지 않아서 죄책감을 느낀다고 보고한다.
    - 다른 사람이 고통받거나 죽었을 때 왜 자신이 아직 여기에 살아있는지 이해할 수 없다고 보고한다.
    - 고객은 특히 다른 사람들이 고통받거나 죽었을 때, 자신이 선택한 삶을 누릴 자격이 없으므로 자신의 목표를 향해 나아가기를 원치 않는다고 보고한다.
    - 고객은 일어난 모든 일에 직면해서 충만한 삶/경력을 누릴 권리가 있는지 의문을 제기한다.
    - 고객은 만족스러운 삶을 누릴 자격이 없다는 신념을 표현한다.

6. 절망감^{despair}이나 가망 없음^{hopelessness}을 느낀다.
    - 고객 말에 따르면 인생에 좋은 것이란 없다.

- 고객은 세션 시간을 놓치거나, 인생이 살 만한 가치가 없거나 원하는 것을 얻을 자격이 없다면서 코칭을 그만두고자 한다.
- 고객이 지나치게 부정적인 생각에 빠진다.
- 고객은 자신이 하는 일이 어찌 되든 상관없으며, 별로 차이도 없다고 말한다.
- 고객은 "왜 이렇게 귀찮지?"라는 식의 태도를 보인다.

7. 과민하고 hyper alert/또는 지나치게 피곤해한다.
   - 고객이 긴장을 풀 수 없다고 보고한다.
   - 고객이 매우 작은 소리에도 깜짝 놀라 펄쩍 뛴다고 말한다.
   - 고객은 항상 주변을 경계해야 하는 것처럼 느낀다고 보고한다.
   - 고객은 평소와 달리 작은 소리를 듣고 있다고 말한다.
   - 고객은 전혀 활력이 없다고 보고한다.
   - 고객은 너무 피곤해서 일상적인 일을 할 수 없다고 말한다.
   - 고객은 예전에 정상적으로 했던 일을 하는데도 너무 많은 에너지가 필요하다고 말한다.

8. 짜증이 늘어나거나 분노가 폭발한다.
   - 고객은 점점 더 당신이나 다른 사람들에게 호전적이거나 논쟁적으로 된다.
   - 고객은 모든 사람과 일이 자신을 괴롭힌다고 보고한다.
   - 고객은 모든 사람과 일이 얼마나 비참한지 말하기 시작한다.
   - 고객은 자기 삶 안에 있는 다른 사람들이 자신이 얼마나 비참해졌

는지/화내는지 말한다고 보고한다.
- 고객이 사람들과 논쟁을 벌인다고 보고한다.
- 고객은 자신이 너무 화가 나서 무엇을 해야 할지 몰라 당황스럽다고 말한다.
- 고객이 "압력솥처럼 불안감이 커지고$^{pressure\ cooker}$" 또는 "터질 것 같다$^{ready\ to\ burst}$."라고 보고한다.
- 고객은 자신이나 타인에게 해가 되는 짓을 하거나, 하고 싶을 때가 점점 늘어난다고 알려 준다(예: 창문을 통해 주먹질하거나, 누군가를 때리거나, 자동차로 누군가/무언가를 치고 싶다).

9. 충동적이고 위험을 감수하는 행동을 한다.
- 고객은 행동 결과를 생각하지 않고 충동적인 과소비$^{buying\ spree}$에 빠지는 것과 같은 일을 한다고 보고한다.
- 고객은 뭔가 생각이 나면 결과에 대해 전혀 생각하지 않고 가서 그것을 해버리고 말았다고 보고한다.
- 고객이 자신이나 타인에게 해가 될 수 있는 일들을 늘리고 있다고 보고한다(예: 문란한 성적 행동 증가, 알코올/마약 소비 증가, 누군가를 비정상적으로 단기간 알고 나서 결혼 결정하기 등).

10. 죽음이나 자살에 관해 생각한다.
- 고객은 죽는 것에 대한 두려움만이 아니라 죽음에 관한 이야기를 많이 한다.
- 고객은 자신을 위해서는 죽는 것이 적절하다는 사실을 암시한다.

- 고객은 지금 당장 죽어도 괜찮을 것이라고 언급한다.
- 고객은 죽는다는 것이 어떤 것인지에 매료된다.
- 고객이 죽는 방법에 관해 이야기한다.
- 고객은 더 좋은 곳으로 가보면 얼마나 좋을까 하고 말하며 그런 생각에 도취되어 있는 듯 보인다.
- 고객은 원하거나 기회만 있다면 어떻게 자살할지 안다고 말한다.
- 고객은 자신이 죽거나/더 좋은 곳으로 가거나/지구를 떠나거나/상황에서 떠나거나/여기서 벗어나겠다는 계획이나 방법을 암시한다.
- 전에는 고객이 매력적이고, 품위 있으며 personable 따뜻했다면, 지금은 차갑고 거리감이 느껴지고 냉담한 모습을 보여준다. 당신이 관찰한 것을 그들에게 말하고 도대체 어떠한 변화가 있었는지 물어봐야 한다. 이것은 흔히 그들이 삶에서 벗어나 조용히 자살하려고 생각하거나 자살을 계획하고 있다는 신호일 수 있다.

Prepared by: Lynn F. Meinke, MA, RN, CLC, CSLC, Life Coach

평균적인 코치이가 이러한 행동을 보일 때, 특히 여러 행동을 동시에 나타낸다면 뭔가 잘못되고 있다는 징후이다. 이 사람들은 정신건강 전문가에게 의뢰해야 한다. 그렇지만 이 열 가지 행동 모두가 슬픔을 겪는 사람에게는 절대적으로 정상이다. 슬픔을 겪는 사람들이 자신이 미쳤다고 생각하는 것도 당연하다. 슬픔을 겪는 사람이 경험하는 이 모든 극단적 정서에 덧붙이면 왜 치료가 필요하다고 생각하는지 알 수 있다. 슬픔을 이해하지 못하는 주위 사람들 모두가 그들이 치료가 필요하다고 생각한다.

슬픔은 정서적일 뿐만 아니라 또한 신체적이기도 하다. 앞에서 언급한 슬픔에 대한 통념 가운데 6번 통념은 '슬픔은 단지 정서적 반응일 뿐'이었다. 이 통념에 동의한 사람들은 정상적인 슬픔의 신체적 증상을 경험하고는 자신이 미쳐가고 있다고 생각한다.

현실은 슬픔을 겪는 일이 힘들다는 것이다. 신체적으로 학대적이고 정신적으로 힘들며 영적으로 도전적이다. 그 강도나 충격에 비교할 수 있는 유사한 다른 어떤 작업도 생각할 수 없다. 슬픔으로 인한 극도의 피로는 격심한 신체 운동과 유사하다.

다음은 이따금 엄격한 신체적 문제로 잘못 진단되는 슬픔의 일반적 '증상들symtoms'이다.

- 가슴 통증 또는 심장 문제
- 현기증
- 마른 입
- 속이 빈 느낌
- 피로
- '목에 무언가 걸린' 느낌
- 두통
- 불면증
- 줄곧 잠만 잠
- 성욕 상실 또는 과다한 성욕
- 체중 감소 또는 증가
- 메스꺼움과 구토

- 알레르기 반응 증가
- 소음에 대한 과민성
- 맹목적인 행동
- 과잉행동
- 호흡 곤란
- 떨림
- 주체할 수 없는 한숨과 흐느낌
- 근육 약화
- 다양한 소화기 증상: 변비, 설사 또는 과도한 가스

이러한 증상의 어떤 것도 슬픔을 겪는 사람들이 거치는 정상적인 과정일 수 있다. 그것이 지속하거나 매우 불편해지면 코치이는 의료 서비스 제공자와 약속을 잡고 그/그녀가 최근 심각한 상실을 겪었다고 말해야 한다.

어떤 사람들은 자신이 죽은 사랑하는 사람의 신체적 증상과 관련되어 있음을 깨닫고, 다시 자신이 미쳐가고 있다고 생각하게 된다. 예를 들어, 사랑하는 사람이 뇌종양으로 죽었다면 두통이 더 자주 발생할 수 있다. 심장마비였다면 가슴 통증이 있을 수 있다. 이것은 때때로 그 사람과 동일시하고 친밀감을 느끼는 무의식적 방법이 된다. 그것은 우리 몸이 상실에 반응하는 방법의 하나이다.

슬픔을 겪는 사람은 흔히 자신의 몸이 어떻게 반응하는지 통제할 수 없다고 느끼기도 한다. 코치이의 몸은 그가 겪는 스트레스에 대해 그와 소통하는 것일 수 있다. 이것은 미쳐가는 징후가 아니다. 대부분 사례에서 위에 기술한 신체적 증상은 정상적이고 일시적이다.

슬픔 코칭에 오는 많은 사람이 이 모든 것을 이해하지 못해서 그렇게 할 것이다. 그들은 정상적인 행동을 나타내고 있지만 그것을 알지 못한다! 웰다잉 코치는 슬픔을 겪는 코치이를 만날 때마다 늘 이 구성 요소를 염두에 두어야 할 것이다.

5) 그들에게 필요한 시간을 주라

오늘날 급변하는 사회는 우리가 효율적으로 살도록 권장하고 심지어 요구한다. 현대의 기술은 이전 세대에서는 며칠 또는 몇 주가 걸렸던 작업을 눈 깜짝할 사이에 완료할 수 있게 한다. 이것은 불행하게도 우리 세대에게 '마이크로웨이브 사고방식'을 주입했다. 우리는 우리가 원하는 것을 원하고 지금 그것을 원한다! 주위를 둘러보라. 에스프레소, 패스트푸드, 건강검진, 오일 교환 등 생각할 수 있는 어떤 것도 빠르고 신속하게 즉석에서 처리해준다. 우리 사회는 품질에 시간이 걸린다는 사실을 잊었다. 참을성이 없어졌다. 차가 더 일찍 도착할 수 있게 엘리베이터 호출 버튼을 반복적으로 누르는 유형을 우리는 안다.

많은 사람이 이러한 마이크로웨이브 사고방식을 슬픔의 여정에 적용한다. 그들은 슬픔의 여정이 빠르게 진행되기를 원한다. 그들은 그것을 끝내고 자기 삶으로 복귀하기를 원한다. 이 글을 쓰고 있을 때 호스피스 사별 후속Hospice Bereavement Follow Up 프로그램에 참여했던 한 남자에게 전화를 받았다. 그의 아버지는 3개월 전에 돌아가셨고, 나는 관례에 따라 카드, 편지, 월간 뉴스레터, 전화 통화 등으로 유족에게 후속 조치를 했다. 이 남자는 메일링 리스트에서 자신을 빼달라고 전화했다. 그의 말은 정확히

"나는 그 목록에서 제외되기를 바랍니다. 3개월이 지났고, 그것으로 충분합니다. 나는 더는 떠올리지 않을 것입니다. 이대로 넘어가고 싶습니다." 나는 이 사람의 요청을 존중했지만 그가 걱정되었다. 슬픔의 여정은 서두를 수 없다. '떠올리지 않는 것'은 슬픔을 다루는 건전한 방법이 아니다. 필요한 것은 슬픔을 직시하고 애도하는 일이다. 웰다잉 코치는 일부 사람들이 애도 과정을 서두르려 할 것이라는 점을 알아야 한다.

웰다잉 코치가 직면하게 될 좀 더 일반적인 이슈는 코치이가 슬픔을 서둘러 끝내려고 하는 것이 아니라 오히려 다른 사람들이 그렇게 하도록 촉구하는 것이다. 중요한 상실을 직접 경험해보지 않은 사람들은 슬픔에 대한 마이크로웨이브 사고방식에 빠질 가능성이 더 크다. 그들은 다른 사람들이 빨리 '끝내기'를 기대하면서 그렇게 하라고 밀어붙인다. 슬픔을 겪는 사람에게 가장 고통스러우면서도 자주 하는 말 가운데 하나는 "아직도 끝내지 않았나요?"이다.

웰다잉 코치는 이것을 인식하고 코치이에게 필요한 시간을 주어야 한다. 슬픔의 여정은 빨리 가는 여행이 아니다. 대부분 사람에게 그것은 결코 완전히 끝나지 않는 느린 여정이다. 우리는 절대 잊지 않는다. (이는 우리가 사랑한 사람이다. 잊고 싶지 않다!) 대부분 코치이는 남은 생애 동안 계속해서 슬퍼한다. 그녀의 슬픔은 처음과 같은 강도로 계속되어서는 안 된다. 그녀의 삶 속에 슬픔을 통합하는 법을 배워야 한다. 그렇지만 슬픔은 여전히 존재하고 때로는 고통스럽다.

첫 번째 해

슬픔의 여정 첫해는 내내 어렵다. 슬픔을 겪는 사람은 사랑하는 사람이 물리적으로 함께 있지 않는 데에 적응해야 할 뿐만 아니라 일 년 내내 많은 '처음firsts'을 경험할 것이다. 사랑하는 사람이 없는 첫 번째 크리스마스, 그들 없이 처음 맞이하는 생일, 처음으로 집에서 무언가가 깨졌을 때, 처음 아플 때, 혼자 참석해야 하는 첫 번째 가족 행사 등. 그들이 이러한 '처음' 가운데 하나를 경험할 때마다 마치 사랑하는 사람이 다시 한번 죽는 것과 같다. 그들은 슬픔과 상실감의 강한 파동에 시달린다.

그런 이유로 이 책 10장에서 '후속 조치follow up'의 절대적 필요성에 관해 이야기할 때 첫 번째 해에 중점을 둘 것이다. 지금은 슬픔을 겪는 사람이 다른 어떤 것보다 함께 걸어줄 슬픔 코치가 필요한 때이다.

다음은 일반적으로 가장 고통스러운 첫해 동안 할 수 있는 몇 가지 구체적인 행사들이다.

처음 몇 주

사랑하는 사람의 죽음 뒤에 이어지는 처음 몇 주는 멍한 상태가 된다. 뷰잉viewing, 장례식 및 매장 등에 관한 계획을 세우고 이러한 절차에 참석한다. 조문 오는 사람들 모두에게 인사하는 것도 좋지만 한편으로는 힘이 빠지고 고통스럽다. 그것이 어려운 만큼 상황은 악화할 뿐이다. 그런 일이 끝나면 친구와 지원자들은 집으로 돌아간다. 다른 모든 사람의 삶은 다소 빨리 정상으로 돌아간다. 그렇지만 직계 가족에게는 이제 막 슬픔이 시작되었다. 게다가 유가족을 위해 해야 할 부수적인 일들이 많다. 신속하고 효율적으로 현안들을 해결해야 한다. 동시에 슬픔에는 돌봄이 있어야 하고, 깊고 영구적인 변화가 방금 그들에게 닥쳤다는 현실이 시작된다. 슬픔을 겪는 사람들은 또한 사랑하는 사람을 잃은 일차적 상실 외에도 많은 이차적 상실(4장 참조)을 경험하면서 슬픔을 복잡하게 만들고 있음을 깨닫기 시작한다.

슬픔을 겪는 코치이는 초기 몇 주 동안 여전히 충격을 받고 있으므로 일반적으로 '깊이 들어갈' 준비가 되어있지 않다. 웰다잉 코치가 이 시점에서 할 수 있는 최선의 일 가운데 하나는 자신의 존재와 지원이 있다는 것을 알리는 일이다. 언제 더 깊이 들어갈 준비가 되었는지는 코치이의 리드를 따르라. 그녀의 시간표를 따르라. 이때 흔히 실질적인 문제를 지원하는 것도 도움이 된다.

처음 3개월

슬픔을 겪는 사람들에게는 대개 3개월 동안이 힘들다. 슬픔과 그에 수반되는 모든 정서가 강렬해지는 것 같다. 슬픔을 겪는 사람들은 보통 그 이유를 알지 못하지만, 확실히 경험한다. 흔히 이 기간에 일어나는 일은 충격과 불신, 부정적 감정이 사라지면서 코치이는 사랑했던 사람이 죽었다는 현실에 직면하기 시작한다. 많은 친구와 친척이 떠나고, 코치이를 지원하는 대신, 이제 그들은 일어난 일의 고통에서 벗어나라고 압박하고 있다. 코치이 자신은 "나한테는 아직 끝난 것이 아니다."라는 것을 깨닫고 수치심을 느끼며 자신에게 무엇이 잘못되었는지 의아해한다. 이것이 고통을 더하고 슬픔을 복잡하게 만든다.

웰다잉 코치는 이 기간에 필요한 지원과 돌봄을 제공할 수 있다. 추가적으로 그들과 교감해주면 바람직하다. 이 시점에는 흔히 정서가 극단적으로 되는데, 감정을 정상화하고 애도할 수 있는 안전한 장소를 제공하는 코치가 있는 것이 중요하다. '그들의 이야기'를 말하도록 권유하고 그들이 그것을 계속 반복할 수 있도록 주의 깊게 경청하라.

기일

대부분 사람은 사랑하는 사람의 사망 1주기를 상기시켜주는 사람이 필요하지 않다. 슬픔의 강도는 초기 상실감에 필적하는 고통과 함께 밀려온다. 기일 날짜를 기다리는 일은 기일 자체만큼이나 힘들 수 있다.

코치이가 기일을 어떻게 보내고 싶은지 미리 이야기하고 계획하도록 격려하면 도움이 될 수 있다. 대개 기일에 연락하고 지원하면 고마워한다. 기일은 또한 더 많은 치유가 일어날 기회가 될 수 있다. 코치이가 슬픔의 첫해를 잘 견뎌온 것을 성찰하면서 자신을 기리도록 초대하면 새로운 알아차림을 얻게 할 수 있다. 코치이는 그날 특별한 방법으로 사랑하는 사람을 기릴 수 있다. 그와 사랑하는 사람이 나눴던 추억과 관계를 기리며, 사랑하는 사람의 이야기를 다시 한번 눈물을 흘리며 말하는 날이 될 수 있다. 코치이가 원하는 대로 보내는 날이다. 그렇지만 당신의 코칭 프레즌스는 그가 앞으로 나아가도록 이 기일을 활용하는 기회를 가시화하는 데 도움이 되는 것일 수 있다.

휴일과 특별한 날

명절, 생일, 결혼기념일 및 기타 특별한 날은 슬픔을 겪는 사람들에게 고통스러울 수 있다. 이런 휴일을 맞이할 때 압도당하는 것처럼 보일 수 있다. 명절은 다른 어떤 날보다 '가족 모임'을 의미할 수 있다. 이때 코치이는 자기 삶의 공허함을 민감하게 인식할 것이다. 평생을 함께할 줄 알았던 사람이 세상을 떠났을 때 명랑하고 유쾌해지기는 어렵다. 최고의 선물을 찾지만 그 사람이 더는 그것을 받을 수 없다는 사실을 깨닫는 것은 고통스러운 일이다. 다가오는 휴일의 소리와 풍경, 냄새가 코치이를 둘러싼 모든 곳에서 사랑하는 사람에 대한 추억을 불러일으킬 것이다. 어떤 사람에게는 가슴이 찢어지는 특별한 날에 미소를 짓고 축하하는 것은 거의 불가능하다. 그들이 알던 삶이 바뀌었으므로 조정이 필요하다. 특별한 날을 기념하는 방식을 재평가하는 기회가 될 수 있다. 오래된 전통을 수정하고 새로운 전통을 만들 수 있다. 다가오는 휴일과 특별한 날을 준비하기 위해 코치이는 하고 싶은 이야기가 많다.

이 주제에 관한 논문과 좋은 책들이 출간된다. 그것들은 오늘날 살아남는 데 유용한 통찰력과 제안을 제공할 수 있다. 웰다잉 코치는 오늘날의 어려움을 인식하고 지원과 프레즌스를 제공하고자 할 것이다.

한 가지 상기시켜주고 싶은 알아차림은, 우리가 보내는 크리스마스 카드의 예쁜 장면과 달리 첫 번째 크리스마스는 성가시고 고통스러웠다는 것이다. 집에서 멀리 떨어진 냄새 나는 헛간의 시끄러운 동물들 옆에서 첫 아이를 낳은 혼란스러운 십 대 엄마를 생각해보라. 사람들을 너무나 사랑하셔서 독생자를 가난과 고통과 위험과 죽음에 내어주신 아버지를 생각해 보라. 오랫동안 기다려온 메시아가 오셨다는 소식을 듣고 모든 사람이 기뻐한 것은 아니었음을 기억하라. 위협을 느낀 헤롯 왕은 두 살 미만의 남자 아기를 모두 죽이라고 명령했다. 그 첫 번째 성탄절의 소리를 주의 깊게 들어보면 병사들의 위협, 아기 울음소리, 절망에 빠진 어린 엄마들의 통곡 소리를 들을 수 있다. 그 첫 번째 성탄절에는 슬픔이 있다.

6) 전문가가 아닌 학생이 돼라

죽음을 앞둔 사람 코칭 장에서 언급한 바와 같이 코치이에 대한 태도는 학생의 태도여야 한다. 듣고 배우면서 코치이를 더 깊이 알게 될 것이다. 강력한 질문을 통해 우리는 그들을 슬픔의 여정에서 앞으로 나아가는 방법에 관한 새로운 알아차림과 더 깊은 발견으로 안내할 수 있다.

 (교사가 아닌) 학생의 태도로 코치이에게 접근하면 그가 더 개방적으로 되고 깊이 공유하도록 격려받게 될 것이다. 그는 자신이 말해야 하는 것에 당신이 관심이 있다는 것을 알게 된다. 이러한 학생의 태도는 그가 안심하고 들을 수 있게 해주며, 앞으로 나아가는 여정을 스스로 책임질 수 있게 해준다.

 이러한 학생의 태도는 또한 코치가 더 주의 깊게 들을 수 있게 한다. 학생으로서 당신은 이미 당신 안에 형성된 생각으로 듣지 않는다. 기존 수업 계획 그대로 세션에 들어가지 않는다. 코치이가 실제로 겪고 있는 것을 확인하기 위해서는 적극적으로 경청해야 한다. 슬픔에는 경계를 넘나드는 유사한 측면이 있지만, 현실에서 각각의 슬픔 경험은 독특하다. 그뿐만 아니라 코치이가 오늘 경험한 것은 다음날 경험하는 것과 완전히 다를 수 있다. 학생으로서 당신은 코치이가 그날 어디에 있든 만나서 배울 준비가 되어있어야 한다. 더 많이 듣고 이해하면 할수록 코치이를 지원하고 그와 여정을 함께 걸을 수 있다는 것을 알 수 있으므로 열심히 배우고자 한다. 그래서 코치이는 "당신이 겪는 것이 무엇인지 제게 가르쳐주세요." 그리고 "좀 더 많이요."라고 당신이 말하는 것을 정기적으로 들을 것이다.

학생으로서 코치는 또한 자기 삶에 적용할 교훈을 기꺼이 배우려고 한다. 참고: 이렇게 하는 목적은 코치가 자신의 필요에 초점을 두려는 것이 아니라, 온전히 코치이에 관한 것이다. 그렇지만 코치가 학생의 태도를 보인다면, 자기 삶에 영향을 미치는 교훈을 배울 것이다.

슬픔을 겪는 내 몇몇 코치이는 상상할 수 있는 가장 어두운 시기에 있을 때조차도 하나님에 대한 믿음의 중요성을 내게 가르쳐주었다. 어떤 사람들은 내가 지금 맺고 있는 관계를 소중하게 여겨야 함을 정기적으로 상기시켜준다. 또 어떤 이들은 내 마음을 하나님께 쏟아붓는 법을 가르쳐준다. 어떤 코치이들은 사랑이 실제로 무엇을 의미하는지 더 완전하게 이해할 수 있게 도와주며, 실천하는 사랑이 어떤 것인지 생생한 예를 제공해준다. 어떤 이들은 용서를 구하고 용서하는 것이 중요하며, 미해결 과제나 갈등이 없는 깨끗한 관계의 필요성을 가르쳐준다. 더 열거할 수 있다. 나는 배움을 절대 멈추고 싶지 않다. 그래서 나는 계속해서 학생으로서 슬픔을 겪는 사람들과 함께하는 시간을 갖는다. 내가 코치이에게서 기꺼이 배우고자 하는 한, 그의 여정에 함께하면서 그를 돌보는 지원자가 될 것이라는 예상과 기대를 하며 들어간다. 그러나 나는 또한 코치이가 그의 삶과 본보기로 뭔가 가르쳐줄 것이라는 예상과 기대를 한다. 나는 코치이의 학생이 됨으로써 내 삶이 더 좋아진다.

7) 새로운 정상을 발견하도록 도와라

"아직 끝나지 않았나요?" "울음을 멈추고 일상으로 돌아갈 때가 되지 않았나요?"

많은 사람이 슬픔을 감기나 독감에 걸리는 것과 동일시한다. 한동안 아프다가 회복해서 일상으로 돌아간다. 불행히도 슬픔은 그런 식으로 작동하지 않는다. 슬픔이 어떤 것인지에 관한 더 좋은 예는 방금 다리를 절단한 사람의 그것과 같다. 다리는 영원히 사라져서 되돌아오지 않는다. 이 절단으로 인해 이 사람의 삶은 영원히 영향을 받을 것이다. 힘든 과정을 거쳐 이 절단 환자는 다시 완전한 삶을 살 수 있다. 그는 의족을 하고 걷는 법을 새로 배울 수 있다. 그렇지만 늘 절뚝거리며 걸을 것이다. 그는 '상실'을 절대 잊지 못할 것이며, 그의 삶은 절단하기 전과 전혀 똑같지 않을 것이다. 절대 '정상'으로 되돌아가지 못할 것이다. 슬픔 코칭은 절단 환자가 새로운 정상을 만들 수 있게 힘을 실어주는 것이다.

슬픔을 겪는 사람을 코칭할 때, 코치이가 애도할 수 있는 안전한 공간에서 시작해야 한다. 그의 고통과 슬픔의 모든 정서를 포용해야 한다. 이러한 코칭 단계에서 시간 제한은 없다. 개인은 저마다 다르므로 각자에게 필요한 시간이 주어져야 한다. 그러나 코칭은 항상 앞으로 나아가는 것이다. 미래에 대한 새로운 비전을 세워야 한다. 새로운 정상으로써 비전이 어떤 것인지, 코치이가 거기까지 가는 데 무엇이 필요할지 브레인스토밍하는 것을 포함한다. 코치이를 그가 원하는 곳으로 데려가는 데 사용할 전략 개발을 포함하며, 그 과정에서 코치이를 지지하고 격려하며 동반자가 될 사람들을 발견하는 것이다.

일곱 번째 지원 구성 요소는 웰다잉 코치에게 슬픔을 겪는 사람을 코칭하는 동안 앞으로 나아가는 데 초점을 두도록 상기시킨다. 코치이가 그들의 새로운 정상을 발견하기 위해서는 지지가 필요하다.

새로운 정상을 탐색할 수 있는 영역은 다음과 같다.

새로운 정체성

중요한 사람을 상실하는 것은 새로운 정체성을 얻는 것을 의미한다. 코치이는 사랑하는 사람이 죽기 전과 절대로 똑같을 수가 없다. 삶에서 그와 함께하는 부분은 사라졌다. 관계를 맺은 사람이 죽었을 때 자기-정체성self-identity 또는 자신을 바라보는 방식은 자연스럽게 바뀐다.

사람들이 자신을 어떻게 소개하는지 들어보라. "나는 존의 아내예요." "저는 메리의 아들입니다." "저는 팀의 딸이에요." "나는 자니의 아빠입니다." 우리가 자신을 설명하는 다른 사람이 죽으면 우리는 누구인가? 그 해답은 코치이가 생각해내야 한다. 그는 새로눈 정상을 찾는 중이다. 코치이와 함께 이 과정을 거치는 것(그리고 그 과정은 흔히 오래 걸리고, 느리고, 고통스럽다)은 미래에 대한 새로운 비전을 세우는 과정의 일부가 될 것이다.

죽은 사람과 새로운 관계

목표는 코치이가 세상을 떠난 사랑하는 사람을 잊지 않는 것이다. 새로운 정체성을 형성한다고 해서 옛 정체성을 무시하는 것을 의미하지 않는다.

오히려 목표는 코치이가 떠난 사람과의 관계를 물리적 존재에서 기억의 존재로 전환하는 것이다. 사람이 죽으면 가족과 친구들은 떠난 사람과의 기억, 즉 고인이 누구였는지, 그들이 함께했던 일, 함께 나누었던 재미있는 시간, 슬프거나 고통스러웠던 기억, 배워왔던 교훈들에 대한 기억으로 가득 차게 된다. 슬픔을 겪는 사람의 마음속에는 너무나 많은 기억으로 넘쳐난다. 나는 코치이들에게 이러한 기억들이 누구도 빼앗을 수 없는 하나님의 소중한 선물이라고 매번 상기시킨다. 이러한 기억들은 그들이 영원히 간직해야 할 것들이다. 그러나 나는 그것들을 혼자 간직하지 않도록 격려한다. 다른 사람과 그것들을 나누도록 초대한다. 그러한 기억들을 나눔으로써 사랑하는 사람이 살아있게 하라고 그들을 격려한다.

몇 가지 강력한 질문이 고인과 새로운 관계를 개발하는 데 도움이 된다: 사랑하는 사람에 관해서 말씀해주세요. 그를 특별하게 만드는 것은 무엇인가요? 마음을 스쳐가는 기억들은 무엇인가요? 이 특정 상황에서 존John이라면 어떻게 할까요?

새로운 친구 그룹

코치이가 새로운 정상을 찾는 또다른 측면은 시간을 함께 보낼 새로운 친구를 찾는 것이다. 코치이의 배우자가 죽고, 다른 커플들과 대부분 시간을 보낸다면 코치이는 같은 그룹에서 불편해할 것이다. 미망인이나 홀아비는 기혼자 그룹과 어울리지 않는다고 느낄 수 있다.

코치이는 모든 사람이 슬픔을 겪는 자신을 지지하지는 않는다는 것을 알게 될 것이다. 알렌 D. 울펠트Alan D. Wolfelt 박사는 흔히 삼등분 법칙rule of thirds에 관해 이야기한다(Wolfelt, 2003, 127-8). 슬픔을 겪는 코치이의 삶에서 사람들의 3분의 1은 지지적인 친구일 것이다. 그들은 함께 나눌 수 있는 '안전한' 사람들이며 코치이의 애도 작업을 격려할 것이다. 또 다른 3분의 1은 슬픔에 중립적으로 반응할 것이다. 그들은 여정을 돕지도 방해하지도 않을 것이다. 마지막 3분의 1은 코치이가 잘 애도하려고 노력하는 데 해로울 것이다. 그 사람들은 그를 판단하려 들고 애도를 멈추게 하려고 하며, 그의 이야기를 듣는 데 관심이 없을 것이다.

당신의 코치이는 처음 3분의 1 그룹을 찾으려 하므로 지원이 필요하다.

새로운 목적 의식

사랑하는 누군가가 죽으면 자기 삶의 의미와 목적에 의문을 품는 것이 정상이다. 사랑하는 사람이 죽었을 때 자신의 한 부분도 그와 함께 죽었다고 느낀다. 삶을 계속해야 할 이유가 무엇인지 궁금해한다.

아마도 당신의 코치이는 아내를 돌보는 일을 했을 것이다. 그는 매일 일어나서 그녀를 섬기고 돌보기 위해 열심히 일했다. 그녀의 삶에 변화를 주었고, 그녀가 자신에게 의지한다는 것을 알았다. 그녀의 요구를 들어주기 위해 기꺼이 모든 것을 바쳤다. 그렇지만 그녀가 죽은 지금 무슨 이유로 침대에서 일어나겠는가? 삶에 어떤 목적이 있는가? 자신이 지금 존재하는 것이 어떤 의미가 있는가?

코치이의 상황이 어떻든 상실은 새로운 정상을 찾게 할 것이다. 거기에는 새로운 목적 의식을 찾는 것이 포함된다.

하나님과 새로운 관계

"사랑하는 사람이 왜 죽었나요?" "하나님이 어떻게 이런 일이 일어나게 하실 수 있습니까?" 이러한 질문들은 사랑하는 사람이 죽었을 때 던지는 정상적인 질문이다. 일부 슬픔을 겪는 사람은 상실을 통과해 가는 데 도움을 얻는 방안의 하나로 하나님에게 가까이 간다. 사람들은 의심의 시간을 경험하고 하나님의 존재 자체에 의문을 제기한다. 이러한 두 가지 대응은 상실에 따른 새로운 의미를 찾는 수단이다. 이 질문은 정상이고 새로운 정상을 찾는 과정 일부이다.

다시 한번 말하지만, 코치이를 새로운 정상으로 이끄는 것이 웰다잉 코치의 일이 아니라는 점을 상기시키고자 한다. 그가 묻고 있는 그 질문들은 대부분 당신이 대답해야 하는 질문이 아니다. 코치가 하는 역할은 깊은 경청과 강력한 질문을 통해 코치이가 미래에 대한 새로운 비전을 세울 수 있도록 함께 걸어가는 것이다. 새로운 정상의 일부로서 비전이 어떻게 보일지 브레인스토밍한다. 여기에는 코치이가 원하는 곳에 도달하기 위한 전략 개발이 포함된다. 이 과정에서 코치이를 지원하고 격려하며, 동반자가 되어줄 사람을 식별하는 작업이 수반된다. 코치이가 이 과정을 잘 통과해 갈 수 있게 하라. 질문에 대한 답을 그 자신 안에서 발견하도록 격려하라. 그 작업을 하면서 애도를 계속할 수 있게 지원하라. 새로운 정상을 발견하는 일은 쉽지 않지만, 슬픔 속에서 앞으로 나아가는 데 필수적이다.

8) 성장을 축하하라

슬픔의 여정을 걷는 것은 삶을 바꾸는 것이다. 누구도 슬픔을 경험하기로 선택하지 않는다. 누구도 슬픔을 원하지도, 계획하지도 않는다. 그러나 많은 사람에게 슬픔의 여정은 놀랍도록 성장하게 되는 경험이다.

웰다잉 코치의 가장 큰 특권 가운데 하나는 코치이가 성장을 실현하도록 도와서 함께 축하할 수 있다는 것이다.

슬픔을 통한 성장은 다양한 형태로 나타난다. 어떤 사람들에게는 어려움을 겪는 사람들에 대한 민감성이 늘어난다. 또 어떤 이들은 자신을 더 잘 이해하게 된다. 그들은 꿈에도 생각지 못했던 일을 성취할 수 있고, 삶에서 자신 있게 앞으로 나아갈 수 있다. 어떤 사람들은 다른 사람들이 자신에게 해준 것을 돌려주겠다는 약속과 함께 슬픔의 여정을 통과해 간다. 호스피스 자원봉사자가 된다거나 교회의 봉쇄된 장소shut-ins를 방문하거나 상실로 고통받는 사람들을 찾아간다. 어떤 이들은 매일 매 순간에 감사하는 법을 배운다. 누군가는 하나님과의 관계에서 성장을 깨닫고 교회에 더 많이 참가하고, 더 부지런히 봉사하거나 신앙을 나누기 위해 노력한다. 이러한 성장 목록은 끝이 없다….

슬픔을 겪는 코치이가 이러한 성장의 일부를 인식하기 시작하면 그를 인정해주라. 그가 배운 것을 어떻게 실천하고 있는지 지켜보라. "이번 상실에서 배운 것은 무엇인가요?" 또는 "이 슬픔이 어떻게 당신을 더 나은 사람으로 만들었나요?" 또는 "다른 방식으로는 배울 수 없었던 것인데 이 슬픔의 여정이 당신에게 가르쳐준 것은 무엇인가요?"와 같은 질문을 함으로써 그가 더 깊이 들어가도록 격려하라.

어떤 날에는 힘들고 고통스러울 것이다. 슬픔을 겪는 사람에게는 주기적으로 긍정과 지지의 시간이 필요하다(10장을 보라). 그러나 잊지 말고 그 과정에서 그들이 성장하고 있음을 축하하라.

제9장
어린이

내가 아이들에 대해서 몇 마디 언급하지 않는다면 이 책은 불완전할 것이다. 나는 그것이 필요하지 않기를 바라지만, 정작 필요하다. 어떤 아이들은 죽는다. 대부분 아이는 사랑하는 누군가의 죽음을 경험한다. 모든 아이는 슬퍼한다.

   웰다잉 코치로서 생의 마지막 이슈와 관련하여 어린이들을 코칭할 기회가 있을 것이다. 생의 마지막 이슈와 관련한 아이들의 입장에 대해 성인들을 코칭하게 될 것은 거의 확실하다. 관련된 질문은 끊임없이 제기될 것이다. 아이들이 장례식이나 사후 의식에 참여해야 하는가? 아이가 시신을 볼 수 있게 허용할 것인가? 아이에게 죽음에 관해 이야기해야 하는가? 아이들은 슬퍼하는가? 아이가 생의 마지막 이슈를 다루지 않도록 부모로서 보호하는 것이 내 역할 아닌가?

   이와 같은 것들이 웰다잉 코치로서 내가 정기적으로 다루는 질문들이다. 그렇지만 대부분 이 이슈들은 질문이 아니라 사실이나 명령으로 제시된다. 우리 아이는 장례식에 참석하지 말라고 할 것이다! 그렇게 하는 것은 옳지 않다! 아이 앞에서 울거나 슬퍼하지 않겠다! 그것을 보는 것은 건강에 좋지 않다! 부모들이 내게 했던 것처럼 나도 아이에게 생의 마지막 이슈를 다루지 않도록 보호하겠다. (흥미롭게도, 이러한 명령을 내리는 사람들은 대개 똑같은 방식으로 믿는 부모에 의해 양육되었다.)

성인들도 흔히 생의 마지막 이슈를 두려워한다. 이들은 사랑하는 사람이 죽어서 누워 있는 방에 들어가려고 하지 않는다. 그들은 죽음에 관해 공개적으로 말하지 않을 것이다. 장례식에 참석하는 것이 불편하다. 그들의 부모가 '아이들을 보호'하려고 진지하게 시도함으로써 아이들에게 삶의 가장 기본적인 현실 하나를 다룰 능력을 부족하게 만들었을 뿐이다. 이제 그들은 똑같은 '보호'를 자기 아이들에게 적용하고자 한다.

사실, 아이를 보호하는 가장 좋은 방법은 죽음이 일어나지 않는 것처럼, 슬픔이 현실이 아닌 척하지 않는 것이다. 아이들을 보호하는 최고의 방법은 아이들에게 죽음이라는 현실을 직시하고, 이 땅에서 삶의 일부로서 불가피한 상실을 애도하는 방법을 알 수 있게 열쇠를 제공하는 것이다.

아이들은 원래 죽음을 두려워하지 않는다. 생각해보라. 두려움은 우리가 부모로서 사회로서 그들 속에 심어주는 것이다. 우리는 주위에 검은 장막을 두르고 억지로 두려워하게 한다. 아이들이 사랑하는 사람, 반려동물, 그리고 그들도 결국 죽을 것이라는 사실을 배우게 하는 것은 학대가 아니다. 반대로 이것은 사랑의 선물이다.

생의 마지막 이슈와 관련하여 아이들을 코칭하는 핵심

생의 마지막 이슈와 관련하여 아이들을 코칭하거나 그와 관련한 아이들 입장에 대해 성인을 코칭하려면 몇 가지 기본적인 사항을 알고 있어야 한다.

구성 요소를 기억하라

앞에서 설명한 모든 구성 요소를 어린이 그리고 어린이에 대해 코칭할 때 적용할 수 있다. 그것이 출발점이다.

그것에 관해 말할 때

이스라엘 백성에게 율법이 주어진 뒤에, 우리는 신명기 6장 6~9절에서 다음과 같은 말씀을 읽는다.

> 오늘 내가 네게 명하는 이 말씀을 너는 마음에 새기고, 네 자녀에게 부지런히 가르치며 집에 앉았을 때에든지 길을 갈 때에든지 누워 있을 때에든지 일어날 때에든지 이 말씀을 강론할 것이며, 너는 또 그것을 네 손목에 매어 기호를 삼으며 네 미간에 붙여 표로 삼고, 또 네 집 문설주와 바깥 문에 기록할지니라.

우리는 같은 방법으로 아이들에게 죽음에 관해 가르쳐야 한다. 나뭇잎 색깔이 변해서 결국 땅으로 떨어지는 것을 볼 때, 우리가 마당에서 죽은 새와 마주쳤을 때, 누군가 또는 무언가가 죽는 영화 「밤비Bambi」나 다른 쇼를 감상할 때, 반려동물이 차에 치이거나 어항에 떠 있는 금붕어를 발견했을 때, 이것들은 모두 죽음이 지상의 삶에서 자연스럽고 정상적인 부분임을 가르칠 기회이다.

가족이나 사랑하는 사람이 죽으면, 가르칠 기회가 늘어날 뿐이다. 전도서Ecclesiastes 저자가 말한 것처럼, "날 때가 있으면, 죽을 때가 있다."라는 것을 아이들이 배워야 한다. 또는 천국이나 내세에 대한 견해가 무엇이든 이에 관하여 이야기할 좋은 기회이다.

죽음과 슬픔에 대한 아이들의 개념

죽음과 슬픔에 관하여 아이들에게 이야기하기 전에 연령대에 따라 죽음을 바라보는 시각과 슬픔을 경험하는 방식이 다르다는 것을 이해해야 한다. 나이가 들수록 우리의 생각과 신념, 즉 개념이 바뀐다.

추가적인 탐색을 위해서 이 주제에 관해 쓴 책들이 있다. 우리의 목적을 위해, The New England Journal of Medicine(2004, 350:17)의 허가를 받아 인용한 아래 표를 검토하라.

[표 3] 어린이의 죽음 개념과 영성의 발달

연령대	특징	죽음에 대한 두드러진 개념	영성 발달	개입
0~2세	• 환경과 감각 및 운동 관계가 있음 • 제한된 언어 기술 • 대상 영속성object permanence 달성	• 없음	• 믿음은 타인에 대한 신뢰와 희망을 반영 • 자기 가치와 사랑에 대한 욕구	• 최대한의 신체적 편안함, 친밀한 사람, 그리고 이행기의 사물(선호하는 장난감), 그리고 일관성 제공 • 간단한 신체적 소통을 활용

[표 3] 어린이의 죽음 개념과 영성의 발달(계속)

연령대	특징	죽음에 대한 두드러진 개념	영성 발달	개입
2~6세	• 마술적이고 애니미즘적 사고를 활용 • 자아 중심적 egocentric • 생각은 돌이킬 수 없음 thinking is irreversible • 상징적인 놀이 즐김 • 언어 기술 발달	• 죽음은 잠자는 것처럼 일시적이며, 되돌릴 수 있다고 믿음 • 죽음을 개인화하지 않음 • 죽음은 생각으로 유발된다고 믿음	• 신앙은 마술적이고 상상적임 • 의식에 참여하는 것이 중요해짐	• 부모와의 분리를 최소화 • 질병이 벌이라는 인식 바로잡기 • 죄책감을 평가하고, 그것을 완화함 • 정확한 언어 사용(죽어감 dying, 죽은 dead)
6~12세	• 구체적으로 사고함	• 죽음에 대한 성인 개념 발달 • 죽음이 개인적일 수 있음을 이해 • 생리학과 죽음의 세부내용에 관심을 둠	• 믿음은 옳고 그름과 관련이 있음 • 외부의 해석을 진실로 받아들일 수 있음 • 개인의 정체성과 의식 ritual을 연결	• 유기 abandonment에 대한 아이의 두려움을 평가 • 진실해야 함 • 요청하는 경우 구체적인 상세 정보 제공 • 통제와 숙달을 이루려는 아이의 노력을 지지 • 동료에 대한 접근 유지 • 아이가 의사결정에 참여하도록 허용
12~19세	• 보편적 사고 • 현실이 객관화됨 • 자기 성찰 가능 • 신체 이미지와 자존감 극대화	• 죽음에 대한 비물질적 설명 탐구	• 내적 해석을 진실로 받아들이기 시작함 • 하나님이나 더 높은 권력자와의 관계 진전 • 인생의 의미, 목적, 희망, 가치 등 탐색	• 아이의 자존감 강화 • 아이가 강력한 감정을 표현할 수 있게 허용 • 아이의 사생활 허용 • 아이의 독립성 촉진 • 동료들에 대한 접근 촉진

경청하라

출발점은 항상 말하기가 아닌 경청하기이다. 이것은 성인뿐만 아니라 어린이를 코칭할 때도 마찬가지이다. 성인은 아이들이 생의 마지막 이슈를 다룰 때 본인들이 어떻게 느끼는지 정확하게 안다고 가정해서는 안 된다. 아이들은 그들이 경험하는 것이 독특하다고 어른들을 가르칠 수 있다. 웰다잉 코치는 아이들이 자유롭고 공개적으로 이야기 나눌 수 있는 안전하고 배려하는 공간을 제공해야 한다.

정직하라

아이에게 죽어감 dying, 죽음 death, 슬픔 grief에 관해 이야기할 때, 그다음 핵심은 항상 정직하라는 것이다. 아이들에게 진실을 말하지 않으면, 그들이 상상하는 것은 대개 더 나빠질 것이다. 게다가 아이들은 당신이 진실을 말하지 않는다는 것을 알 수 있다. 할머니가 먼 여행을 떠나셔서 더는 여기에 계시지 않는다고 말하는 것은 거짓말이다. 가족이나 선의의 친구가 아이들에게 진실을 숨기려 한다면, 훗날 자신들이 진실을 들을 만큼 왜 충분히 존중받거나 신뢰받지 못했는지를 설명해야 할 것이다. 진실이 밝혀지면 아이는 배신감과 소외감, 깊은 상처를 느낄 수 있다.

현실적 단어 real words를 사용하라

아이들을 '보호'하는 방법으로 사랑하는 사람이 죽었다고 말하는 대신,

많은 사람이 "할머니가 잠드셨다." 또는 "우리가 그녀를 잃었다." 또는 "그녀가 떠났다." 또는 "그녀가 더 좋은 곳으로 갔다."라고 말할 것이다. 우리는 흔히 완곡어법이 미치는 강력한 영향에 관해 생각하지 않는다.

- 아이들에게 할머니가 정말 긴 여행을 떠났다고 말하면, 할머니가 그들을 버렸다고 믿을지 모른다.
- 아이들에게 할머니가 잠들었다고 말하면, 그들은 잠자리에 드는 것을 두려워하거나 악몽을 꾸기 시작할지 모른다.
- 아이들에게 할머니를 잃었다고 말하면, 그들은 사방팔방으로 할머니를 찾으러 나서려고 할지 모른다.
- 아이들에게 하나님이 할머니를 데려갔다고 말하면, 그들은 잔인한 하나님이 좋은 사람들을 빼앗아간다고 믿을지 모른다.
- 아이들에게 할머니가 너무 착해서 하나님이 함께 있고 싶어 했다고 말하면, 그들은 착해지는 것을 두려워할지 모른다.
- 죽음은 어둠이고 아무것도 아닌 것 nothingness이라고 말하면, 그들은 어둠을 두려워하게 될지 모른다.

정직하고 진실을 말하기 위해서는 무슨 일이 일어났는지 설명할 때 현실적이고 명확하고 직접적인 단어를 사용하는 것이다.

감정을 표현하도록 도와라

아이들에게는 슬퍼하고 울어도 괜찮으며, 지금 느끼는 상처가 영원히 지속하지 않을 것이라는 어른들의 확인이 필요하다. 아이들은 그들이 느끼는 감정이 적절하다는 것을 알아야 한다. 아이들은 자전거를 타거나 피아노 치는 법을 배우는 것처럼 슬퍼하는 법도 배워야 한다. 어른들은 아이들 삶의 모델이다. 그들은 당신을 보면서 슬퍼하고 감정을 어떻게 표현하는지 배울 것이다. 그렇기에 어른들이 삶에서 애도하는 모습들을 아이들이 보게 하는 것이 중요한 이유이다. 엄마나 아빠가 우는 것을 보는 것이 속상할 수 있지만, 아빠가 곧 울음을 터뜨릴 것을 알고 있는데도 방에서 나가도록 떠밀리는 것은 더욱 속상한 일이다.

아이들이 감정을 표현할 때 어른들은 민감하고 따뜻하게 대응해야 한다. 목소리 톤에 주의하라. 계속 눈 맞추는 것을 잊지 마라. 말없이 전달되는 것은 실제로 말해지는 것만큼이나 아이들에게 의미가 있을 수 있다. 이 고통스러운 시간 동안 자신의 감정이 받아들여지며 판단이나 비판받는 것이 아니라고 아이들에게 알려주라.

추억을 말하거나 유품keepsakes을 제공하라

성인을 코칭할 때와 마찬가지로 아이들에게도 추억을 공유하고, 사랑하는 사람을 떠올릴 어떤 물건을 가지게 하면 크게 도움이 된다.

활용 가능한 자원을 사용하라

생의 마지막 이슈와 관련하여 어린이를 코칭할 때 도움이 될 수 있는 해당 연령대의 자원이 많다. 이를테면, 책, 동영상, 일기, 컬러링 북, 게임

등이다. 웰다잉 코치는 이러한 자원에 익숙해지는 것이 좋다.

장례식과 기타 사후 의식

코치이 가운데 많은 사람이 장례식과 기타 임종 의식에 아이들을 참여시켜야 하는지 물어볼 것이기에 이 문제에 대한 몇 가지 내 생각을 공유하고자 한다.

- 아이들에게 다른 가족 구성원과 마찬가지로 시신을 미리 보고 예배에 참석할 기회를 똑같이 주어야 한다.
- 권장하기는 하되, 억지로 참여하게 해서는 안 된다.
- 부모가 장례를 치르느라 바빠서 아이들이 참석할 수 없을 때는 믿을 만한 다른 어른이 돌볼 수 있게 맡겨야 한다.
- 아이들이 장례식 계획을 돕도록 하면 보람을 느끼게 할 수 있다. 비록 그들이 장례식의 세세한 부분을 충분히 이해하지 못하더라도 그들이 참여하면 위로감을 얻는 데 도움을 줄 수 있다. 또 사랑하는 사람이 죽었더라도 삶은 계속된다고 확신하게 하는 데 도움이 될 수 있다.
- 아이들은 장례식에서 무엇을 보고 경험할지 미리 알아야 한다. 어떤 일이 있을지, 누가 거기에 있을지, 어디에 앉게 될지, 얼마나 오래 걸릴지, 어떤 꽃들이 놓이고, 사람들이 다양한 정서를 표현할 수 있다는 것을 알려줘야 한다. 사람들이 우는 것은 자연스럽다는 것을 상기시켜야 한다.
- 아이들은 위로와 지원을 제공할 누군가와 늘 함께 있어야 한다.

- 장례식이 끝난 뒤의 후속 조치도 매우 중요하다. 무슨 일이 일어났는지, 그 의미는 무엇인지, 그것에 관해 어떻게 생각했는지 이야기하라. 그들을 도와서 정서를 표현하게 하라. 어른들은 장례식에서 아이들의 행동을 잘 관찰해야 한다. 아이들은 자신도 모르게 죽음이 그들에게 의미하는 바가 무엇인지 나타낼 것이다.
- 웰다잉 코치와 마찬가지로 부모들도 죽음에 대한 자신의 개인 감정을 탐색해야 한다. (11장을 보라.) 죽음에 관한 자신의 관심 사항, 의심, 두려움을 의식적으로 살피지 않으면, 사랑하는 사람이 죽었을 때 아이들을 지원하기 어려울 것이다.

제10장
후속 조치, 후속 조치, 후속 조치

영적 지도자들은 주의 깊게 읽어보기 바란다. 당신에게는 이 장이 이 책 전체에서 가장 중요하다. '후속 조치follow up'는 제목에서 세 번이나 반복된다.

호스피스 목사와 사별 코디네이터로 일하면서 나는 매우 다양한 신념을 가진 사람들과 교파와 영적 단체와 교류한다. 생의 마지막 이슈를 겪는 사람들에게서 자주 듣는 슬픈 말은 "내 교회/영적 단체/영적 지도자가 나를 잘 지원하지 않는다."라는 것이다. 이 사람들과 계속해서 이야기를 나누다 보면 자주 반복되는 이슈가 있는데, 바로 후속 조치가 없다는 것이다.

목회 활동을 15년 동안 해오면서 나는 이 이슈의 다른 측면을 충분히 이해한다. 성직자는 필요한 정보를 수집하고 원하는 후속 조치를 제공할 시간이나 자원(그리고 흔히 지식)이 없다. 이 장은 효과적이고 관리 가능한 후속 조치를 제공하는 데 도움을 줄 것이다.

죽음을 앞둔 사람에 대한 후속 조치

자신을 이용할 수 있게 하라 be available

죽음을 앞둔 사람을 방문해서 코칭하는 것은 7장에서 설명한 것처럼, 죽음을 앞둔 사람과 그 가족에게 의미가 있을 것이다. 그렇지만 관련된 모든 사람에게 필요한 것은 원하면 언제든지 영적 지원을 받을 수 있다고 알려주는 것이다. 이 모든 여정 동안 당신이 그들을 위해 함께 있다는 확신은 당신이 죽음을 앞둔 사람과 가족에게 줄 수 있는 가장 큰 선물의 하나가 될 것이다. (이와 동시에, 많은 사람에게 하나님이 그들을 위해 계시다는 것을 상기시켜 주게 될 것이다.)

죽음을 앞둔 사람을 위하여 반드시 일주일 내내 24시간 동안 있어야 한다는 의미는 아니다. 죽음을 앞둔 사람은 홀로 있는 시간이 필요하다. 또 그들에게는 가족하고만 있는 시간이 필요하다. 영적 지도자가 이들을 방문하면 어떤 때는 한 시간이 걸리기도 하지만, 어떤 때는 10분이나 15분이 걸리기도 한다.

너무 오래 머무르면 목회 활동은 무의미해진다. 언제든 이용 가능한 상태를 유지하고 얼마나 자주 방문해서 코칭할지 그들이 이끄는 대로 따르면, 매우 잘하게 될 것이다. 모든 것이 그들에 관한 것임을 기억하라. 나는 대개 죽음을 앞둔 사람 그리고/또는 가족에게 그들의 바람이 무엇인지, 이 여정에 어떻게 그들을 가장 잘 지원할 수 있는지 물어볼 것이다. 내가 방문해서 10분이 지나서 죽음을 앞둔 사람이 졸려 하는 것을 알아차리면 그들을 위하여 기도하는 것이 도움이 되는지 묻고, 그들이 잠 잘 수 있도록 그곳을 떠난다. "나는 당신을 지원하기 위해 여기에 있습니다. 내가 돕는 최상의 방법은 때로 제가 떠나는 것입니다."라고 말할 것이다.

이렇게 하면 환자와 가족들은 감사해하면서 조만간 나를 다시 초대한다. 너무 오래 머물면 대개 다시 초대하지 않으므로 목회 활동을 계속할 기회를 놓치게 된다. 당신이 그들을 생각하고 있고 기도하고 있다는 문자 메시지나 음성 메일을 주기적으로 보내는 것 역시 도움이 된다. 죽음으로 가는 여정은 외로운 여정이다. 영적 지도자를 언제든 활용할 수 있다는 것을 알게 되면 확실히 큰 도움이 될 것이다.

호스피스 돌봄

때때로 죽음을 앞둔 사람과 그 가족들은 그들이 이용할 수 있는 유용한 지원 시스템을 알지 못한다. 메디케어Medicare[13]와 보험회사들이 이를 담당한다. 웰다잉 코치는 호스피스와 호스피스 돌봄에서 무엇을 제공하는지 잘 알고 있으므로, 필요하다면 죽음을 앞둔 코치이를 여기에 의뢰할 수 있다. 지역 호스피스에서는 기꺼이 호스피스 프로그램에 관한 정보를 제공할 것이다. 여기서 몇 가지 기본적인 사항을 설명하고자 한다.

호스피스는 말기 상태에 있는 사람에게 전인적holistic 지원을 제공하는 돌봄 철학이다. 호스피스를 받으려면 의사에게서 6개월 이하의 예후prognosus라는 진단을 받아야 한다. 죽음을 앞둔 사람과 그 가족에게 신체

---

[13] 메디케어Medicare는 미국의 의료보험 프로그램으로, 주로 65세 이상의 사람들을 대상으로 하지만 특정한 젊은 장애인들도 대상으로 한다. 입원, 치료, 기타 건강 서비스를 제공한다. 메디케어는 수혜자들이 내는 세금과 보험료를 합하여 자금을 조달하며 연방 정부가 이를 관리한다. (https://chat.openai.com/chat 2023.2.8 검색)

적, 정서적, 영적 지원을 제공한다. 호스피스 설립자 데임 시슬리 손더스 Dame Cicely Saunders는, "당신은 인생의 마지막 순간까지 중요하다. 우리는 당신이 평화롭게 죽는 것뿐만 아니라 죽을 때까지 살 수 있도록 최선을 다할 것이다."라고 말한다.

호스피스 철학은 "호스피스는 삶을 긍정하고 죽음을 재촉하지도 연기하지도 않는다. 협력적이고 통합적인 전인적 돌봄을 통해 환자가 간병인 caregiver의 지원을 받아 집에 머물 수 있게 한다."

호스피스를 설명하는 가장 좋은 방법은 호스피스 간호사인 로이스 킨젤라Lois Kinsella(RN, BSN, MS)가 『100마일의 길 걷기Walking the Hundred-Mile Road』(Kinsella, 2001)라는 제목의 책에서 쓴 비유를 인용하는 것이다.

나는 수년 동안 100마일의 길을 여행해 왔습니다. 어느 아름다운 봄날 길을 나섰는데, 새들은 달콤하게 지저귀고 있었습니다. 길가에는 이른 봄꽃들이 화려한 색으로 피어나고 있었습니다.

모퉁이를 돌자, 등에 빨간색과 검은색 자루를 메고 나와 같은 방향으로 걸어가는 한 남자를 만났습니다. 자루는 무거워 보였지만 그는 불평하지 않았습니다. 우리는 대화를 시작했습니다.

나는 '100마일의 길을 걸으며 짐을 나르고 내리는 일을 돕는 일행'이라고 소개했습니다. 그는 이름이 버트Bert라고 했습니다.

그가 자루를 나르고 내리는 일을 내가 도와줘도 되는지 물었습니다. 그는 거절하며, 자기가 직접 나르겠다고 했습니다. 그는 "아마도 길 끝에서maybe down the road" 내게 돕게 하겠다고 말했습니다.

그와 작별하고 가던 길을 계속 갔습니다. 얼마 지나지 않아 검고 빨갛고 노란 자루를 나르는 젊은 여성을 만났습니다. 그것들은 버트의 것과 비슷해 보였으므로 어디서 구했는지 물었습니다. 길가에서 이따금 그녀의 이름이 적힌 자루를 발견할 것이라고 그녀는 대답했습니다. 그녀는 그것을 집어서 날라야 한다고 생각했습니다.

이 여성은 너무 어리고 짐이 무거웠으므로 나는 이 여성에게 연민을 느꼈습니다. 나는 그녀의 자루를 날라다 비우는 것을 도와줘도 되겠느냐고 물었습니다. 그녀는 내 제안에 감사해했지만 받아들이기는 꺼리는 것 같았습니다. 내 제안을 어려워하면서 '아마도 길 끝에서' 도움이 필요할 것이라고 말했습니다.

나는 누구에게도 강요하고 싶지 않아 다시 가던 길을 갔습니다. 그러나 나는 혼란스러웠습니다. 진심으로 도와주겠다는 내 제안이 자꾸 거절당하는 이유는 무엇일까?

100마일의 길 끝에서 나는 노인과 그의 아내를 만났습니다. 그들은 몹시 피곤해 보였습니다. 그는 여러 개의 자루를 나르고 있었습니다: 검은 것, 작고 빨간 것, 노란 것, 크고 밝은 주황색 자루, 초록색 자루. 아내는 최선을 다해 남편을 도우려했지만 너무 연약해서 무게를 감당할 수 없었습니다. 나를 소개하고 내가 도울 수 있는지 물었습니다.

그들은 망설임도 없이 대답했습니다. "오, 네. 네! 우리는 한 걸음도 뗄 수 없습니다. 우리는 100마일의 길 끝에 도달해야 합니다. 우리는 거의 다 왔지만, 그럴 수 있을 것 같지 않습니다."

나는 노인의 등에서 자루를 받아 길가에 내려놓았습니다. 우리는 모두 함께 걸으며 100마일의 길과 그 여정이 얼마나 어려웠는지 이야기했습니다.

짐에서 벗어난 남자와 여자는 길가로 가서 야생화 향기를 맡기 시작했습니다. 남자는 한 줌을 꺾어 그녀에게 주면서 그녀를 얼마나 사랑했는지 말했습니다.

우리가 100마일의 길 끝에 다다랐을 때 노인은 끝없는 길을 홀로 건너고 아내는 돌아갈 것이 분명해졌습니다. 말할 것도 없이, 그들이 이별하게 되자 감정이 복받쳤습니다. 그러나 좋은 감정으로 충만했습니다. 그들은 내게 말했습니다. "당신이 와서 자루 옮기는 것을 돕고 좀 더 즐길 시간을 주어서 작별 인사가 더 수월한 것 같았습니다."

노인은 아내에게 이제 가도 좋다고 말하고는 길을 떠났습니다. 그녀는 울었습니다. 그녀에게 나와 함께 돌아가자고 요청했습니다. 도중에 우리는 젊은 여성을 만났습니다. 그녀는 검은색 자루, 매우 크고 붉은 것, 주황색, 노란색, 초록, 보라색 자루를 나르고 있었는데 몹시 피곤해 보였으나 도움을 거절했습니다. 그녀는 다시 "아마도 길 끝에서"라고 말했습니다.

실망한 아내와 나는 집으로 가는 여정을 계속했습니다. 예상하셨겠지만, 우리는 여전히 짐으로 고군분투하는 버트를 만났습니다. 노인의 아내는 누군가에게 자루를 도와달라고 부탁하라고 버트를 설득했지만, 그는 "아마도 길의 끝에서"라고 대답하고는 가던 길을 가버렸습니다.

노인의 아내와 나는 계속 그녀의 집으로 갔습니다. 나는 가끔 그녀를 확인하기 위해 들르겠다고 말했습니다. 우리는 차를 마시거나 정원을 산책하거나 함께 앉아 있을 수 있었습니다. 그녀는 도와줘서 고맙다고 다시 한번 나에게 인사했습니다.

휴식을 취한 뒤, 나는 다시 100마일의 길을 걷기 시작했습니다. 길이 거의 다 끝날 무렵 버트와 젊은 여성을 만났는데, 두 사람 다 완전히 지쳐 있었습니다. 그들은 자루를 주변에 쌓아놓고는 길가에 앉아서 거의 말을 잇지 못했습니다. 끝없는 길을 건너는 것은 매우 어려웠습니다.

나는 자루를 하나씩 치우기 시작했습니다: 슬픔과 절망으로 가득 찬 검은색 자루, 분노가 담긴 빨간색 자루, 걱정으로 가득한 노란 자루, 육체적 고통이 담긴 주황색 자루, 두려움이 담긴 초록색 자루, 영적 의문으로 가득한 보라색 자루.

버트와 젊은 여성은 눈물을 쏟으며 올려다보며 말했습니다. "고맙습니다. 우리가 길을 되돌아가서 당신이 우리를 위해 할 수 있는 일이 무엇인지 보지 못하는 것이 정말 유감입니다. 아무도 100마일의 길을 혼자 걷지 않도록 다른 사람들에게 우리 이야기를 해주세요."

그렇게 두 사람은 일어나서 끝없는 길을 향해 건너갔습니다.

호스피스는 자루를 나르다 내려놓아야 하는 말기에 있는 사람들을 되도록 평화롭게 생의 마지막에 이르도록 돕는다.

애도의 경우(5장 참조)와 마찬가지로 호스피스에 관해 수많은 통념이 있다. 일반적인 통념 몇 가지를 간단하게 공유하고자 한다.

통념 #1 - 호스피스는 어떤 장소이다.

호스피스는 반드시 구체적인 장소가 아닌 돌봄의 철학이다. 입원 환자 호스피스 시설이 있지만, 호스피스는 필요한 곳이면 어디에서든 이루어진다. 호스피스의 약 80%가 환자의 가정에서 이루어진다. 다른 장소로는 요양원, 보조 생활 시설이나 병원 등이 있다.

통념 #2 - 호스피스는 죽음을 앞당긴다.

호스피스는 결코 사람의 죽음을 앞당기지 않는다. 어떤 사람들은 호스피스에 있는 동안 추가적인 돌봄을 받기 때문에 실제로 더 오래 더 편안하게 산다. 반면에 호스피스는 죽음을 지연시키지도 않는다. 호스피스는 죽음에 이르는 과정이 정상적이고 자연스럽게 이루어지도록 한다. 호스피스는 죽음을 자연스러운 현상으로 바라보고, 사람들이 존엄성을 유지하고 증상을 통제하면서 죽을 수 있게 하는 것을 목표로 한다.

통념 #3 - 호스피스는 암 환자만 가능하다.

호스피스는 의사가 환자의 기대 수명이 6개월 이하[14]라고 판단하여 치료적 조치보다는 편안함을 위한 조치가 적절하다고 환자가 선택한 경우의 시한부 환자들이면 누구나 이용할 수 있다.
　여기에는 울혈성 심부전, 폐기종, AIDS, 근위축성 측삭경화증ALS 그리고 진행성 알츠하이머 같은 질병이 포함될 수 있다.[15]

통념 #4 - 호스피스는 노인들만 대상으로 한다.

호스피스 환자의 대부분이 나이 든 사람들이긴 하지만, 호스피스는 아이들을 포함하여 모든 연령대의 환자들에게 제공한다.

통념 #5 - 호스피스 돌봄은 임종을 앞둔 사람들을 위한 것이다.

이 통념은 임종을 며칠 또는 몇 시간 앞둔 경우(임종 개입 deathbed intervention 이라고 함)에만 호스피스에 들어간다는 생각을 설명한다. 어떤 사람에게는 이것이 사실이다. 그렇지만 죽음을 앞둔 사람은 훨씬 전에 호스피스에 와서 호스피스 팀이 그 사람에 대해 알고 보살펴서 생의 마지막 이슈를 잘 통과해 갈 수 있도록 도울 충분한 시간을 제공하는 것이 더 좋다.

---

14) 우리나라는 '수개월 이내'로 규정(연명의료결정법 제2조2항 참조)
15) 우리나라는 '암, 후천성면역결핍증, 만성 폐쇄성 호흡기질환, 만성 간경화, 그 밖에 보건복지부령으로 정하는 질환'으로 규정(연명의료결정법 제2조6항 참조)

통념 #6 – 호스피스 받을 준비가 되려면 죽을 준비가 되어야 한다.

사실이 아니다. 호스피스 목표 가운데 하나는 환자가 죽어가고 있다는 사실에 대처하고 그것을 잘 준비하도록 돕는 것이다. 그래서 도와줄 사람들로 구성된 팀이 있는 것이다.

통념 #7 – 호스피스는 죽음을 앞둔 사람들만을 위한 것이다.

앞에서 설명한 바와 같이 죽음을 앞둔 환자뿐만 아니라 가족이나 간병인에게도 초점을 맞춘다.

통념 #8 – 호스피스는 24시간 돌봄을 제공한다.

호스피스는 간헐적인 방문을 제공하며, 24시간 연중무휴 서비스는 제공하지 않는다. 호스피스에 오기 위한 다른 요건은 간병인이 있어야 한다는 것이다. 이것은 가족 구성원, 유급 간병인, 또는 병원이나 시설이 될 수 있다.[16]

통념 #9 – 호스피스 돌봄은 비용이 많이 든다.

많은 사람이 메디케어 호스피스 혜택Medicare Hospice Benefit을 받을 수 있는데,

---

16) 우리나라 호스피스·완화의료 서비스에 대해서는 중앙호스피스센터 홈페이지(www.hospice.go.kr) 참조

여기에는 모든 호스피스 서비스가 포함되며 자기 부담 비용은 거의 필요하지 않다. 사실 호스피스는 많은 사람이 돈을 절약하는 주요 방안이다. 호스피스를 사용하지 않을 때의 막대한 재정적 비용과는 대조적으로 가족이 지출해야 하는 재정적 부담은 없다.

통념 #10 – 자기 집에만 머물며 호스피스 돌봄을 받아야 한다.

호스피스 프로그램에 등록된 환자에게는 활동 제한이 없다. 환자는 삶의 모든 측면을 최대한 즐기도록 권장된다.

통념 #11 – 호스피스에 한 번 등록하면 거기서 나올 수 없다.

사람들은 원하면 언제라도 해지할 수 있다. 어떤 사람들은 공격적인 치료로 돌아가기 위해 이렇게 한다. 또 가끔 있는 일이지만, 환자의 상태가 호전되면 한동안 호스피스 돌봄을 중단할 수 있다. 환자가 6개월 이상 살게 되었는데, 계속 쇠약해지면 호스피스에 머물 수 있다.

통념 #12 – 호스피스 돌봄은 희망을 버리고 수동적으로 죽음을 기다리는 것을 의미한다.

일부는 이렇게 하지만 호스피스의 목표는 그 반대의 경우를 위한 것이다. 환자와 가족이 끝까지 온전히 살 수 있게 하는 것이다. 어떤 사람들은 지난 몇 달/몇 주가 인생에서 최고일 때가 될 수 있다. 호스피스는 모두 희망에 관한 것이며, 그 희망은 바로 초점을 바꾸는 데 있다.

통념 #13 – 죽음은 일어날 수 있는 최악의 일이다.

죽음은 우리 모두에게 찾아올 것이다. 결국 죽음은 인간의 삶에서 자연스러운 단계의 하나이다. 사랑하는 사람과의 이별, 지속하는 고통, 남겨질 사람들의 행복에 대한 걱정, 다가오는 죽음을 어쩌지 못하는 친구와 가족에게 버림받음으로 인한 외로움 등과 같이 죽음보다 더 나쁜 일도 많다. 호스피스는 이러한 모든 것을 극복하도록 최선을 다한다.

슬픔을 겪는 사람들에 대한 후속 조치

나는 호스피스 서비스를 받다가 얼마 전 세상을 떠난 아내를 잃은 한 남자를 만나러 갔다. 그는 거친 사람이었다. 그는 한쪽 눈에 안대를 했고 외모와 성격 모두에서 해적을 연상케 했다. 첫인사를 나누고 나서 이 남자는 내게 왜 거기에 왔는지 물었다. 나는 슬픔의 여정에 있는 그를 지원하고 싶다고 설명했다. 그는 슬프지 않다고 재빨리 대답했다. "죽은 사람은 죽은 사람이죠 Dead is dead."라고 말했다. "나는 살아내야 합니다. 그러니 이제 가셔도 좋습니다." 나는 이것이 일반적이라기보다는 상당히 예외적인 경우라고 확신한다. 슬픔을 겪는 사람 대부분은 지속적인 지원과 후속 조치를 갈망한다. 그들은 코칭받기 위해 앉아 있지 않더라도 누군가가 기억하고 있는지, 누군가가 신경 쓰고 있는지 알고 싶어 한다. 그들은 필요할 때 누군가가 그들을 위해 그곳에 있는지 알고 싶어 한다. 그들은 자신의 영적 지도자(그리고 그들의 하나님)를 이용할 수 있는지 알고 싶어 한다.

첫 번째 해 돌봄

8장, '슬픔을 겪는 사람 코칭하기'에서 설명했듯이, 후속 조치와 지원이 가장 집중되는 시기는 사후 1년이다. 코치이는 모든 '처음'뿐만 아니라 모든 슬픔의 정서를 겪어나갈 것이다. 슬픔을 겪는 코치이와 정기적인 방문/코칭 세션을 설정할 수 있는 특권이 있다면, 그들이 원하는 빈도만큼 그들이 이끄는 대로 따라야 할 것이다. 사망 후 초기 접촉이 이루어져야 한다. 3개월 시점에 연락하면 도움이 될 것이다. 슬픔의 여정과 애도 필요성에 대한 지속적인 가르침이 유용할 것이다. 도움이 되는 강좌나 슬픔 지원 단체가 있다는 사실을 슬픔을 겪는 코치이에게 알려야 한다. 고인이 된 사랑하는 사람의 생일과 기일에 연락하여 돌봄과 관심을 보여줄 수 있다. 그들의 고통이 더 심해질 명절 기간에 특별한 TLC[17]가 제공되어야 한다. 정기적으로 전화를 걸어서 당신이 신경 쓰고 있고, 당신을 활용할 수 있다고 말하면 슬픔을 겪는 코치이에게는 의미 있는 세계 제공이 될 것이다.

위 단락을 읽은 소감이 어떤가? 만약 압박감을 느끼고, 슬픔을 겪는 교구민들에게 첫해에 그 정도의 후속 조치를 하는 것이 불가능하다고 생각한다면, 당신은 정상에 속한다. 이것이 흔히 후속 조치가 이루어지지 않는 이유이며, 슬픔을 겪는 많은 사람이 외롭고 지지받지 못한다고 느끼는 이유이다.

---

17) TLC: Tender Loving Care의 약어로 슬픔을 겪는 코치이에게 보이는 특별한 관심과 보살핌을 의미하며, 연민을 나타내고 친절하고 이해심 있는 방식으로 지지해주는 것을 말함. (https://chat.openai.com/chat 2023. 2. 9 검색)

중요하게 해야 할 일과 대부분 목회자가 할 수 없는 일 사이에는 (이를 관리할 수 있는 많이 직원이 있지 않은 한) 분명한 단절이 있다. 그래서 이들을 위한 소프트웨어가 개발되어 있다. 이른 바 '사별 관리 시스템Bereavement Management System(BMS)'이다. (내가 속해 있는) 사별 관리 단체 Bereavement Management Group에서 만들었다. 이 소프트웨어 구입 관련 정보는 www.bereavementmanagement.com에서 얻을 수 있다. 이 프로그램을 사용하면 개인화된 카드(고인과 가족 이름 포함)와 편지, 소식지를 만들 수 있다. 카드는 사망 시, 고인의 생일, 명절과 기일에 보낼 수 있게 자동으로 생성된다. 편지는 사망 직후에 작성되고, 돌봄을 받은 첫해 이후에 다시 작성된다. 12가지 슬픔 소식지grief newsletter가 매월 작성된다. 슬픔을 겪는 사람의 여정에 따라 1개월, 3개월, 6개월, 9개월이 되는 사람을 보여주는 월간 전화 목록이 생성된다. 각 가족 구성원에게 전화할 때 필요한 정보도 함께 제공되어, 되도록 쉽게 전화할 수 있다. 또 슬픔을 겪는 코치이를 지원하고 영적 단체의 슬픔 지원 프로그램을 관리하기 위한 여러 가지 유용한 도구가 포함되어 있다.

사별 관리 시스템을 사용하든 않든, 슬픔을 겪는 코치이는 슬픔 여정에 따른 후속 조치와 지원을 갈망한다.

장기적인 돌봄

첫해가 가장 집중적이긴 하지만 후속 조치는 첫해 이후에도 지속해야 한다. 이러한 이유로 사별 관리 시스템의 Long Term Edition은 연간 생일, 명절, 기일 카드, 전화 걸기 목록 알림, 추가적인 편지, 소식지, 그리고 필요할 때 디자인해서 만들 수 있는 임의의 카드를 제공한다.

후속 조치를 위해 선택하는 방법과 관계없이, 당신의 지속적인 돌봄은 말로 표현하는 것보다 그들에게 더 의미가 있을 것이다. 당신의 지원은 또한 당신을 가장 잘 돌보는 영적 지도자로 보이게 할 것이다.

그룹 코칭

일부 슬픔을 겪는 사람들은 자신이 겪고 있는 일을 이해하는 사람들과 함께 있을 때 위안을 얻는다. 이것이 슬픔 지원 단체의 목적이다. 이 단체들은 슬픔을 겪는 사람들이 자기 이야기를 공유하고 슬픔 교육뿐만 아니라 돌봄 지원을 받을 수 있는 안전한 공간이다. 웰다잉 코치는 코치이가 원하면 추천해줄 수 있도록 해당 지역의 슬픔 지원 단체를 알고 있으면 좋다.

웰다잉 코치는 자신의 영적 공동체 내에서 자신만의 단체를 운영하고자 할 수 있다. 여기서 슬픔을 겪는 사람들을 지원하고 돌보기 위한 그룹 코칭 원칙이 적용되어야 한다. 도움이 되는 자료로 슬픔 지원 단체에서 사용할 목적으로 만든 슬픔 공유 Grief Share라는 제목의 기독교 기반 DVD 시리즈가 있다. 이 시리즈의 구매 정보는 www.griefshare.org에서 확인할 수 있다.

후속 조치, 후속 조치, 후속 조치. 어떤 방법을 선택하든, 죽음을 앞두고 있거나 슬픔을 겪는 코치이들에게는 정기적이고, 지속적인 후속 조치가 필요하다. 당신이 그들을 잊지 않고 있음을 알려라. 당신이 돌보고 있다고 알려라.

하나님 아버지 앞에서 정결하고 더러움이 없는 경건은 곧 고아와 과부를 그 환난 중에 돌보고 또 자기를 지켜 세속에 물들지 아니하는 그것이니라.

- 야고보서 1:27

제11장
웰다잉 코치

당신은 이 책 『생의 마지막 여정을 돕는 웰다잉 코칭』의 열한 번째이자 마지막 장을 읽기 시작했다. 이것이 이 책의 끝이지만, 아마도 웰다잉 코치가 읽어야 하는 첫 번째 장일 것이다. 이 장에 있는 내용을 개인적으로 검토하기 전에는 이 책에 쓰인 다른 어떤 것도 시도해서는 안 된다. 죽음을 앞둔 사람을 효과적으로 코칭하기 전에 우리는 죽어감에 관한 우리 자신의 이슈를 해결해야 한다. 마찬가지로, 슬픔을 겪는 사람을 효과적으로 코칭하기 전에 우리는 슬픔과 상실이라는 우리 자신의 이슈를 해결해야 한다. 마지막으로, 생의 마지막에 있는 사람을 코칭하기 전에 이 장에 나열된 자기-돌봄 self-care 원칙을 반드시 숙고해야 한다. 생의 마지막에 있는 사람들을 코칭하는 것은 고갈을 초래할 수 있다. 예방 조치를 하지 않으면 소진될 가능성이 매우 크다. 이 마지막 장의 목적은 웰다잉 코치가 건강한 코치로서 활동을 시작하도록 돕고, 코치가 죽음을 앞둔 사람들과 슬픔을 겪는 사람들과 함께 건강하게, 또는 바라건대 더 건강해진 코치로 나타날 수 있게 하는 것이다.

우리는 안개다

나는 오늘 한 친구를 위한 기도 요청을 받았다. 내 친구는 목사이고 내가 섬기는 같은 교단의 일원이다. 친구는 큰 병원에서 원목으로 봉사했다. 그는 그곳에서 환자로 있던 수많은 사람을 대상으로 목회 활동을 했다. 기도 요청서에는 그가 지금 그 병원에 환자로 입원해 있다고 쓰여 있었다. 그는 호흡관을 쓰고 있었는데, 암 수술을 막 마치고 생존 투쟁을 하고 있었다.

그것을 읽으면서 나는 덧없는 삶의 현실을 되돌아보지 않을 수 없었다. 야고보서 4장 14절에서는 "내일 일을 너희가 알지 못하는도다. 너희 생명이 무엇이냐. 너희는 잠깐 보이다가 없어지는 안개니라."라고 말한다. 당신이 죽을 때가 올 것이다. 기분이 어떤가? 어떤 정서가 떠오르는가? 어떤 두려움이 있는가? 어떤 후회되는 일이 있는가? 죽음이 진행되는 과정이 걱정되는가? 당신의 관계는 어떤가? 죽기 전에 해야 할 일이나 말해야 할 것들이 있는가? 버킷리스트는 어떻게 되어가는가? 죽은 뒤에는 어떻게 되는가? 당신의 영원한 운명은 보장되는가?

이런 것들이 웰다잉 코치의 마음속에 몇 번이고 떠오를 질문들이다. 당신이 죽음을 앞둔 누군가와 함께 앉아서 그의 이야기를 들을 때마다, 당신 자신이 안개라는 사실을 깨달을 것이다. 이것은 정상이다. 당신은 그것을 바꾸지 않을 것이다. 이것은 당신에게 우선순위를 재평가하고 매일 충실히 살고 있는지 확인할 기회를 계속 주기 때문에 도움이 될 수 있다.

그렇지만 그러한 질문을 풀어야 할 때는 코치이와 앉아 있을 때가 아니라 바로 지금이다. 당신의 코칭 세션은 모두 코치이에 관한 것이다. 당신은 그와 그의 이야기에 집중해야 한다. 당신이 안개라는 자신의 감정에 반응하고 있다면, 코치이의 이야기를 적극적으로 경청하고 대응할 수 없다.

다음 연습 문제에서 질문에 대해 숙고해보라. 그런 다음 이러한 문제에 관해 이야기할 수 있는 친구나 동료 코치(되도록 다른 웰다잉 코치)를 찾아라.

나는 어디에 있는가?

너희는 잠깐 보이다가 없어지는 안개니라. - 야고보서 4:14

사실: 죽을 때가 올 것이다.

- 기분이 어떤가요?
- 어떤 감정이 떠오르나요?
- 어떤 두려움이 있나요?
- 후회는 없나요?
- 죽음이 진행되는 과정이 걱정되나요?
- 관계는 어떤가요? 죽기 전에 해야 할 일이나 해야 할 말이 있나요?
- 버킷리스트는 어떻게 되어가나요?
- 죽은 뒤에는 어떻게 되나요?

- 당신의 영원한 운명은 보장되나요?
- 당신이 죽어가고 있다는 소식을 들었다고 상상해 보세요. 당신은 어떻게 반응할까요?

무엇이 가장 중요한가

다음 연습 문제는 죽음을 앞둔 환자를 이해하는 데 도움이 될 것이다.
최고의 효과를 보려면 읽기 전에 미리 각 지시사항을 완성하라.
삶에서 가장 중요한 세 가지를 적어보라.

   1.

   2.

   3.

이제 당신의 목록을 보라. 그 가운데 하나를 포기해야 한다면 어느 것을 포기하겠는가? 그 가운데 하나에 선을 그어라.
이제 하나 더 포기해야 한다. 지워라.
무엇이 남았는가?

나는 각계각층의 사람들에게 이 작업을 하게 했다. 내가 사람들의 이야기를 듣는 99%의 시간 동안 그들에게 남겨진 두 가지를 듣는다. 내가 세속의 사람들과 이야기할 때, 거의 항상 남아 있는 한 가지, **가장 중요한 것**은 가족이다. 사람들 답에 99% 이상 남아 있는 것이다. 내가 종교 단체들과 이야기할 때 남는 것은 대개 신과의 관계이며, 가족은 거의 2위에 놓인다.

당신에게 가장 중요하게 남아 있는 것은 무엇인가?

생의 마지막 순간에 이르면 사람들은 가장 중요한 것에 관심을 집중할 것이다. 대부분 그들이 원하는 것은 가족과 함께 시간을 보내는 것이다.

1992년 전국 갤럽 여론조사에 따르면, 6개월을 살 수 있는 시간이 주어진다면, 미국인 10명 가운데 9명(87%)은 생의 마지막 순간에 병원이나 그 외 다른 곳보다는 자기 집이나 가족의 집에서 보살핌을 받고 죽는 것을 선택할 것이라고 답했다. 그들은 가족들에게 둘러싸여 마지막 순간을 보내고자 할 것이다. 지금 여론조사를 하면 그 숫자는 훨씬 더 높을 것으로 추측한다.

나는 웰다잉 코치가 이 연습 문제를 해결하고, 그에게 가장 중요한 것을 파악하여 코치이들을 더 잘 이해하고 목회 활동할 것을 제안한다.

어떻게 죽고 싶은가?

죽는다고 생각할 때, 죽음이 어떤 모습이었으면 좋을지 다음 질문에 답해 보라.

- 어떻게 죽고 싶은가?

- 어디에 있고 싶은가?

- 누구와 함께 있고 싶은가?

- 당신을 살리기 위해 영웅적 조치를 하고 싶은가?

- 어떤 옷을 입고 싶은가? 정장이나 드레스? 땀 바지? 잠옷?

- 어떤 음악을 틀어야 하는가?

당신이 쓴 것을 조심스럽게 살펴보라. 당신 스스로 계획한 죽음의 장면들이 곧 당신의 코치이들에게 반영될 것이다. 잔잔한 음악과 함께 향을 피우며 죽고 싶다면 그렇게 할 수 있다. 그렇지만 코치이에게도 똑같이 하라고 주장하지 않도록 주의하라. 평화롭게 죽고 싶든 혼돈 속에서 죽고 싶든, 또는 락 음악이나 부드러운 음악을 들으며 죽고 싶든 그것은 그들의 선택이다. 그들에게 당신의 신념이나 욕망을 강요하는 것은 그들의 존엄성을 빼앗는 것이다.

존엄하게 죽는 것은 당신의 삶이 그랬던 것처럼 그것이 의미 있고 목적이 있다고 깨닫는 것을 의미한다. 그것은 다른 사람들이 당신에게 적절하거나 가치 있다고 생각하는 방식이 아니라 당신이 원하는 방식으로 죽는 것을 의미한다. 존엄하게 죽는 것은 당신이 늘 그래왔던 것처럼, 끝까지 당신이 되는 것을 의미한다.

웰다잉 코치는 코칭을 시작하기 전에 먼저 자신의 욕구를 알아차리는 것이 좋다. 그렇게 되면 자신의 개인적인 욕구를 코치이에게 강요하지 않게 된다.

과거의 상실 다루기

자신이 겪은 개인적 상실과 슬픔을 이해하는 것은 웰다잉 코치들에게 필수이다. 앞에서 나는 잘 살고 잘 사랑하기 위해서는 잘 애도해야 한다고 말했다. 우리가 살아오면서 겪은 모든 상실을 애도해야 한다. 만약 우리가 그런 상실을 애도하지 않고, 슬픔의 정서를 마음 깊숙이 담아놓는다면, 우리 삶에 큰 영향을 미칠 것이다. 그 슬픔은 탈출구를 찾고 있지만, 대개 긍정적인 방식으로 진행되지 않는다. 게다가 슬픔을 겪는 코치이를 만날 때마다 슬픔이 마음속에 휘몰아칠 것이다. 그 슬픔을 휘저어서 그것을 다루도록 강요하는 것은 긍정적인 일이다. 그렇지만 다른 사람을 코칭하면서 그것을 다루는 것은 좋지 않다. 지금은 당신의 상실을 처리할 때이다.

자신의 상실 목록을 처리하는 방법으로 아래 질문을 살펴보라. 그것들을 직접 검토하거나 코치(되도록 다른 웰다잉 코치)와 이야기하라. 다음 질문을 통해 과거 당신의 상실이 오늘날 삶에 어떤 영향을 미치는지 되돌아보라.

1. 당신의 인생에서 가장 초기의 중요한 상실 하나를 되돌아보라.
   - 언제 일어났는가?
   - 몇 살이었나?
   - 어디였나?
   - 관련된 사람들은 누구였나?
   - 실제로 무슨 일이 일어났는가?

아래는 당신 생각을 자극할 일반적인 상실 목록이다.

- 이사
- 질병
- 절교
- 거절
- 반려동물 상실
- 화재 또는 도난
- 이혼
- 소중한 물건 분실
- 전학
- 구조조정
- 텅 빈 둥지
- 명예 상실

- 관련된 직업
- 꿈/희망
- 발달 전환
- 사랑하는 사람의 투옥
- 순결
- 건강 문제
- 유기/배신
- 사랑하는 사람의 죽음

2. 그때 기분은 어땠는가?
3. 상실에 대해 어떤 반응을 보였는가?
4. 당신에게 상실을 다루는 법을 제안하거나 조언해준 사람이 있는가?
5. 어렸을 때 경험한 상실에서 배운 것은 무엇인가? 수년 동안 남아 있는 진술을 기억할 수 있는가?
6. 그때 배운 것 가운데 오늘날 상실에 대처하는 데 방해가 될 수 있는 것은 무엇인가?
7. 어린 나이에 상실에 대해 배웠는데, 오늘날 어떤 도움이 되는가?

사랑하는 사람의 죽음에 대한 첫 경험과 어떻게 슬퍼했는지 지금 구체적으로 생각해보라.

1. 죽은 사람은 누구인가?
2. 몇 살이었는가?
3. 이 첫 번째 죽음에 관해 어떻게 알게 되었는가?
4. 무엇을 들었는가?
5. 따로 보호를 받았는가? 아니면 거기에 함께 있었는가?
6. 아이들에게 무엇이 똑같고 무엇이 다를 것이라고 가르칠 것인가?

시신을 처음 보았을 때를 회상해보라.

1. 시신을 보라고 하거나, 살짝 들여다보지 말라는 말을 들었는가?
2. 무엇을 보게 될 거라는 말을 들었는가?
3. 갑자기 시신이 관에 들어가 앉았다는 괴담을 들었는가? 산 채로 묻히는 사람들에 관해? 또는 시신에 키스하라고 강요당하는 아이들에 관해?

당신 가족의 미신은 무엇이었나?

1. 가족이 죽음, 장례식 또는 매장과 관련된 의례, 관습 또는 미신을 가지고 있는가?
2. 누군가가 당신에게 "그렇게 하지 마세요! 뭔가 안 좋은 일이 일어날 거예요."라고 말한 적이 있는가?
3. 죽음의 신비와 관련된 어떤 오래된 메시지가 있는가? 그것들을 생각하면 어떤 느낌이 드는가?

감정을 어떻게 표현했는가?

1. 울어도 되었는가?
2. 감정을 드러냈다고 혼나거나 꾸중을 들었는가?
3. "＿＿＿＿ 하지 마라."라는 말을 들었는가? (공란을 작성하라.)
4. 스스로 돌보도록 남겨져서 어디서든 해답을 찾을 수밖에 없었는가?

이제 가장 최근에 경험한 상실을 생각해 보라.

1. 구체적으로 상실을 확인하라. 어디서? 무엇을? 누가? 언제?
   - 배우자
   - 어머니
   - 아버지
   - 자매
   - 형제
   - 할머니
   - 할아버지
   - 숙모
   - 삼촌
   - 사촌
   - 친구
   - 애완동물
   - 기타
2. 그때 기분은 어땠는가?
3. 상실에 대해 어떤 반응을 보였는가?
4. 죽은 사람에 관해 이야기한 적이 있는가? 얼마나 자주?
5. 당신에게 상실을 다루는 법을 제안하거나 조언해준 사람이 있는가?
6. 친구나 가족이 사망 중/후에 당신을 도와주었는가? 그렇다면 그들은 어떻게 도왔는가?
   - 죽음에 관해 이야기하기
   - 사진 보기
   - 함께 시간 보내기
   - 함께 기도하기
   - 안아주기
   - 안전하게 지켜주기
   - 질문에 대답해주기
   - 감정 나누기
   - 죽은 사람에 관해 이야기하기
   - 기타
7. 경험을 통해 상실에 관해 배운 것은 무엇인가? 다른 사람들은 어떻게 대처하라고 제안했는가?

8. 상실에 대한 초기 경험이 이 상실에 대응하는 방식에 어떤 영향을 미쳤는가?
9. 지금 이 상실을 생각할 때, 달라졌으면 하는 것이 있는가?
10. 다음에 마주칠 상실에 대처하기 위해 할 수 있는 세 가지 건강한 일을 나열해보라.

이제 그러한 상실에 대해 성찰했으므로, 다음 문장을 보고 자신의 감정을 가장 잘 나타내는 것을 선택해보라.

	전혀/거의	이따금	자주	항상
1. 신뢰와 친밀감에 어려움이 있다.				
2. 불안하고 공황발작이 있다.				
3. 식욕이 없다.				
4. 누군가를 때려주고 싶다.				
5. 스스로 상처받는 것 같다.				
6. 삶을 부정적으로 본다.				
7. 약물 남용, 중독, 섭식 장애로 어려움을 겪는다.				
8. 감정을 표현하기 어렵다.				
9. 외롭다.				
10. 나 자신보다 타인을 돌보기가 더 쉽다.				
11. 다른 사람에게 내가 원하는 것을 부탁하기 어렵다.				

이들 문장 가운데 하나에 '자주' 또는 '항상'이라고 답했다면 당신 인생에서 처리되지 않은 상실이 있다는 신호일 수 있다. 다시 말하건대, 웰다잉 코치와 함께 이 이슈를 이야기하라.

웰다잉 코치를 위한 자기 돌봄

죽음을 앞둔 사람과 슬픔을 겪는 사람들을 돌볼 때, 마찬가지로 자신을 돌보는 방법을 찾는 것이 중요하다. 웰다잉 코치의 일은 육체적, 정서적, 영적으로 지치게 한다. 결과적으로 우리는 이 세 가지 영역에서 매일 지속적인 자기 돌봄을 실천해야 한다.

육체적으로, 적절한 영양 섭취와 충분한 휴식 그리고 규칙적인 운동이 중요하다. 정서적으로, 웰다잉 코치는 자신을 양육하고, 긴장과 스트레스를 줄이고, 다른 사람과 연결하여 감정, 걱정, 생각을 표현할 방법을 찾아야 한다. 영적으로, 기도와 명상을 통해서든, 자연을 통해서든, 우리의 영혼을 새롭게 하는 데 가장 좋은 방법이면 무엇이든 여기에 시간을 들여야 한다.

자기 돌봄 관리는 우리 자신과 가족을 위해 중요하다. 우리가 이 목회 활동에 참여함으로써 얻는 대가를 심각하게 받아들이지 않는다면 우리는 온전한 삶을 살 수 없을 것이다. 그렇지만 자기 돌봄은 코치이들을 위해서도 중요하다. 우리는 그들에게 최선을 다해야 한다. 자기 돌봄을 게을리하면 그들과 온전히 현존하는 데 어려움이 있을 것이다.

내가 웰다잉 코치에게 추천하는 자원은 알렌 D. 울펠트Alan D. Wolfelt 박사의 책, 『동행: 죽음을 앞둔 사람과 유족을 돌보는 동안 자신을 돌보기 위한 영적 안내서Companioning You: A Soulful Guide to Caring for Yourself While You Care for the Dying and the Bereaved』(2012)이다.

울펠트 박사는 이 책에 이른바 '죽음을 앞둔 사람과 유족을 돌보는 자를 위한 자기 돌봄 선언'(Wolfelt, 2012)을 담고 있다. 나는 웰다잉 코치로 일할 수 있는 특권을 가진 모든 사람에게 그가 중요하게 상기시키는 것으로 이 책을 마무리할 것이다.

유족과 죽음을 앞둔 이들을 돌보는 우리에게는 놀라운 기회가 있다. 즉 사람들이 슬픔을 포용하고 성장하도록 돕고, 이 중요한 일로 인해 우리 스스로 더 충실하고 깊이 있는 삶을 영위할 수 있다.

1. 나는 행복하고 온전한 삶을 살 자격이 있다.

내 일을 아무리 사랑하고 소중하게 여기더라도, 내 삶에는 다양한 측면이 있다. 내 가족, 친구, 다른 관심사, 그리고 내 영성 또한 시간과 관심을 받을 자격이 있다.

2. 내 일이 나를 정의하지 않는다.

나는 직업 생활 밖에서 독특하고 가치 있는 사람이다. 인간관계는 나 자신을 기분 좋게 하는 데 도움이 될 수 있지만, 그것이 내 안에 있는 것은 아니다. 때때로 나는 '하는 것 doing'을 멈추고 단순히 '존재 being'에 집중할 필요가 있다.

3. 나만이 죽는 사람과 유족을 도울 수 있는 것은 아니다.

내가 없어서는 안 될 것 같은 느낌이 들 때, 나 자신의 필요를 무시하는 경향이 있다. 내 공동체 안에 죽음을 앞둔 사람과 유족을 도와줄 재능 있는 돌봄 제공자들이 많이 있다.

4. 나는 건강하게 먹고, 잠자고, 운동하는 습관을 개발해야 한다.

내가 돕는 사람들에게 이러한 것들이 중요하다고 알고 있지만, 나 스스로 그것들을 소홀히 할 수도 있다. 균형 잡힌 식사, 적절한 수면, 그리고 규칙적인 운동을 통해 나는 될 수 있는 최고의 사람이 될 수 있다.

5. 나 자신을 돌보는 법을 잊었는지도 모른다.

나 자신을 돌보고 양육하는 법을 재발견해야 할지도 모른다. 다른 사람들의 감정에 집중하는 대신 나 자신의 감정을 탐색하는 법을 다시 배워야 할지도 모른다.

6. 나는 돕는 관계에서 경계를 유지해야 한다.

죽음을 돌보는 사람으로서 나는 죽는 사람과 유족들에게 정서적으로 연관되는 것을 피할 수 없다. 그걸 원하지도 않는다. 적극적인 공감은 그들에게 좋은 동반자가 되게 해준다. 그렇지만 나는 다른 사람의 결과에 대해 책임지기 responsible for 보다는 나 자신에 대해 책임진다 responsible to 는 것을 명심해야 한다.

7. 나는 완벽하지 않으며, 그러리라고 기대해서도 안 된다.

나는 흔히 내가 돕는 노력이 항상 성공적이기를 바란다. 그러나 내가 연민을 베풀고 '목표대로' 도움을 주더라도 도움받을 사람들이 항상 그것을 이용할 준비가 되어있는 것은 아니다. 그리고 내가 실수했을 때 그것을 자존감self-worth의 척도로서가 아닌 배움과 성장의 필수적인 부분으로 보아야 한다.

8. 나는 효과적인 시간 관리 기술을 실천해야 한다.

내 시간을 어떻게 쓸지 실질적인 목표를 세워야 한다. 나는 또한 파레토 법칙, 즉 내가 하는 일의 20%가 결과의 80%를 가져온다.

9. 나는 또한 내가 할 수 있는 한계를 설정하고 스트레스를 완화할 방안을 실천해야 한다.

나는 명확한 기대를 달성하고 현실적인 기한을 설정하기 위해 노력해야 한다. 나는 다른 사람을 돕는 일에서 성취한 것을 즐겨야 하지만, 내 능력 밖의 것에 대해 자신을 질책해서는 안 된다.

10. 나는 내면의 목소리에 귀 기울여야 한다.

죽음을 앞둔 사람과 유족들을 돌보는 사람으로서, 나는 때때로 과도한 슬픔에 직면할 것이다. 내면의 목소리가 피로를 속삭이기 시작하면, 나는 주의 깊게 듣고 스스로 슬픔에 잠길 시간을 허용해야 한다.

11. 일과 놀이 둘 다 개인적인 나를 표현해야 한다.

나는 내 독특한 재능과 능력을 보여주는 것을 두려워해서는 안 된다. 나는 또한 나에게 중요한 것이 무엇인지 상기하기 위해 매일 시간을 내야 한다. 만약 내가 3개월밖에 살지 못한다면, 나는 무엇을 할 것인가?

12. 나는 영적인 존재이다.

나는 자기 이해self-understanding와 자기 사랑self-love에 집중하면서 혼자만의 시간을 보내야 한다. 함께 일하는 사람들과 현존하고 동료들에게 배우려면, 삶과 인생의 아름다움에 감사해야 하고, 영혼을 새롭게 해야 한다.

부록 A
웰다잉 코칭 사례연구

사례 #1: 존^{John}

존은 점점 쇠약해지고 있다고 느끼는 65세 남성이다. 반복해서 의사에게 가서 수많은 검사를 받은 끝에 진단이 내려졌다. 의사는 존을 단독으로 만나서 그의 상태가 말기라고 알렸다.

   당신은 존이 아프다는 소식을 듣고, 그의 집을 방문한다. 그는 지금 침대에 누워 있다. 그와 이야기를 나누자 그는 의사가 자신의 상태를 말기라고 했다고 알려준다. "그러나", 그는 말한다. "아내에게는 말하지 말아주세요. 내가 죽는다는 것을 알면 너무 큰 일이라 그녀가 감당하지 못할 겁니다."

   방에서 나오면서 부엌에 있는 존의 아내를 만났다. 그녀는 비밀리에 당신과 무언가를 공유할 수 있는지 묻는다. "존은 죽어가고 있어요." 그녀는 말한다. "그러나 그에게 알리고 싶지 않아요. 그러면 그는 투병을 멈추고 모든 희망을 포기할 거예요."

- 이 사례에서 핵심 이슈는 무엇인가?

- 여기서는 어떤 지원 구성 요소를 적용할 수 있는가?

- 이 부부를 어떻게 코칭할 것인가?

- 어떤 후속 조치가 가능한가?

사례 #2: 메리 Mary

어떤 사람을 성자라고 일컫는 것은 전통이 아니지만, 메리는 예외이다. 메리는 수년 동안 당신 교회 모임에서 활동적인 역할을 해온 39세 여성이다. 그녀는 아내로서, 어머니로서, 독실한 신자로서 훌륭한 역할 모델이다. 놀랍게도 메리가 수술할 수 없는 뇌종양 진단을 받았다는 소식을 듣는다. 그녀의 집을 방문해서 보니 그녀가 극심한 고통을 겪고 있음이 분명했다. 그녀는 거의 말을 할 수 없을 정도로 히스테리 하게 울고 있다. 메리는 당신을 똑바로 바라보며 겨우 한마디 했다 - "왜?"

- 이 사례에서 핵심 이슈는 무엇인가?

- 여기서는 어떤 지원 구성 요소를 적용할 수 있는가?

- 당신은 메리를 어떻게 코칭할 것인가?

- 어떤 후속 조치가 가능한가?

사례 #3: 질Jill

사별 3개월 뒤 후속 조치 전화를 해서 질과 대화를 나눈다. 질은 당신 교회의 오래된 활동적인 구성원이다. 그녀는 42세인데 남편 피터Peter가 가족 스키 여행 중에 예기치 않게 갑자기 죽었다. 어떻게 지내는지 묻자 질은, "잘 안 돼요! 전에는 잘 지냈는데 지금은 눈물을 멈출 수가 없어요. 정말 도움이 필요해요. 이것을 극복해야 해요."라고 대답했다.

질은 계속해서 더 나은 기독교인의 모범이 되지 못하는 것이 얼마나 당황스러운지 이야기한다. 질이 이번 주 여성 성경 공부 모임에서 그녀의 고통과 눈물을 이야기하자 친구들은 실망감을 표시했다. 그들은 질에게 더 많은 신앙을 보여야 한다고 말했다. 그녀는 항상 울었으므로 교회와 그리스도를 위해서는 좋은 증인이 아니었다. 마침내 그들은 성경이 우리에게 슬퍼하지 말라고 한다고 말했다.

- 이 사례에서 핵심 이슈는 무엇인가?

- 여기서는 어떤 지원 구성 요소를 적용할 수 있는가?

- 당신은 질을 어떻게 코칭할 것인가?

- 어떤 후속 조치가 가능한가?

사례 #4: 스테이시Stacy

스테이시는 암으로 죽어가는 30세 여성이다. 그녀는 자신의 영원한 운명이 보장된다는 것을 의심하지 않고, 죽는 것을 두려워하지 않는다. 그녀의 고통은 관리되고 있으며, 매일 수많은 방문객을 맞는다. 그렇지만 스테이시가 생각할 수 없는 한 가지는 사랑하는 남편과 아홉 살짜리 쌍둥이를 떠난다는 것이다. 스테이시는 "쌍둥이들이 나를 잊을까 봐 두려워요. 그들에게 많은 희망과 꿈을 가지고 있어요. 나는 그들에게 최고의 지지자입니다. 그렇지만 그들은 너무 어려요. 그들은 나를 잊을 것이고 내가 그들을 얼마나 사랑하는지 결코 알지 못할 거예요."

- 이 사례에서 핵심 이슈는 무엇인가?

- 여기서는 어떤 지원 구성 요소를 적용할 수 있는가?

- 당신은 스테이시를 어떻게 코칭할 것인가?

- 어떤 후속 조치가 가능한가?

사례 #5: 페리 Perry

페리는 죽는 것 death of dying을 무서워하는 75세 노인이다. 그는 죽는 과정에서 겪게 될 고통을 두려워한다. 그는 혼자서 죽어가는 것을 두려워한다. 페리는 무엇보다 죽은 뒤에 자신에게 일어날 일이 두렵다. 페리는 평생 반항적인 사람이었다. '야생의 삶'은 페리의 일상 생활양식을 가장 잘 설명하는 단어이다. 그는 모든 가족 구성원과도 멀리했으며, '친구들'을 모두 이용하고 속였다. 페리는 영적인 일에 한 번도 관심을 가진 적이 없었다. 사실 그는 그런 말도 안 되는 일에 관련된 사람들을 비웃고 조롱했다.

이제 페리는 죽어가고 있으며, 겁에 질려 있다. 혼자 있다는 것은 그의 두려움을 증폭시킨다. 그는 지금 그 어느 때보다도 영적인 것에 관해 생각하고 있으며, 임박한 하나님과의 만남을 의심하지 않는다. 그의 간호사가 전화를 걸어 페리에게 와서 이야기를 나눠주도록 요청한다. 페리는 필사적으로 당신과 이야기하고 싶어 한다. 그는 마음을 열고 그가 느끼는 감정과 두려움을 당신에게 이야기한다.

- 이 사례에서 핵심 이슈는 무엇인가?

- 여기서는 어떤 지원 구성 요소를 적용할 수 있는가?

- 당신은 페리를 어떻게 코칭할 것인가?

- 어떤 후속 조치가 가능한가?

사례 #6: 펄Pearl

펄은 남편 마크와 결혼한 지 50년이 되었다. 1년 전 마크는 암 진단을 받았다. 치열하게 투병 생활을 하였으나 마크는 불과 3주 전에 세상을 떠났다. 펄은 그를 몹시 그리워하고 하나님에 대해서는 분노를 느낀다. "하나님이 어떻게 그를 죽게 내버려 두실 수 있습니까? 나는 그를 치유해달라고 기도했건만, 하나님은 응답하지 않았습니다." 펄은 교회에서 친구들과 자신의 그런 감정을 이야기했지만, 하나님에게 화내서는 안 된다는 말을 듣고 좌절했다. 펄은 한동안 교회에 나오는 것을 그만두기로 하지만, 친구들은 그녀에게 그러지 말라고 말한다. 그들은 "교회에 계속 나와서, 너를 사랑하는 사람들과 함께 있어야 한다."라고 말한다. 펄의 오랜 교회 친구인 린다Linda는 "이것이 내 남편이 죽었을 때 나를 지탱해준 거야. 나는 교회와 내가 받을 수 있는 모든 지원이 필요했어. 그러니 나는 매주 일요일에 너를 데리러 갈 거야. 널 멀리있게 놓아두지 않을 거야. 넌 여기 있어야 해!" 펄이 참석을 중단하겠다고 고집하자, 린다는 당신에게 와서 펄과 이야기해달라고 부탁한다.

- 이 사례에서 핵심 이슈는 무엇인가?

- 여기서는 어떤 지원 구성 요소를 적용할 수 있는가?

- 당신은 펄을 어떻게 코칭할 것인가?

- 어떤 후속 조치가 가능한가?

사례 #7: 에이미Amy

당신은 에이미에게서 전화를 받는다. 마흔 살의 에이미는 8개월 전에 아버지를 여의었다. 그녀는 엄마로 인해 전화한다고 말한다. "엄마는 엉망이에요. 늘 울기만 해요. 엄마를 어떻게 해야 할지 모르겠어요. 8개월이 지났는데도, 엄마는 여전히 극복하지 못하고 있어요! 아빠에 관해 이야기해야 할지, 아니면 언급조차 말아야 할지 모르겠어요. 내가 아빠를 언급할 때마다 엄마는 울기만 하는 것 같아요. 저는 엄마와 함께 되도록 많은 시간을 보내지만, 솔직히 엄마와 함께하는 시간은 진이 빠져요. 어떻게 하면 그녀가 나아지도록 도울 수 있을까요? 코치님이 엄마와 이야기하면 도움이 될까요? 어떤 조언이라도 해주시면 대단히 감사하겠습니다!"

- 이 사례에서 핵심 이슈는 무엇인가?

- 여기서는 어떤 지원 구성 요소를 적용할 수 있는가?

- 당신은 에이미를 어떻게 코칭할 것인가?

- 어떤 후속 조치가 가능한가?

사례 #8: 베스^{Beth}

당신은 베스와 함께 사무실에 앉아서 이번 주 초에 돌아가신 베스의 어머니 장례식을 준비하고 있다. 베스의 여섯 살배기 아들 매트도 베스와 함께 와서 옆방에서 놀고 있다. 잠시 후 매트가 사무실로 뛰어들어온다. 당신은 매트에게 할머니와의 관계에 관해 말해달라고 요청한다. 베스는 당신의 말을 막으면서 매트를 사무실 밖으로 내보낸다.

베스는 이어서 매트에게 할머니의 죽음에 대해 말하지 않았다고 알려준다. "우리는 매트를 혼란스럽게 하고 싶지 않아요." 베스가 말한다.

매트를 장례식에 참석시킬지 묻자, 베스는 "절대 아니에요! 적절치 않아요. 여섯 살짜리 아이가 시신을 보면 안 돼요. 그러면 평생 상흔이 남을 거예요. 난 매트를 너무 사랑하기에 이런 일을 보일 수 없습니다. 제 어린 아들을 보호하고 싶어요." 그리고 나서 베스는 당신의 눈을 바라보며, "그렇지 않아요?"라고 말한다.

- 이 사례에서 핵심 이슈는 무엇인가?

- 여기서는 어떤 지원 구성 요소를 적용할 수 있는가?

- 당신은 베스를 어떻게 코칭할 것인가?

- 어떤 후속 조치가 가능한가?

사례 9#: 스캇 Scott

스캇이 전화를 걸어 슬픔 코칭을 해달라고 한다. "전 엉망이에요. 도움이 필요해요." 서른다섯 살인 스캇의 아내 아만다는 2주 전에 갑자기 세상을 떠났다. 스캇은 아직 직장에 복귀하지 않았고, 그는 언제 그럴 준비가 되는지 상상할 수 없다. "솔직히 말해도 될까요?" 스캇이 묻는다. "물론이죠."

"제가 미쳐가고 있는 것 같아요! 제 말은 제가 정말 정신이 나간 것 같다는 거예요. 잠깐은 괜찮아요. 저는 웃으면서 몇 가지 집안일을 하지요. 그러다가 곧바로 저는 바닥에 누워 히스테리 하게 웁니다. 10분 뒤에 저는 너무 화가 나서 물건을 던지는 나 자신을 발견하지요. 저는 하나님께 '어떻게 나한테 이럴 수 있어요?'라고 소리치며 비명을 지릅니다. 일주일 동안 아무것도 먹지 않았어요. 잠도 안 오고, 잠이 들었다가도 잠시 뒤 공황상태에서 깨어나 다시 잠들지 못합니다. 저는 말 그대로 며칠째 집 안에 틀어박혀 나가지 않고 있습니다. 걱정돼요."

"제가 정신이 나갔나요? 제가 미쳤나요? 도와줄 수 있으세요?"

- 이 사례에서 핵심 이슈는 무엇인가?

- 여기서는 어떤 지원 구성 요소를 적용할 수 있는가?

- 당신은 스캇을 어떻게 코칭할 것인가?

- 어떤 후속 조치가 가능한가?

사례 #10: 리차드 Richard

리차드는 죽어가는 일흔여섯 된 남자다. 그는 여러 가지 건강상 문제가 있지만, 지금은 무엇보다 심장이 쇠약해지고 있다는 것이다. 리차드는 호스피스 치료를 받으며 편안하게 지내고 있으며 죽을 준비가 되어있다고 말한다.

호스피스 간호사는 리처드의 아내에게 시간이 가까워지고 있다며, 가족들이 모여서 임종을 보아야 할 거라고 말했다. 리차드는 여전히 깨어있고 의식이 있지만, 매우 약하다. 가족이 도착하면 당신은 도움을 요청받게 된다.

모두가 침실에 모인 가운데, 시선이 일제히 당신에게로 향한다. 가족은 방향을 찾고 있다. 마침내 자녀들 가운데 한 명이 말을 한다. "뭔가 말을 해야 할 것 같은데, 무슨 말을 해야 할지 모르겠어요. 어떻게 해야 할지 좀 가르쳐 주시겠어요?"

- 이 사례에서 핵심 이슈는 무엇인가?

- 여기서는 어떤 지원 구성 요소를 적용할 수 있는가?

- 당신은 리차드를 어떻게 코칭할 것인가?

- 어떤 후속 조치가 가능한가?

사례 #11: 티나^{Tina}

티나는 눈물을 흘리며 당신 사무실에 앉아 있다. 두 달 전, 열여섯 살 된 딸이 자살했다. 그 사건은 온 가족과 티나를 아는 모든 사람에게 큰 충격이었다. 당신은 이미 티나와 함께 장례식을 계획하고 진행하며, 온 가족을 지원하고, 그들과 슬픔의 과정에 관해 이야기하면서 많은 시간을 보냈다.

오늘은 티나에게 초점을 맞춘다. 티나는 눈물을 흘리며 말한다. "저는 죄책감을 느끼고 있어요. 저는 그 애 엄마예요. 난 이런 일을 예상했어야 해요. 딸아이가 행복하지 않다는 것을 알고 있었어요. 그 아이가 도움을 받았더라면 좋았을 텐데. 그날 밤 제가 여자들의 성경 공부 모임에 가지 않고 집에 있었더라면 좋았을 텐데. 내가 더 나은 엄마였다면, 이런 일은 절대 일어나지 않았을 거예요. 내 딸의 죽음은 제 탓이에요. 뭔가 할 수 있었는데 그러지 않았어요. 그리고 기회 있을 때 왜 딸아이와 더 많은 시간을 보내지 않았는지요. 저는 제 일 때문에 너무 바빠서 그녀와 거의 시간을 보내지 못했어요. 이제 너무 늦었습니다. 저는 엄마로서 실패자예요."

- 이 사례에서 핵심 이슈는 무엇인가?

- 여기서는 어떤 지원 구성 요소를 적용할 수 있는가?

- 당신은 티나를 어떻게 코칭할 것인가?

- 어떤 후속 조치가 가능한가?

사례 #12: 피트 Pete

피트는 당신이 운영하는 슬픔 지원 단체의 충실한 회원이다. 그러나 대부분 모임에서 피트는 조용히 앉아서 듣고, 한마디도 나누지 않는다. 오늘 밤 회의가 끝난 뒤, 피트가 당신에게 이야기를 좀 할 수 있는지 묻는다.

피트는 "여기 오는 게 즐겁다."라며 "다른 사람들이 하는 말을 들으면서 많은 것을 배우기 때문입니다. 그렇지만 저는 여러 사람 있는 데서 말하는 사람이 아니에요. 의사 선생님이 일대일로 슬픔 상담사를 만나는 게 도움이 될 거라고 하셨어요. 당신을 볼 수 있는지 물어볼까 생각했습니다. 그런데 당신은 상담사가 아니라 코치라고 말하는 걸 들었습니다. 그 둘의 차이점은 무엇인가요? 누군가와 왜 만나야 할까요?"

- 이 사례에서 핵심 이슈는 무엇인가?

- 여기서는 어떤 지원 구성 요소를 적용할 수 있는가?

- 당신은 피트를 어떻게 코칭할 것인가?

- 어떤 후속 조치가 가능한가?

부록 B
여덟 가지 코칭 구성 요소

어느 서점에서나 내가 가장 좋아하는 코너 가운데 하나는 '방법how to' 코너이다. 얼마나 많은 '방법' 책이 있는지 놀랍고, 그것들은 무수히 많은 주제를 다루고 있다. 어떻게 갑판을 만들고, 차를 고치고, 뜨개질하고, 요리하고, 완벽한 짝을 찾는지 등등.

이 코너는 코칭 '방법'에 관한 코너이다. 다음 몇 페이지에 걸쳐 구성 요소building blocks라고 부르는 코칭의 핵심 역량과 기술을 알게 될 것이다. 이러한 구성 요소는 코칭의 틀framework을 제공한다.

1) 깊은 경청 deep listening

모든 코칭은 경청으로 시작한다!

정말로, 정말로REALLY 이것을 이해할 때까지 더는 읽지 마라. 모든 것은 듣는 데서 시작한다. 너무나 자주 우리는 듣는 것을 당연하게 여긴다. 누군가가 문제가 무엇인지 듣지 않고 해결책을 제시하며 당신을 도우려고 한 적이 얼마나 자주 있었는가? 그들의 뜻은 좋지만, 그다지 도움이 되지 않는다. 몇 년 전, 나는 내 증상을 설명하는 데 겨우 13초 동안 들어주는 의사를 만났고, 그러더니 그는 내 말이 끝나기도 전에 처방하면서 빠져나가기 시작했다. 나는 출입구에 서서 의사가 나가지 못하게 하는 기술을 재빨리 배웠다.

따라서 코칭은 경청, 즉 깊은 경청으로 시작된다. 경청의 질은 코칭의 질과 직접적으로 관련이 있다. 경청하지 않는다면 다른 사람에게서 최고의 것을 끌어낼 수도 없고, 그들의 위대함을 촉발할 수도 없다.

경청은 다른 사람에게 줄 수 있는 가장 큰 선물 가운데 하나이다. 경청은 그 자체로 엄청난 이점을 제공한다. 다음 사례연구를 검토해보라.

낸시 클라인은 고위 경영진의 모든 구성원이 경청하고 또 경청하는 기회를 제공했다. 보고된 결과는 62%의 시간 절약이었다. 이를 연간으로 환산하면 2,304명의 관리자 근무 시간(Kline, 1999, 70)에 해당하는 시간이었다.

다른 사례연구, 누가복음 19장 1-10절

누가복음 19장 5-6절에서, 예수님은 삭개오와 단둘이 시간을 보내셨다. 손님으로서 예수는 삭개오에게 말하면서 또한 귀를 기울였을 것이다. 예수님의 행동에 대한 군중의 반응(누가 19:7)에 따르면 누군가가 삭개오의 말을 들은 지 몇 년이 지났다. 결과는 즉각적이고 평생 지속했다. 변화된 삶(눅 19:9)이다.

경청은 무엇인가? 경청은 …

- 상대방에 대해 궁금해하는 것
- 다른 사람과 완전히 함께 있을 수 있도록 마음을 가라앉히는 것
- 누군가가 탐험할 수 있는 안전한 공간을 만드는 것
- 가치를 전달하는 것. 당신은 내게 소중합니다!
- 답을 주는 것이 아니라 가능성을 탐구하는 것
- 그 사람에게서 경험한 것을 거울처럼 비춰주는 것
- 진정으로 사람을 얻는 것

그리고 듣기hearing와 경청listening 사이에는 큰 차이가 있다는 점에 주목하라.

- 듣기는 청각기관이 듣는 과정이고, 경청은 의도적인 과정이다.
- 듣기는 귀로 하는 것이고, 경청은 모든 감각과 전체 존재를 포함한다.
- 듣기에는 단어, 세부사항 및 정보가 포함되고, 경청은 더 깊은 층으로 들어간다.
- 듣기는 누군가에 관해 아는 것이고, 경청은 누군가와 함께 있는 것이다.
- 경청은 개발해야 할 기술이다.

코치들은 매우 주의 깊게 경청하므로 코치이 스스로 거의 해답을 찾을 수 있을 정도가 된다. 이상적인 경청 비율은 시간의 80%를 듣고 20%의 시간에 응답하는 것이다. 누군가가 나에게 사람들이 소통할 때 말words

로 하는 것은 약 7%밖에 차지하지 않는다고 말한 적이 있다. 다시 말해, 우리 의사소통 대부분은 단어를 포함하지 않는다. 코치들은 이것을 안다. 그런 이유로 코치들은 여러 수준에서 경청해야 한다. 다음은 코치가 경청하는 내용을 보여주는 실례이다.

- 상대방이 말하는 것뿐만 아니라 말하지 않는 것까지 경청하라.
- 내면의 깊은 곳에서 경청하라(장gut 수준의 경청).
- 상대방을 '얻기 위해get' 경청하라.
- 판단, 비판 또는 의제 없이 경청하라. 그 사람이 공유할 수 있게 안전한 공간을 만드는 것이다.
- 다음에 무슨 말을 할지 생각하지 말고 경청하라.
- 가치, 좌절, 동기부여 및 필요를 경청하라.
- 당신이 코칭하는 사람의 위대함을 경청하라.
- 제한된 신념과 잘못된 가정을 경청하라. 이 사람은 정말로 결과나 미래가 어떻게 될 것이라고 믿는가?
- 권고shoulds, 책무oughts, 요구사항musts을 경청하라. 그것들은 흔히 그 사람이 정말로 원하는 것에 대한 의무와 죄책감을 나타내는 지표이다.
- 명백한 것을 경청하라. 다른 사람이 보지 못하거나 알아차리지 못하는 것은 무엇인가?
- 톤, 속도, 소리의 크기, 억양 및 자주 사용하는 단어를 경청하라. 또 이러한 것들이 바뀔 때를 주목하라.
- 더 큰 맥락을 경청하라.
- 진술의 목적을 주의 깊게 경청하라. 우물물이 들어있는 오래된 수도

꼭지를 기억하는가? 좋은 물을 얻으려면 그것을 한동안 흘려보낼 필요 있다. 가장 좋은 말 역시 흔히 마지막에 흘러나온다!
- 들을 때 당신의 반응을 경청하라.

여러 수준에서 경청할 수 있으려면 코치는 마음속 잡담이나 내부 대화를 조용하게 가라앉혀야 한다. 코치들은 삶의 공간과 속도에 주의를 기울이고 시간표와 일정표를 관리함으로써 깊은 경청을 촉진하는 물리적 환경을 만들어야 한다. 코치는 침묵에 익숙해져서 공간을 채우고 싶어 하는 충동을 억제해야 한다. 내가 초보 코치였을 때, 깊은 경청이 수영장에 서 있는 것과 비슷하다고 말했던 노련한 코치가 생각난다. 바닥을 똑똑히 보려면, 가만히, 정말 가만히 있어야 한다.

잠시 멈추고 깊은 경청을 방해하는 당신의 잠재적 장애물이 무엇인지 생각해보라. 이러한 과제를 해결하기 위해 할 수 있는 조치는 무엇인가?

여기 경청을 향상할 수 있는 몇 가지 훈련 방법이 있다.

- **TV 소리 끄기**. 우리가 의사소통하는 대부분은 비언어적이므로 TV 소리를 끄고 어떤 대화들이 오가는지 추측하는 재미를 느껴보라. 실제로 자신의 능력을 테스트하려면, TV 프로그램을 녹화하고 음 소거 상태로 본 다음 소리가 재생되는 상태에서 다시 시청해보라.

- **미러링**. 파트너와 짝을 지어 각자가 돌아가면서 말하고 듣도록 하라. 당신이 듣는 사람이라면 마치 거울인 것처럼 들으려고 최선을 다하라. 들은 것을 돌이켜보라. 그런 다음 질문하라: 내가 제대로 이해했나요? 내가 정확하게 들었나요?
- **대화 녹음하기**. 상대의 허락을 얻어 대화를 녹음하면서 의도적으로 깊이 경청해보라. 대화가 끝나고 깊은 경청으로 드러난 것을 적어보라. 그런 다음 녹음한 것을 다시 들어보라. 무엇을 더 들었고, 무엇을 놓쳤는가?
- **선택적 듣기 연습**. 그다음 주에는 선택적으로 듣기로 하고 한 가지 특정 요소에 귀를 기울인다. 예를 들어, 사람들의 말 속에 숨어 있는 가치를 식별하도록 선택할 수 있다. 아니면 좌절 신호나 위대함 신호에만 귀를 기울일 수도 있다. 일주일 동안 선택한 한 가지 영역에 주의를 기울이고 이 하나의 항목에 귀를 기울이도록 훈련하라. 그 항목을 명확하게 들을 때, 당신과 당신 주변에서 어떤 상황이 그것을 가능하게 했는가? 그 항목을 듣기 어려웠을 때는 무슨 일이 있었는가?

훌륭한 경청자는 다음과 같이 듣는다는 것을 기억하라.

- **귀**. 그들은 단어뿐만 아니라 톤, 속도, 소리의 높낮이, 억양 등을 경청한다. 말하는 내용의 본질을 경청한다.
- **눈**. 대부분 의사소통은 비언어적이다. 훌륭한 경청자는 말하는 사람의 몸짓 언어를 알아차린다.
- **온몸과 존재**. 재능 있는 경청자는 그들이 메시지를 어떻게 받고 있는

지에 주목한다. 그들은 경청할 때 자기 내면에서 일어나는 일에 주의를 기울인다.

2) 강력한 질문 powerful questioning

나는 최근 코치 훈련 프로그램을 진행하기 위해 여행하던 중 라디오에서 나를 얼어붙게 만드는 말을 들었다: 단 하나의 질문을 바꿨더니 역사가 바뀌었다. "물까지 어떻게 가나요?"라고 묻지 않고, "물을 어떻게 가져오나요?"라고 묻기 시작했을 때이다.

인간으로서 우리에게 얼마나 급진적 변화인가!

나는 즉시 이것이 목회 활동에서 우리와 어떤 관련이 있는지 생각했다. 우리가 질문을 바꾸면 교회가 얼마나 바뀔 것인가?

예를 들어, 다음과 같은 질문이 있을 수 있다.

1. '그들'을 어떻게 우리에게 오게 할 수 있을까?
2. 우리가 전임 목사를 얼마나 오래 감당할 수 있을까?
3. 사람들이 예산을 조달하려면 어떻게 해야 할까?

이사회와 리더들은 말 그대로 질문 #1에 몇 시간을 보내지만, 우리가 질문을 바꾸면 완전히 다른 결과를 낳을 수 있다고 생각한다. 이렇게 질문하면 어떤가? "우리가 그들에게 어떻게 다가갈 수 있는가?" 또는 "어떻게 하면 우리 공동체에 긍정적인 영향을 미칠 수 있을까?"

질문 #2는 풍부한 것보다는 부족한 것에 초점을 두는 희소성 사고를 제안한다. "우리가 가진 자원으로 무엇을 더 할 수 있는가?"라고 질문하면 어떤가? "어떻게 하면 우리가 가진 사람들을 발전시켜 더 많이 기여하고 모두가 승리할 수 있게 할 수 있을까?"라는 관점은 어떤가?

질문 #3에서는 우리가 사람들이 정말 하고 싶어 하지 않는 일을 부추기거나 심지어 조종하려는 것처럼 들린다. "사람들이 가장 흥미로워하는 것은 무엇이며, 어떻게 하면 그들 자신의 흥미와 열정을 충족하면서 우리를 지원할 기회를 줄 수 있을까?"라고 질문하면 어떨까? 사람들은 자신들을 만족스럽게 하는 일에 시간과 에너지와 자원을 투자하려 한다.

나는 당신과 당신 교회가 묻고 있는 질문을 경청하도록 초대한다. 위의 예처럼, 질문이 제한적인가, 아니면 강력한가? 어떤 차이가 있는가?

코치의 가장 강력한 도구 가운데 하나는 강력한 질문이다. 강력한 질문은 일반적으로 개방형으로, 예나 아니오, 또는 특정 선택을 하도록 제한하지 않으며 숙고와 성찰의 여지를 남겨둔다. 강력한 질문은 새로운 가능성을 탐색하도록 촉진하며 창의성을 자극한다. 또 개인이나 집단에 책임감을 느끼게 하며, 무엇이 옳은지 고려할 수 있도록 권한을 부여한다.

강력한 질문은 오늘날 우리 앞에 있는 현실 너머의 가능성을 열어주며, "오늘날 이 상황에서 우리를 위한 하나님의 초대는 무엇인가?"라고 묻도록 비전 영역으로 나아가게 한다.

반면, 제한적인 질문은 전혀 질문이 아닐 수 있다. 그러한 질문들은 "왜 그런 식으로 했나요?"와 같은 비난이나 죄책감에 대한 진술을 살짝 가리는 데 불과하다.

무료 전자책 『E3-교회: 교회를 살리는 강력하고 효과적이며 기업가적인 리더십The E3-Church: Empowered, Effective and Entrepreneurial Leadership That Will Keep Your

Church Alive?』을 내려받은 적이 있는가? 각 장에는 당신의 생각을 바꿀 수 있는 10개의 강력한 질문을 포함하고 있다. 다음은 몇 가지 예시이다.

- 어떻게 하면 교회의 강점을 더 잘 활용할 수 있는가?
- 만약 당신이 열정에 이끌린다면 어떤 리더가 될 것인가?
- 포기한 지 오래된 꿈은 무엇인가?
- 당신의 역할 가운데 다른 사람이 할 수 있고, 당신보다 더 잘할 수 있는 것은 무엇인가?
- 당신이 더 적게 한다면 발생할 수 있는 최악의 일은 무엇인가?

무엇이 질문을 강력하게 만드는가? 강력한 질문은

- **깊은 경청과 직접 연결되어야 가장 효과적인 질문을 만들 수 있다**. 코칭 초기에 나는 올바른 질문이 하나밖에 없다고 믿었다. 심지어 코칭하는 동안 훑어볼 수 있는 긴 질문 목록을 스스로 준비하기도 했다. 내가 금세 깨달은 것은, 가장 강력한 질문은 코칭하는 순간에 만들어지며, 질문의 힘은 깊이 경청하는 능력과 직결된다는 것이다.
- **간결함**. 강력한 질문은 바로 핵심에 이르게 한다. 코치이가 대답할 때까지 기다리지 않고, 설명이나 다른 질문을 덧붙이면 간결함을 유지하기 어려울 수 있다.
- **숨겨진 의제가 없다**. 강력한 질문은 코치이를 끌고 가거나 제시하지 않는다. 코칭 분야에서 우리는 '제안'을 유도 질문이라고 부른다. 강력한 질문은 코칭을 받는 개인이나 집단이 발견의 길로 더 나아갈 수

있게 도와준다.
- **대개 개방적이면서 더 많은 대화를 촉진한다**. 대부분 예/아니오 질문은 대개 예/아니오 답변으로 이어진다. 이는 대화를 중단시키기도 하고/또는 생각을 가능하게도 한다. 강력한 질문은 코치이를 더욱 다양한 가능성으로 열어주면서 생각을 촉진해준다.
- **명확화**. 그것들은 자동적인 반응과 사고를 명확히 하고 느리게 하는 데 도움을 준다. 코칭 고객들은 코칭이 어떻게 한발 물러서서(일시 정지 버튼을 누르는) 진정으로 원하는 것이 무엇인지 분별할 기회를 만들어주는지에 대해 감사하게 생각한다고 여러 번 내게 말했다.
- **관점 전환**. 강력한 질문은 방의 반대편으로 걸어가서 똑같은 일을 다른 각도나 관점에서 보게 한다.
- **코칭하는 사람의 이익을 위해**. 코치는 전문가가 아니며, 어떤 것을 알아내거나 해결책을 제시할 필요가 없다는 점을 기억하라. 따라서 질문은 코치이가 상황에 대한 자신의 관점과 지혜를 발견하고 개발할 수 있도록 설계되어야 한다.

강력한 질문의 유형

- 관점과 이해를 얻는 데 도움이 되는 질문
  - 이 상황에 관한 진실은 무엇인가요?
  - 당신은 누구를 떠올리게 하나요?
  - 무엇이 밤에 잠을 못 이루게 하나요?
  - 제가 알아야 할 다른 중요한 것이 있나요?

- 발견을 불러일으키는evoke 질문
  - 진짜, 진짜 원하는 것이 무엇인가요?
  - 이것에 대해 완벽한 점은 무엇인가요?
  - 이것이 주는 선물은 무엇인가요?
  - 어떤 정보가 더 필요한가요?
  - 이것은 비용이 얼마나 드나요?
  - 이것과 관련해서 누가 당신을 도울 수 있나요?
- 명확성과 학습을 촉진하는 질문:
  - 당신이 말하는 것처럼 상황이 나쁘다면요?
  - 어디에서 자신을 방해하고 있나요?
  - 변하지 않을 때 드는 비용이 얼마인가요?
  - 다음은 무엇인가요?
  - 이 문제를 넘어서면 무엇이 있나요?
- 행동을 요구하는 질문
  - 오늘 가능한 일은 무엇인가요?
  - 이것을 얼마나 빨리 해결할 수 있습니까?
  - 이 일을 해나가고 있다는 것을 누가 아나요?
  - 성공은 어떤 모습일까요?
  - 첫 번째 단계는 무엇인가요? 언제 이 단계를 밟을 건가요?

성경은 강력한 질문이 있는 풍부한 원천이다. 예를 들면, 창세기 3장 9절에서, 하나님은 아담과 이브에게 첫 번째 강력한 질문을 던진다. "너는 어디에 있느냐?" 이 질문을 생각해 보라. 하나님은 이미 답을 알고 계시는데, 모든 걸 다 알고 계시는 하나님이 왜 이 질문을 하실 필요가 있을까? 그렇다면 하나님은 왜 이 질문을 아담과 이브에게 했을까? 그 이유는 바로 우리가 이야기한 것이다. 즉 하나님은 독자들의 유익을 위해서뿐만 아니라 아담과 이브의 유익을 위해서 이 강력한 질문을 하신 것이다.

여기 하나님이 구약성경에서 하신 강력한 질문 몇 가지가 있다.

- 하나님은 창세기 4장 6절과 9절에서 가인에게 두 가지 질문을 하셨다. "너는 왜 그렇게 화가 났느냐?" "네 아우 아벨은 어디에 있느냐?"
- 하나님은 하나하나 핑계를 대고 있는 모세에게 물으셨다. "네 손에 있는 것이 무엇이냐?"(출애굽기 4:2)
- 웃시야 왕이 죽었을 때 하나님께서 물으셨다. "내가 누구를 보내며 누가 우리를 위하여 갈꼬"(이사야서 6:8)

마찬가지로 신약성경에도 또한 강력한 질문이 들어있다. 마태, 마가, 누가, 요한복음을 읽어 나가면 예수님은 질문을 사용하는 데 대가라는 것을 발견한다. 예수님이 하신 질문 가운데 내가 늘 선호하는 질문이 요한복음 5장 6절에 있다. 예수께서는 베데스다라는 못의 물이 움직일 때 먼저 치료하는 물에 들어가려고 기다리는 마비된 남자를 보시고는 "네가 낫고자 하느냐?"라고 물으셨다. 얼마나 대단한 질문인가! 남자는 대답하면서 다른 사람들이 자신을 못에 넣어주지 않는다고 비난한다. 예수께서는 강력한 질문에 이어 그 사람에게 일어나 가라고 직설적으로 말씀하신다. 그리고 그는 그렇게 한다.

여기에 예수께서 하신 다른 질문들의 예가 있다.

- 제자들이 탄 배가 심한 풍랑을 만났을 때 예수께서 물으셨다. "어찌하여 무서워하느냐?"(마태복음 8:26)
- 5천 명이 넘는 군중을 먹여야 했을 때 예수께서 제자들에게 물으셨다. "우리가 어디서 떡을 사서 이 사람들을 먹이겠느냐?"(요한복음 6:5)
- 예수께서는 그의 메시지 때문에 다른 많은 제자가 자신을 버릴 때 열두 명의 제자들에게 물으셨다. "너희도 가려느냐?"(요한복음 6:67)
- 그는 바라사이인들에게 물으셨다. "너희가 어찌하여 나를 죽이려 하느냐?"(요한복음 7:19)
- 그는 간음하다 붙잡힌 여자에게 물으셨다. "너를 고발하던 그들이 어디 있느냐 너를 정죄한 자가 없느냐?"(요한복음 8:10)
- 예수께서는 하나님께서 그들을 얼마나 아끼시는지 무리에게 가르치신 뒤에 그들에 물으셨다. "무엇을 먹을지, 무엇을 입을지 왜 걱정하느냐?"(마태복음 6:31)
- 예수께서는 시각 장애인으로 태어난 남자에게 물으셨다. 예수께서 그의 눈을 고쳐준 바로 그 사람이었다. "네가 사람의 아들을 믿느냐?"(요한복음 9:35)
- 베드로가 예수 님을 위해 죽겠다고 주장하자, 예수께서 물으셨다. "네가 나를 위하여 네 목숨을 버리겠느냐?"(요한복음 13:38) 그러고 나서 예수 님은 부활하신 뒤에 그에 물으셨다. "네가 사랑하느냐?"(요한복음 21:17)
- 빌라도가 예수께 물었다. "네가 유대인의 왕이냐?" 예수께서 반문하셨다. "이는 네가 스스로 하는 말이냐, 다른 사람들이 나에 대하여 네게 한 말이냐?"(요한복음 18:34)

강력한 질문에 대한 이 절 시작 부분에서, 단 하나의 질문이 바뀌자 역사가 바뀌었다고 읽었다. 그리고 방금 우리 성경이 질문 하나가 어떻게 삶을 극적으로 변화시켰는지에 대한 예로 채워져 있는지 읽었다. 질문은 우리가 마음대로 쓸 수 있는 강력한 도구이다. 깊은 경청을 통해 만들어진 강력한 질문은 모든 것을 변화시킬 수 있다.

다음은 강력한 질문을 이해하고 사용하는 법을 개발하기 위한 연습과 전략과 예시들이다.

시나리오 #1: 당신의 리더십 팀은 몇 달 전에 결정된 사항에 대해 조치를 취할 수 없었다. 당신 팀은 이 이슈와 관련하여 막다른 골목에 몰린 것 같다. 당신이 할 수 있는 강력한 질문은 무엇인가?

시나리오 #2: 당신은 예배를 설계하고 있으며 신자들에게서 구체적인 반응을 찾고 있다. 어떤 강력한 질문을 할 수 있는가?

시나리오 #3: 당신은 어떤 관계적 이슈 하나로 어려움을 겪는 부부를 만나고 있다. 그들은 꽤 건강한 관계를 맺고 있지만, 이 한 가지 이슈에 갇혀 있다. 저마다 "그녀는 나를 이해하지 못해요." "그는 나에게 절대 말을 하지 않아요."와 같은 말을 하면서 상대방을 비난한다. 이 부부에게 어떤 강력한 질문을 할 수 있는가?

발Val이 제시하는 10가지 질문

1. …을 1~10점 척도로 평가할 때 몇 점을 주겠습니까?
2. 행동하지 않으면 치러야 할 대가는 무엇인가요?
3. 이 상황에 대한 진실은 무엇입니까?
4. 당신의 비전은 무엇입니까?
5. 이 문제를 넘어서면 무엇이 있나요?
6. 방해가 되는 것은 무엇인가요?
7. 가장 간단한 해결책은 무엇입니까?
8. 누가 당신을 도와줄 수 있나요?
9. 생각에 잠길 때 어떤 생각을 하나요?
10. 진짜, 진짜 원하는 것이 무엇인가요?

어떤 사람은 우표, 동전, 숟가락을 수집하는데, 나는 질문을 수집한다. 나는 확실히 질문에 흥미가 있다.

강력한 질문으로 다음 회의를 시작하라.

내가 리더들에게 듣는 일반적인 불평은 빈약한 토론과 팀원들의 의견에 관한 것이다. "어떻게 하면 회의에서 사람들이 아이디어와 의견을 공유할 수 있을까요? 심지어 회의 안건을 미리 보내는데도 아무도 논의할 준비가 되어있지 않은 것 같습니다."

흔히 간단한 변화로 논의를 시작하는 법을 제시해보겠다. 논의해야 할 주제로 회의 안건을 설정하는 대신, 원래 안건에서 사람들에게 생각하게 하는 몇 가지 질문을 도출해보라. 예를 들면,

원래의 안건:
1. 재무 상황 업데이트
2. 목사의 보고서
3. 예배 팀 항목
4. 기타

질문으로 수정된 안건:
1. 여름 동안 지속적인 기부를 격려하는 방법에는 어떤 것들이 있습니까?
2. 우리 교회의 현황을 파악하고 우리 교회에 대해 하나님이 펼치시는 비전을 브레인스토밍하도록 누가 도울 수 있나요?
3. 오전 9시와 11시 예배 때만 입석입니다. 다음 단계는 무엇인가요?

3) 섬세한 언어 artful language

우리 대부분이 "막대기와 돌멩이가 내 뼈를 부러뜨릴 수는 있지만, 말은 결코 나를 해칠 수 없다."라는 말을 들으며 자랐다. 전혀 사실이 아니다!

우리의 말은 중요하다. 언어는 누군가를 희망과 꿈에 더 가까이 다가가게 하는 플랫폼을 제공할 수 있다. 동시에 언어는 희망과 꿈을 꺾는 의심과 제한된 신념을 강화할 수 있다. 언어를 외과용 메스처럼 생각하라; 능숙하고 이타적인 사람의 손에 들어가면 그것은 매우 소중한 물건이 되지만, 무모하거나 악의적인 사람 손에 들어가면 파괴적이거나 치명적인 결과를 초래할 수 있다. 언어는 코치의 손에 있는 그림 그리는 붓과 같다; 그것은 의미 있는 작업을 위한 운동장이다.

코치의 운동장에 있는 네 가지 장비를 확인해보자.

1. 우리의 실제 말
2. 단어의 일치
3. 구별
4. 인정

우리의 실제 말

내가 선택한 단어가 어떻게 상대방에게 공명을 일으키는지 자신에게 물어보라. 코칭에서 우리는 흔히 이것을 무언가가 '착륙lands'하는 방법이라고 언급한다. 내 실제 말이 상대방이 표면 아래의 핵심적인 이슈에 더 들어갈 수 있도록 격려하는 안전하고 매력적인 환경을 조성하는가? 아니면, 세게 던져서 단지 '어이쿠' 소리만 낼 정도로 상대방이 강속구를 피하느라 바쁘게 만드는가?

일상 대화에서 말에는 흔히 가정과 전제, 판단, 조작, 제안이 포함된다.

코칭 대화에서 우리는 의도적으로 중립적이고 비조작적이며 의제가 없는 단어를 선택한다. 목소리 톤도 똑같이 중요하다. 똑같은 말이라도 톤이 다르면 완전히 다르게 받아들여진다.

단어와 언어의 일치

코치는 상대방의 말과 문구를 알아차린다. 적절할 때 코치는 자신이 코칭하는 사람과 자신의 단어 및 구절을 일치시키고 새로운 단어나 구절을 소개한다. 코치는 또한 상대방 언어의 속도와 패턴에 주의를 기울인다. 예를 들어, 질문을 받았을 때 내향적인 사람은 먼저 처리한 다음 말하는 경향이 있지만, 외향적인 사람은 말로 처리하는 경향이 있다. 노련한 코치는 때때로 다른 사람의 의견에 동조하여 수용의 감정을 전달한다; 다른 경우에는 코치이의 주의를 끌고 요점을 확인하려고 의도적으로 속도와 패턴을 변경할 것이다.

코치는 또한 상대방이 배우고, 그들의 가치를 설명하고, 현실을 정의하는 데 도움이 되는 말을 경청한다. 이것들은 변화를 촉진하는 데 매우 유용할 수 있다. 이러한 것들은 흔히 현재 또는 과거 문화에서 인기 있는 단어나 구절이다. 여기에는 TV, 영화, 음악, 은유, 이야기와 인용문이 포함될 수 있다.

은유의 예
- 열매는 나무에서 멀리 떨어지지 않는다.[18]
- 유리천장 깨기

- 선택의 바다에서 헤엄치기[19]
- 소방호스로 물 마시기[20]
- 네 부츠 끈으로 자신을 끌어올려라.[21]
- 시소를 타는 것 같다.
- 두 번의 10피트 점프로 20피트 틈을 뛰어넘는 것은 효과가 없다(미국 속담)[22]

이야기의 예

- 구약성경에 나오는 요셉의 이야기. "당신들은 나를 해하려 하였으나 하나님은 그것을 선으로 바꾸사 오늘과 같이 많은 백성의 생명을 구원하게 하시려 하셨나니."(창세기 50:20)
- 안데르센 동화에 나오는 벌거벗은 임금님 The Emperor's New Clothes과 진실 말하기의 중요성
- 포레스트 검프의 "인생은 초콜릿 상자와 같다."
- 험프티 덤프티 Humpty Dumpty의 교훈. 인생에서 어떤 일은 다시 합칠 수 없을 만큼 돌이킬 수 없다.[23]

---

18) 자녀는 부모를 닮는다.
19) 바다와 같이 많은 대안이 있을 때 최선의 것을 선택하기 어렵다는 의미
20) 단기간에 너무 많은 정보가 들어오면 감당하기 어렵다는 의미
21) 스스로 노력해서 성공하라.
22) 작은 행동이나 쉬운 방법으로는 문제를 해결하거나 목표를 해결할 수 없으므로 생각을 크게 하고 과감한 행동을 해야 한다는 의미
23) 험프티 덤프티는 유명한 영어 동요로 자기 과신의 위험과 실패의 필연성을 경고하는 이야기이다.

인용의 예

- "꽃봉오리로 단단하게 매달려 있는 위험이 꽃으로 활짝 피는 위험보다 더 고통스러운 날이 왔다." - 아나이스 닌Anais Nin
- "사람들을 이끌려고 어깨너머로 보았을 때 아무도 없다는 것을 발견하는 것만큼 끔찍한 일은 없다." - 프랭클린 델라노 루즈벨트Franklin Delano Roosevelt
- "대부분 리더는 무엇을 할지 배울 필요가 없다. 그들은 무엇을 멈춰야 할지 배워야 한다." - 피터 드러커Peter Drucker

대중 매체 문화의 예

- 노래 "Don't Worry, be Happy."
- 도널드 트럼프의 TV 쇼 「The Apprentice」에서 "넌 해고야!"
- TV 쇼 「Survivor」에서 "섬에서 쫓겨나다."라는 문구
- 장수 TV 쇼 「Cheers」의 주제가로 추앙받는 '모두가 당신의 이름을 아는 곳where everybody knows your name'

구별distinctions

구별은 의미는 가깝지만 미묘한 차이를 전달하는 두 단어나 구절이다. 이러한 미묘한 차이는 개인을 앞으로 나아가게 하는 데 유효한 새로운 알아차림을 만들어낸다.

다음의 구별과 그것이 만들어내는 미묘하지만 거대한 변화를 생각해 보라.

장애물에 의한 정의 대 기회에 의한 정의

- 장애물로 자신을 정의한다는 것은 자신이 누구인지 정의하고, 직면한 도전에 기초하여 결정 내리는 것을 의미한다. 장애물에 의해 정의된 삶은 반응적이다. 그것은 누군가 또는 무엇인가에서 멀어지는 것이다.
- 기회로 자신을 정의한다는 것은 자신이 누구인지 정의하고, 기회에 기초하여 결정 내리는 것을 의미한다. 장애물을 무시하는 것이 아니라, 더 큰 그림, 즉 비전에 시선을 고정하기로 결정한 것이다. 그것은 누군가 또는 무언가를 향해 움직이고 있으며 대개 주도적이다.

추가적인 구별

- 완벽함 대 우수함
- 양적인 증가 대 질적인 증가
- 주어진 대로 사는 것 대 설계에 따라 사는 것
- 열심히 일하는 것 대 결과를 내는 것
- 어느 쪽/또는 대 양쪽/그리고
- 일정에 따라 우선순위를 두는 것 대 우선순위에 따라 일정을 잡는 것
- 강력하게 효과적인 일을 하는 것(doing) 대 강력하게 효과적으로 되는 것(being)
- 계획하는 것 대 준비하는 것

무료 전자책 『『E3-교회: 교회를 살리는 강력하고 효과적이며 기업가적인 리더십』을 읽었다면, 그 책에서 구별은 내가 당신에게 요청하는 거대한 사고 전환의 훨씬 더 미묘한 버전이라는 점에 유의하라. 다음은 교회의 지도자로서 당신이 이루기를 바라는 여섯 가지 변화이다.

- 진단에서 개발로
- 실행에서 권한 부여로
- 설명에서 탐색으로
- 무심함에서 마음챙김으로
- 탁월함에서 효과성으로
- 전문가에서 기업가로

인정 acknowledgment

대부분 사람은, 자신의 약점과 장점 목록을 만들라고 요청받았을 때, 약점을 열거하기가 더 쉽다는 것을 발견한다. 왜? 많은 사람은 "만약 내 약점을 고칠 수 있거나 내 잘못된 점을 바로잡을 수만 있다면, 결국 나는 훌륭해질 것이다!"라고 가정한다.

다음을 생각해보라. 평균적인 사람은 매일 1만 2천 개에서 5만 개의 생각을 한다. 여덟 살이 되면, 그러한 생각 대부분은 부정적인 생각(예: 나는 충분하지 않다. 나는 할 수 없다. 내가 왜 이러지?)이다. 당신의 교회와 그리고 사실 전 세계는 자신에게 이미 판단과 반대 의견으로 말하는 사람들로 구성되어 있다.

인정은 수용과 안전한 환경을 만든다. 사람들이 안전하다고 느끼고 받아들여질 때, 더 많은 호기심을 보이고 새로운 것들을 탐구할 가능성이 있다.

성경에는 하나님이 우리에게 주신 인정이 차례로 담겨 있다. 다음을 생각해보라.

- 하나님이 자기 형상 곧 하나님의 형상대로 사람을 창조하시되 남자와 여자를 창조하시고 … 지으신 그 모든 것을 보시니 보시기에 심히 좋았더라(창세기 1:27, 31).
- 내가 주께 감사하옴은 나를 지으심이 심히 기묘하심이라. 주께서 하시는 일이 기이함을 내 영혼이 잘 아나이다(시편 139:14).
- 예수님은 베드로를 인정하신다. 요한복음 1장 42절에서 예수님은 시몬(우리에게는 베드로로 알려진)을 보고 "너는 게바Cephas(게바는 베드로 곧 바위라는 뜻이다)라 하리라 하시니라."라고 말씀하시며 그를 인정하신다. 베드로에게서 바위와 같은 증거를 보기 훨씬 전에, 예수께서는 거기에 무엇이 있는지 인정하셨다. 이러한 인정은 베드로의 인생에 중대한 전환점이 되었다. 그렇다. 베드로가 '게바'로 변신하는 것은 험난한 일이었지만 실제로 일어났다.
- 은사는 여러 가지나 성령은 같고, 직분은 여러 가지나 주는 같으며, 또 사역은 여러 가지나 모든 것을 모든 사람 가운데서 이루시는 하나님은 같으니(고린도전서 12:4-6).

책 『당신의 강점 살리기Living Your Strengths』에는 우리의 강점을 인정하는 것의 중요성을 가르치는 하시딕Hasidic 이야기가 포함되어 있다.

그가 노인이었을 때, 랍비 수야가 말했다. "곧 다가올 세상에서, 그들은 나에게 묻지 않을 것이다. '당신은 왜 모세가 아니었습니까?' 그들은 나에게 묻는다. '당신은 왜 수야가 아니었습니까?'" 그것은 우리 각자에게도 묻는 하나님의 질문이다. 우리는 우리가 아닌 것으로 기대되지 않는다. 우리는 우리의 본모습이 될 것으로 기대된다(Winseman, et al., 2004, 10).

벤 잔더Ben Zander는 인정의 중요성을 이해한다. 아내와 함께 공동 집필한 책 『가능성의 기술The Art of Possibility』에서 그는 새로운 모든 반 학생들에게 발표하는 것을 다음과 같이 묘사한다.

> 이 반에 있는 모든 학생은 이 과목에서 'A'를 받을 것이다. 그렇지만 이 점수를 얻으려면 충족해야 하는 요건 하나가 있다: 다음 두 주 동안 언젠가 다음 5월 날짜로 된 편지를 내게 보내야 한다. 그 편지는 이렇게 시작한다. "존경하는 잔더 씨, 나는 …를 했기에 'A'를 받았습니다. 그리고 이 편지에서 다음 5월까지 이 특별한 성적과 일치하는 어떤 일이 일어날 것이라는 이야기를 되도록 아주 자세히 말해야 한다.

이러한 연습은 사람들 내면에 있는 위대함을 인정하고 그 위대함 속에서 살도록 초대한다.

우리의 하나님과 신앙은 'A'를 주는 것에 관한 것이다. 그렇다면 우리 교회도 사람들의 위대함을 진정으로 두드려 보는 'A'를 주는 것은 의미가 있다. 지역 공동체의 평균적인 교회가 판단 대신에 'A'를 주는 명성을 얻었다고 상상해 보라. 또는 교회에서의 초점이 현재의 자신이 아닌 것에서 현재의 자신과 아울러 미래의 자신으로 이동하는 경우이다. 당신의 교회를 사람들이 두렵고 훌륭하게 만들어졌다고 정기적으로 이야기하는 곳으로 여겨보라. 우리 세상은 얼마나 다르게 될 것인가?

추신. 낸시 클라인Nancy Kline은 저서 『생각할 시간Time to Think』(1999, pp 62-64)에서, 긍정적인 것은 순진하고 취약한 반면, 비판적인 것은 정보를 얻고 지지받고 정교함을 가르치는 것이라고 사회가 어떻게 가르치고 있는지 설명한다. 많은 사람이 인정받는 것은 뻔뻔스러움을 향한 미끄러운 비탈길이라고 배운다. 자신에 대해 좋은 말을 듣고 즉시 거부하지 않으면 마치 갑자기 통제 불능의 이기주의자로 되는 것과 같다. 말도 안 된다.

실제로 변화는 진정한 칭찬이라는 큰 맥락에서 가장 잘 일어난다고 클라인은 주장한다. 감사(우리가 인정이라고 부르는 것)는 기분이 좋거나 유쾌하기 때문이 아니라 사람들이 이슈의 최첨단에서 스스로 생각하는데 도움이 되므로 중요하다. 우리는 좋은 평가와 비판의 비율이 5:1이 되도록 해야 한다. 인정을 받으면 지능이 향상하고 더 잘 생각하는 데 도움이 된다.

4) 행동과 책임

우리가 행동과 책임을 탐구하기 시작했을 때 코치 훈련 행사의 한 참가자가 "드디어 좋은 걸 알아냈습니다!"라고 발표했다. 그게 무슨 뜻이냐고 묻자 그는 지금까지 우리가 논의한 모든 것이 도움이 되는 정보이긴 하지만 행동이 일어나지 않으면 별로 중요하지 않다고 말했다. 여러 면에서 그가 옳았다. 개인이나 그룹이 코치와 함께 일하기로 하는 주된 이유 가운데 하나는 그들이 행동해서 목표를 달성하고자 하기 때문이다. 행동해서 앞으로 나아가는 것은 참으로 좋은 일이다.

행동과 책임에는 세 가지 요소가 있다. 브레인스토밍, 행동 설계, 후속 조치

브레인스토밍

코칭 프로세스의 이 시점에서 바로 행동 계획을 설계하고 싶은 유혹이 있다. 나는 당신이 그러한 충동을 억누르고, 그 대신 몇 분 더 시간을 갖고 브레인스토밍하기를 바란다. 이렇게 제안하는 이유는 무엇인가? 코치이는 아주 똑같은 행동은 아니더라도 이전과 유사하게 행동하려는 경향이 있다. 문제는 똑같이 행동하면 똑같은 결과를 얻는다는 점이다. 개인이나 그룹이 코칭을 받는 이유는 다른 결과를 얻으려는 데 있다! 내 사무실 벽에 있는 인용구는 이러한 원칙을 상기시킨다! 변하는 것이 없으면, 아무것도 변하지 않는다.

브레인스토밍은 똑같은 것을 다르게 보도록 돕는다. 브레인스토밍은 사람들 스스로 다른 전망과 가능성을 발견할 수 있게 한다. 여기에는 사실과 인식/해석을 구별하고, 명확성을 얻고 성공을 정의하는 것을 포함한다.

브레인스토밍의 좋은 예는 제리Jerry의 친구 조지 코스탄자George Costanza가 나오는 TV 시트콤 에피소드에서 볼 수 있다. 조지는 아무것도 제대로 할 수 없는 사람들 가운데 하나였다. 그는 30대였는데, 집에만 있다. 직업이나 사람들과의 관계도 없으며 머리카락도 거의 다 빠져가고 있다. 그리고 그는 자주 자신이 매력적이지 않다고 생각되었다.

조지 코스탄자는 중요한 깨달음epiphany을 얻었다. 조지는 다음과 같이 말했다. "제리, 내 삶이 내가 원하는 모든 것과는 반대라는 것이 분명해.

이제부터 나는 반대로 하려고 해."

조지가 반대로 행동했을 때 어떤 일이 일어났는지 기억하는가? 조지는 상황을 완전히 다르게 보고 기꺼이 안전지대에서 벗어나려고 했기에 모든 일이 잘 풀린 것이다.

나는 내가 코칭하는 사람들이 행동 계획을 세우기 전에 함께 브레인스토밍하면서 이러한 깨달음을 얻기 바란다. 나는 보통 그들에게 다음 단계, 즉 일반적으로 다음 단계에 무엇을 할 것인지 묻는 데서 출발한다. 그런 다음, 나는 그들에게 그 행동을 잠시 제쳐두고 50가지 다른 가능한 행동을 생각해내도록 요청한다. 이 요청을 받는 대부분 사람이 웃는다. 많은 사람은 할 말을 잃는다. 나는 요청 사항을 다시 설명하고 다음과 같은 몇 가지 힌트를 제공한다.

- 당신이 취할 수 있는 가장 터무니없다고 생각하는 조치는 무엇인가?
- 다음 단계에서 가장 간단히 할 수 있는 것은 무엇인가?
- 다음 단계를 위한 아이디어를 내는 데 누가 도움을 줄 수 있나?
- 당신은 어떤 가능성을 반복해서 무시해버렸나?

수년 전에 나는 교회의 비전 제시와 관련하여 목사를 코칭했다. 그가 일반적으로 비전을 제시하는 방법은 새해 첫 일요일에 열렬하게 비전 설교를 하는 것이었다. 조사 결과, 그는 이 방법이 며칠 동안은 사람들을 흥분시켰다는 것을 인정했지만 실질적인 진전은 없었다. 그러고 나서 나는 그에게 그 행동을 잠시 보류해두고, 다음 2주 동안 비전을 제시하는 다른 방법 50가지를 찾아보라고 요청했다. 그는 다른 어떤 방법을 모른다고 되풀이했다. 나는 그에게 목록을 만들어오라고 계속 요청했다.

2주 뒤에 그는 비전을 제시할 50가지 방법 목록을 만들어왔다. 그가 한 방법은 다음과 같다: 이전 세션이 있고 나서 그는 찬양 팀 연습에 갔다. 그는 자기 코치가 비전을 제시하는 50가지 방법을 만들어오라는 터무니없는 요청을 했다는 말을 찬양 팀에 농담조로 말했다. 리드 기타 연주자는 록 음악 '애인과 헤어지는 50가지 방법50 Ways to Leave Your Lover'을 연주하기 시작했으며, 몇 분 뒤에는 보컬리스트들이 '비전을 제시하는 50가지 방법'을 노래했다. 다음 순간 그는 찬양 팀의 도움을 받아 비전을 제시하는 50가지 방법을 만들었다. 이제 그는 행동 계획을 설계할 준비가 되었다!

계획을 만들어서 행동 설계하기

브레인스토밍을 바탕으로 계획이 나오기 시작한다. 계획은 달성할 수 있고, 측정할 수 있으며, 구체적이고, 목표 날짜가 있는 실행 단계를 포함한다. 대부분, 계획에서는 목표를 달성하기 위해 해야 할 일과 어떤 사람이 될 것인지를 모두 다룬다. '비전을 제시하는 50가지 방법'처럼 실행은 대개 자연스럽고 쉽게 이루어진다.

행동을 설계하는 데 유용한 기법들

- **아기 걸음마**baby steps. 때때로 사람들은 해야 할 모든 일에 갇혀서 꼼짝하지 못한다. 행동 단계를 더 작게 나누면 행동에 착수하는 데 도움이 된다.
- **역방향으로 계획하기**backward planning. 끝(목표)에서 시작하여 뒤로 이동

하면서 목표에 도달하기 위한 실행 단계를 개발한다.
- **인정하기**acknowledging. 성취해오고 있는 것을 인정한다.
- **구조 만들기**creating structure. 고객이 당면한 과제에 집중할 수 있도록 도와줄 사람과 자원이 무엇인지 파악한다.
- **전략 세우기**strategizing. 무엇이 진전을 방해하는지 고려하여 미리 실행 단계를 설계한다.
- **앵커링**anchoring. 개인이나 그룹에게 자신이 어떤 일을 하고 있는지, 계획상 어디에 있는지에 대한 중요성을 주기적으로 상기시킨다.
- **'집중해서 하는 날**Blitz Days'. 과제를 계속하는 데 방해가 되거나 해야 할 모든 일을 처리할 확고한 시간대를 확보하도록 돕는다.
- **일상 행동 식별**. 이러한 것들은 일상적인 활동과 추진력을 만들어내는 데 도움이 된다.

때때로 공식이 유용할 수도 있다. G.R.O.W. 모델을 고려해보라.

G	Goal	목표	목표가 무엇인가요?
R	Reality	(현재) 상황	어떻게 진행되고 있나요?
O	Opportunity	대안	현재 대안에는 어떤 것들이 있나요?
W	What	실행 계획	다음 단계는 무엇인가요?

후속 조치

지속적인 코칭 관계에는 진행 상황을 확인하고 궤도를 수정할 자연스러운 기회가 내재되어 있다. 대체로 나는 사람들을 한 달에 두 번 코칭한다. 즉 매달 두 번의 후속 조치를 하게 되는 것이다. 나는 매 코칭 세션을 다음과 같은 질문으로 시작한다.

- 우리가 지난번 만난 이후 어떤 일이 있었나요?
- 당신이 정말로 하려고 했던 일이 이루어지지 않은 것이 있다면 무엇인가요?
- 장애물은 무엇이었나요? 어떤 어려움이 있었나요?
- 다음에 우리가 만날 때 실행계획과 관련하여 무엇을 보고하시겠습니까?
- 오늘 집중하고 싶은 것은 무엇인가요?

우리가 목표 달성을 정의할 때 책임성이라는 말이 적절하다는 점을 주목하라. 이와 관련하여 어떤 판단이나 수치심을 수반하지 않는다. 따라서 죄책감이나 어떤 조작도 없다. 이러한 지속적인 책임은 코칭 관계의 자연스러운 부분이다. 한 목사는 책임성이 실제로 '목표 관리 goaltending'에 관한 것이라고 말한 적이 있다.

5) 코칭 관계

부동산에서 가장 중요한 세 가지는 위치 location, 위치, 그리고 위치이다. 코칭에서 또한 중요한 세 가지도 관계 맺기 relating, 관계 맺기, 그리고 관계 맺기이다. 코칭 관계는 변화와 변형을 끌고 가는 수단이다.

코칭 관계를 바라보는 한 가지 방법은 그것을 춤으로 보는 것이다. 코칭 관계를 춤으로 설명하기 위하여 훌륭한 댄스 커플 프레드 아스테어Fred Astaire와 진저 로저스Ginger Rogers의 예를 들어보겠다. 프레드 아스테어를 코치로, 진저 로저스를 코치로 생각해보라. 진저는 프레드가 한 모든 것을 했지만(하이힐을 신고 단지 뒤로 가는 것!) 그녀는 프레드를 이끌어 간다.

코치가 독특하고 능숙하게 관계 맺는 방식을 이해하기 위해 코칭의 춤에 머물러 보자. 프레드와 진저는 그들이 서로 가까이 갈 수 있는 안전과 신뢰를 발전시켰다. 어느 정도의 친밀감이 있었지만, 결코 선을 넘지는 않았다. 이를 통해 그들은 서로 실제로 '얻고' 서로의 움직임을 거의 예상할 수 있었다. 코치는 완전히 자발적일 뿐만 아니라, 그 순간에 완전히 현존할 수 있다. 이러한 완전한 자발성은 일반적으로 또는 이성적으로 알고 있고 관찰되는 것을 넘어서는 지식을 포함한다. 그것은 공이 던져지기 전에 공이 어디로 던져질지 예측할 수 있는 운동선수와 유사하다.

초보 코치들은, 이러한 코칭 프레즌스를 어떻게 더 발전시킬 수 있는지 나에게 자주 묻는다. 더 깊은 수준의 앎을 발전시키는 지름길은 없다. 모든 것은 깊은 경청에서 비롯된다. 경청하는 연습을 반복해서 꾸준하게 하라. 강력한 질문을 개발하여 활용하고, 섬세하게 언어를 선택하라. 다음은 내가 교육할 때 사람들을 도왔던 몇 가지 도구들이다.

- **노트 필기**. 글을 쓰는 행위는 많은 사람이 더 깊게 들어가는 데 도움이 된다. 코칭 세션에서 알아차린 것을 메모하라. 깊은 경청은 귀뿐만 아니라 눈도 사용한다는 점을 기억하라. 노트 필기를 할 때의 과제는 깊은 경청을 방해하는 것이 아니라 오히려 강화하는 방식으로 노트하는 것이다.

- **자기 돌봄**. 표면적인 삶을 겨우 관리한다면 더 깊이 들어가기가 어렵다. 자기 관리를 철저히 하라. 그렇게 해야 할 때다!
- **코칭을 복습**. 코칭 세션을 녹음해서 검토해보라. 그런 다음 한 단계 더 나아가 멘토 코치에게 그것을 검토해달라고 요청하고, 특히 코칭 프레즌스에 관해 피드백 받아라.
- **기도와 명상**. 코칭 세션 전후에 의도적으로 조용히 머물러라. 당신이 어떻게 떠오르는지가 중요하다.
- **위험**. 직감hunches, 예감inklings, 본능gut feelings을 공유하라. "이번에는 당신과 잠시 매우 위험한 말을 해보려 합니다. 내가 완전히 틀릴 수도 있지만, 내가 궁금하거나 알아차린 것은 이것입니다…."라고 시작해서 직감을 전달하라.
- **머리보다는 가슴으로 경청하라**. 의도적으로 지력intellect에서 직관intuition으로 전환하라. 코칭받는 사람에게 지금 몸에서 무엇이 느껴지는지, 몸이 그에게 무슨 말을 하는지 질문하라.

코칭 관계의 또 다른 독특한 요소를 살펴보기 위해 프레드와 진저로 돌아가보자. 프레드와 진저가 춤추는 동안 서로의 스텝을 바로잡거나 판단하려고 하지 않는다는 점에 주목하라. 거기에는 상대의 기술과 역량에 대한 상호 존중이 있다. 그들은 저마다의 독특한 경험, 강점, 재능을 갖고 있다. 그리고 그들이 서로 관계를 맺는 방식은 상대에게서 최고를 끌어낸다. 댄스 플로어에서 그들은 서로의 위대함을 발휘하게 한다.

개인이나 집단의 위대함을 어떻게 발휘하게 할 것인가? 여기에 대한 답을 찾을 수 있는 한 가지 자료로, 내 전자책 『E3-교회: 교회를 살리는 강력하고 효과적이며 기업가적인 리더십』이 있다. 여기에는 진단에서 개발로의 전환에 관한 장이 포함되어 있다. 일상적인 업무와 개인 삶에서 위대함을 위해 의도적으로 경청하는 연습을 해보라. 처음에는 진단하기가 얼마나 쉬운지, 얼마나 자주 위대함을 놓치고 있는지 알게 될 것이다. 자신에게 친절하게 대하라. 오늘날 대부분 영적 지도자는 보수를 받든 받지 않든, 문제를 진단하도록 공식적으로나 비공식적으로 훈련받았다. 시간이 지나면서 위대함을 더 쉽게 알아차리기 시작할 것이다.

다음으로, 당신이 다른 사람들에게서 발견한 위대함에 관해 이야기를 시작하라. 그들은 그것을 무시하거나 적합하지 않다고 말할 수 있다. 중요한 것은 당신이 그들과 관계 맺는 방식, 즉 전인적이고 완전한 개인이나 팀으로 변화하는 것이므로 어쨌든 계속 이야기하라. 결국 프레드와 진저처럼 당신도 쉽고 세련되게 다른 사람의 위대함을 발휘하게 할 것이다. 당신은 또한 새로운 관계 방식이 사람들을 당신과 당신의 코칭으로 끌어당기는 매력적인 자석이 된다는 것을 알게 될 것이다.

무료로 제공하는 코칭 세션은 코치와 예비 코치이가 강력한 코칭 관계를 발전시킬 만큼 충분히 서로 잘 맞는지 확인할 수 있는 이상적인 기회이다. 긍정적 코칭 관계는 코치이의 성공 가능성을 높여줄 것이다. 그들이 코치와 관계를 잘 맺는다면, 그들은 더 많은 것을 탐구하고, 더 큰 발걸음을 내딛을 가능성이 커지며, 행동 계획을 더 오래 지속할 것이다.

6) 코칭 계약

목사로서 나는 흔히 이렇게 말해야 하는 나 자신을 발견하곤 했다. "저에게 필요한 게 있으면 말씀해주세요. 여러분에게 무엇이 필요하고, 무엇을 원하는지 제가 모른다면, 여러분이 필요하고 원하는 것을 단지 추측할 수밖에 없습니다. 저는 독심술사가 아닙니다."

우리 코치도 마찬가지다. 즉 코치는 독심술사가 아니므로 코칭 계약이 필요하다. 코칭 계약은 코칭 관계 이면에 있는 요구사항과 절차를 정의하는 방법이다.

코칭 계약은 코칭에서 대부분 추측을 없애고 코치이가 코치를 따르는 것이 아니라 코치가 코치이를 따를 수 있게 한다.

초보 코치들은 코칭 계약을 일회성 과정으로 보지만, 숙련된 코치는 코칭 계약의 지속하는 성격과 코칭 계약에 세 가지 요소가 있다고 이해한다.

1. 초기 계약
2. 진행 중인 계약
3. 평가 과정

초기 코칭 계약에는 다음을 포함한다.

- 코칭 관계의 조건을 서면으로 정의한다. 예를 들면, 코칭비, 일정, 코치와 코치이의 책임과 기대사항 등
- 무엇이 코칭이고, 무엇이 아닌지를 명확하게 설명한다.
- 코치와 코치이가 서로 잘 맞는지 확인한다.
- 코치이의 요구사항과 왜 코치와 함께 작업하려고 하는지를 명확히 한다. 나는 "오늘은 말할 수 없지만, 지금부터 3개월 뒤에는 무엇을

말할 수 있기를 바라시나요?"라고 묻는다. 이렇게 함으로써 코치와 코치이 모두 원하는 결과를 명확히 할 수 있다.

진행 중인 계약에는 다음을 포함한다.

- 코치이가 특정 코칭 세션에서 얻고자 하는 것과 집중하고 싶은 것을 명확히 하도록 돕는다.
- 고객이 코칭 세션에서 무엇을 얻고 있는지 더 탐색하고 명확히 한다.
- 코칭에 참여한 초기에 원하던 결과와 목표와 현재의 초점과 얻고자 하는 것을 나란히 유지한다. 코칭은 결과가 아닌 발견에 초점을 맞추므로 코칭 계약에 새로운 통찰과 관점을 지속해서 통합해야 한다.

코칭 계약의 세 번째 요소는 평가 과정이다. 여기에는 흔히 코스 수정이나 원하는 전체 결과의 극적인 전환이 포함될 수 있다. 나는 다음과 같은 질문을 자주 한다.

- 어떻게 진행되고 있나요?
- 지금까지의 코칭을 바탕으로 진행 중이거나 개발 중인 비전은 무엇인가요?
- 1~10점 척도로 전반적인 진척도를 평가해 보세요. 몇 단계 더 발전하려면 어떤 조치가 필요한가요?
- 자기 방해 self-sabotage 가 나타나는 곳은 어디인가요? 추가로 어떤 지원이 필요한가요?

- 다음에 만날 때 무엇을 보고할 건가요?

초보 코치가 빈번하게 저지르는 실수는 코칭 계약을 2~5분 안에 빠르게 마무리한다는 점이다. 나는 코치이와 코치가 계약에서 명확하면 할수록 더 좋은 결과를 얻는다는 사실을 발견했다. 나는 코칭 세션에서 이 계약 부분에 15~20분이라는 꽤 많은 시간을 할애하는 경우가 대부분이다. 다음 내용은 코치이와 내가 코칭 계약을 잘 조율하고 코칭 과정을 평가하는 데 도움이 되는 질문과 설명이다.

- 좀 더 말씀해주세요. 사람들은 너무 바빠서 생각하며 말할 시간이 거의 없다. 사람들이 더 말할 수 있게 의도적으로 공간을 주면 매우 유익하다. 코치이가 '말을 꺼내는 것'의 이점에 대해 칭찬하는 말을 몇 번이고 듣는다.
- 내가 당신에게 최고의 코치가 되기 위하여 들어야 할 한 가지는 무엇인가요? 이 질문은 코치이가 전체 과정에서 절대적으로 핵심적인 것만 공유할 수 있도록 집중하고 선택적으로 접근할 수 있도록 돕는다.
- 지금 모든 일을 고려해볼 때, 이 주제/이슈가 가장 중요한 건가요(그렇지 않다면, 어떤 건가요)? 마찬가지로 이 질문은 코치이가 전반적인 성공과 만족도에 가장 기여할 주제와 이슈에 집중하게 하는 데 도움이 된다.

다음 코칭 시나리오는 코칭 계약을 좀 더 이해하는 데 도움이 될 것이다. 스티브Steve는 빠르게 성장하는 교회의 설립자이자 담임 목사이다. 현재 목회 팀에는 22명의 정규 직원이 있다. 그는 흔히 자신의 팀을 가족이라고 표현한다. 스티브는 그들을 가족이라고 생각하기 때문에 '더 큰 노력을 기울이고' 팀원 개개인을 위해 규칙을 변경하는 경우가 자주 있다. 그는 진심으로 직원들의 복지를 걱정하기 때문에 아무리 나쁜 직원이라도 해고하기가 어렵다고 한다.

스티브의 비전은 단일 사이트에서 복수 사이트 목회로 성장하는 것이다. 그는 3~5년 안에 이것을 이룰 수 있다고 믿는다. 이 복수 사이트 비전을 실현하는 것 외에도 그는 교회에서 쏟는 시간을 줄이고 삶을 더 즐기고 싶어 한다. 그의 큰 꿈은 한 해를 온전히 쉬면서 그가 없이도 목회가 운영되게 하는 것이다.

스티브는 그의 목표를 향해 나아가기 위한 전략 계획과 실행 단계를 수립했다. 그는 적절히 진전을 이뤄내고 있다. 그는 현재 목회 팀이 일을 늦추고 있다는 것을 잘 안다. 그는 또한 '목회 활동 가족'이 그의 비전을 위해 열정을 공유하지 않는다는 사실에 좌절한다. 스티브는 처음에 코치를 고용하여 복수 사이트 목회 계획을 실행하는 데 도움을 받았는데, 특히 목회 팀이 실행 계획을 주도할 수 있도록 권한을 부여하고 역량을 갖추는 방법에 중점을 두었다.

최근 코칭 세션이 진행되는 동안 스티브는 그의 비전과 '목회 활동 가족'에 대하여 좌절감을 나타냈다. 그러고는 자신을 이렇게 표현했다. "어쩌면 제가 이 비전을 방해하고 있는지도 모릅니다. 모든 요소는 갖춰져 있지만 뭔가 저에게 변화가 필요한 부분이 있는 것 같습니다."

이 코칭 관계(초기 코칭 계약에서 결정되었을 수 있는)의 초점을 당신의 언어로 설명해보라.

스티브가 새롭게 발견한 것은 무엇인가? 스티브에게 앞으로 어떤 새로운 발견이 있을 것으로 생각하는가?

이러한 새로운 발견이 코칭 계약에 어떤 식으로 영향을 미칠 것인가?

코칭 계약은 어떤 식으로 똑같이 유지되는가?

"어쩌면 제가 방해되고 있는지도 모르겠습니다."라는 스티브의 말을 듣고 나서, 스티브를 어떻게 코칭할 것인가?

7) 새로운 알아차림 만들기

브레인스토밍은 새로운 업무 방식을 탐색하는 훌륭한 방법이다. 알아차림을 만드는 것은 한 걸음 더 나아가 행동 방식뿐만 아니라 새로운 존재 방식을 탐색한다. 이는 지구 깊숙한 곳에서 판을 움직여 큰 변화와 전환을 가져오는 것과 같다. 몇 가지 예를 들어보겠다.

- 내가 코칭했던 한 목회자의 말을 생각해 보라. "저는 내성적인 사람인데, 이런 사람은 좋은 리더가 아니라고 누구나 알고 있습니다." 아무리 노력해도 지속적인 변화를 끌어내지 못했다. 이 목회자는 자신의 내면을 깊이 들여다보고 자신의 강점에 대한 새로운 인식을 만들어야 했다.
- 비전을 수립하는 과정에서 도중에 흐지부지된 리더십 팀을 생각해보라. 컨설턴트는 그들을 움직이게 하려고 모든 걸 시도했으나 진전이 없었다. 마침내 그들에게 무슨 일이 있었는지 물었다. 한참을 침묵하던 핵심 리더 가운데 한 명이 마침내 지난 5년 동안 두 차례나 이런 일이 있었으며, 그때마다 프로젝트가 완료되기 전에 담임목사가 떠났다고 대답했다. 그 말을 듣자마자 리더십 팀은 '아하' 하는 깨달음을 얻었다. 그들은 새로운 알아차림을 받아들이고 앞으로 나아가기 시작했다.
- 내가 전임 코치로서 출발하게 된 알아차림을 생각해보라. 시간제 코치였을 때, 나는 그저 목사일 뿐이고 아무도 목사를 코치로 고용하지 않을 것이라는 믿음 때문에 비즈니스 성장이 더디게 진행되었다. 내

코치가 이러한 제한적 믿음을 말로 표현하도록 도와주었을 때, 내 이상적인 고객들은 내가 목사여서 오히려 나를 찾고 고용할 것이라는 사실을 알아차리게 되었다.

새로운 인식을 만드는 것은 블라인드를 올려서 추가적인 정보, 관점, 의도의 빛이 들어오게 하는 것과 같다. 새로운 알아차림은 다음과 같을 때 촉진된다.

- 호기심을 격려받을 때
- 명확하게 하는 질문을 받을 때
- 신념과 가정을 명확히 하고 검증받을 때
- 의도적으로 다른 관점을 고려할 때
- 똑같은 상황을 다른 방식으로 바라보고 해석하는 데 개방적일 때

코치는 어떻게 새로운 알아차림을 촉진하는가?

- **맥락적 경청**. 코치는 코칭받는 사람의 다양한 맥락(예: 더 큰 그림, 그 사람의 모든 것, 과거 경험, 그 사람의 가치관)을 고려하고 탐색한다. 다윗이 골리앗과 싸우기 위해 새총을 꺼냈을 때, 새총으로 야생동물과 싸웠던 예전의 맥락을 떠올리고 있었다.
- **누락된 조각**. 코치는 개인이나 집단이 전혀 보지 못하거나 말하지 못하는 것을 보고 말할 수 있게 돕는다. 코치는 여러 차원에서 경청하므로 코치는 밑에 깔린 가치, 동기, 위대함, 좌절 등을 듣는다. 우리가

관찰하는 것을 상대에게 비춰주는 거울이 되어주는 것만으로도 새로운 알아차림이 일어난다.
- **파 내려가기**drill down. 양파 껍질을 벗겨내듯 코칭 프로세스를 통해 여러 겹의 껍질을 벗겨내고 핵심 이슈에 도달할 수 있다.
- **단서를 찾기 위해 경청하기**. 코치이는 항상 그들 스스로에 관한 단서를 제공한다. R. D. 랭Rang은 "우리가 생각하고 행동하는 범위는 우리가 알아차리지 못하는 것에 의해 제한된다. 그리고 우리가 알아차리지 못하는 것을 알아차리지 못하기 때문에, 알아차리지 못하는 것을 알아차리지 못하는 것이 우리의 생각과 행동을 어떻게 형성하는지 알아차리기 전까지는 우리가 변화시킬 수 있는 것이 거의 없다."라고 말한다. 다음은 중요한 단서를 발견할 수 있는 몇 가지 강력한 질문이다.
    - 어떤 종류의 문제와 위기를 계속 유발하는가?
    - 성공을 제한하는 어떤 행동을 계속하고 있는가?
    - 머릿속에서 어떤 생각이 반복적으로 떠오르는가?

제한된 신념과 그릇된 가정 제거하기

코칭 관계에서 알아차림을 불러일으키는 가장 강력한 방법 가운데 하나는 코치이가 제한된 신념과 그릇된 가정을 인식하고 변환하도록 돕는 것이다.
다음 목록을 활용하여 자신이 가진 신념이 있는지 확인하라.

- 나는 모든 답을 알아야 한다.
- 나는 선택의 여지도 없고, 그럴 힘도 없다.

- 나는 이끌 수 없다.
- 변화는 항상 어렵다.
- 불가능하다.
- 고난이 당신을 더 강하게 만든다.
- 평화는 항상 정직보다 낫다.

제한된 신념 세 개를 써보라.
    1.
    2.
    3.

그릇된 가정 세 가지를 써보라.
    1.
    2.
    3.

제한된 신념과 잘못된 가정은 아주 간단하지만 매우 해로울 수 있다. 낸시 클라인은 그녀의 저서 『생각할 시간』(1999)에서 제한적 신념과 그릇된 가정을 다루는 간단하면서도 심오한 방법을 제시한다. 그녀의 팁 가운데 하나는 코치이가 제한적 믿음이나 그릇된 가정에 대한 '긍정적 반대positive opposite'를 명확하게 표현할 수 있도록 돕는 것이다. 이는 흔히 개인이나 팀에게 어려운 작업이지만, 그들에게 자신의 기본 가정에 대한 긍정적 반대를 명확하게 표현하라고 압박하라. 일단 명료하게 표현한 다음에는 그것을 글로 적고 여러 번 말하라고 요청하라.

8) 직접적 의사소통

노련한 코치와 함께 시간을 보내다 보면 그들의 뛰어난 소통 방식을 발견할 수 있다. 예를 들어, 뛰어난 코치가 두서없이 이야기하는 것을 거의 들어보지 못할 것이다. 대부분 노련한 코치들의 말은 명확하고 간결하며, 레이저처럼 핵심을 찌르고, 한 번에 한 가지 질문이나 진술만 한다.

또 다른 특징은 침묵을 편안하게 받아들인다는 점이다. 공간을 채우려고 애쓰지 않고 침묵과 일시 정지를 적절히 활용한다. 그리고 코치는 사실을 말한다. 코치들은 듣기 좋은 말이나 가장 편안한 말이 아니더라도 해야 할 말이 있으면 언제나 주저하지 않는다.

노련한 코치는 코칭받는 사람에게 가장 긍정적인 영향을 미칠 수 있는 언어를 사용하여 직접적으로 의사소통한다. 가장 중요한 네 가지 직접적인 의사소통 기법은 다음과 같다.

- 끼어들기 interrupting
- 조언하기 advising
- 지시하기 directing
- 메시지 전달하기 messaging

끼어들기

우리는 대부분 방해가 되거나 성가신 끼어들기를 경험한 적이 있지만, 효과적으로 끼어드는 것은 정말 기술이다. 코칭 기술로써 능숙한 끼어들기는 코치이에게 큰 유익을 주며, 그들을 다시 과제에 집중하게 하거나 '결론'(요점 파악)에 도달하도록 도와준다.

코치이가 코치의 기술을 신뢰하고, 코치가 코치이의 최선의 이익을 염두에 두고 있다고 아는, 신뢰와 친밀감이 이루어진 환경에서만 끼어들기를 한다. 끼어들기는 깊은 경청에서 비롯될 수 있는데, 이는 말해야 할 더 깊은 내용을 파악하기 위한 수단이다. 끼어들기는 코치이가 앞으로 나아갈 수 있는 발판이 된다.

나는 새로운 코치이들과 초기 코칭 세션을 진행할 때, 코치이가 적절한 시점에 내게 끼어들 수 있도록 허용하는 것을 초기 계약 사항 가운데 하나로 삼는다. 코칭 경험을 하는 서두에서 이러한 대화를 나누면 코치이가 끼어들기를 긍정적인 시각으로 바라보는 데 도움이 된다.

누군가를 코칭할 때 끼어들기를 할 적절한 시점은 언제인가?

여기 내가 누군가를 코칭할 때 끼어들기하는 몇 가지 방법이 있다.

- 그들의 이름을 말하고 허락을 구하라. 예를 들어, "(이름), 제가 끼어들어도 될까요?"

- "잠깐 일시 정지 버튼을 누를까요?" 또는 "잠깐만 끼어들고 싶어요." 라고 하면서 중단하라.
- 예를 들어, "(이름) 제가 듣고 있는 것은 …입니다."와 같이 간결하게 정리해주어라.

조언하기

코칭에 대한 통념 가운데 하나는 코치는 절대 조언하지 않는다는 것이다. 그것은 통념인가? 설명해보겠다. 무엇보다도 코치는 코칭하는 사람의 전문성을 끌어내고 싶어 한다. 그렇다! 그리고, 코치가 코치이가 앞으로 나아가는 데 긍정적 영향을 미칠 수 있는 전문성과 경험을 갖춘 때도 있다. 국제코칭연맹 콘퍼런스 워크숍에서 한 발표자는 사람들이 코치에게 원하는 것 상위 10가지 목록 가운데 일곱 번째가 조언이라고 했다. 즉 적절한 시점에 코치이가 요청하여 코치에게 조언을 듣고자 한다면 가능하다는 것이다.

조언할 때의 문제점은 대부분 사람이 상대를 무력하게 하는 방식으로 조언한다는 것이다. 그들은 지금까지의 조언 방식을 버리고^{unlearn} 조언하는 방법을 다시 배워야$^{re-learn}$ 한다. 초보 코치라면 적어도 한동안은 조언하는 것을 완전히 자제할 것을 제안한다. 조언하지 않고도 효과적으로 코칭하는 방법을 익힌 뒤에는 적절한 때 요청이 있으면 조언을 코칭에 포함할 수 있다.

조언할 때 다음 팁을 고려하라.

- 깊이 경청하라. 상대방이 하는 모든 말을 경청하라.
- 조언이 어떻게 잘못 들릴지 충분히 생각하기 전에는 조언하지 마라.
- 모든 사실을 듣기 전에는 조언하지 마라.
- 그것은 단지 조언일 뿐, 지구 온난화 치료법이 아니라는 것을 잊지 마라.
- 표현 예:
  - 제가 본 일은 이렇습니다. 실험해 볼 만한 가치가 있는지 말해주세요.
  - 어려운 질문입니다. 제가 다른 사람에게 이렇게 조언했더니 이런 일이 일어났습니다.

지시하기

지시하기는 개인이나 집단을 그들의 목표를 향해 다시 집중하거나 방향을 잡도록 유도하는 기법이다. 이 기법은 코치이가 자주 옆길로 빠지거나 큰 그림에 대한 전망을 쉽게 잃어버릴 때 유용하다.

지시하기의 예:

- 그 생각을 잠시 멈추고 … 에 대해 이야기해봅시다.
- 지난 몇 주 동안 ABC에 집중했는데, 이젠 XYZ로 넘어갈 때가 되었지요?
- 축하합니다. 계속 진행합시다.

메시지 전달하기

메시지 전달은 듣기만 한다면 상대방이 더 빨리 이해하고 행동하도록 돕는 '진실'이다. 그것은 그 사람의 위대함을 인정하고 끌어내는 '혼합물'이다.

메시지 전달의 예는 다음과 같다.

- 그들이 누구인지 말하라. "당신은 … 인 사람입니다."
- 그들이 성취한 것을 인정하라. "와, 당신이 이룬 걸 보세요. 축하합니다."
- 다음 단계를 알려주라. "XYZ를 지나왔으므로 이제 ABC에 집중해야 할 것입니다."
- 당신이 원하는 것을 말하라. "제가 원하는 것은 … 입니다."

부록 C
죽음을 앞둔 사람 코칭을 지원하는 구성 요소

1. 안전한 공간 제공
2. 그들과 함께 있어라.
3. 그들의 이야기를 말하도록 초대하라.
4. 그들의 가장 소중한 소유물을 확인하라.
5. 그들이 "다섯 가지"를 공유하도록 도와라.
6. 그들에게 무엇이 정상인지 확신시켜라.
7. 전문가가 아닌 학생이 되어라.
8. 그들이 희망을 붙잡도록 격려하라.

부록 D
슬픔을 겪는 사람 코칭을 지원하는 구성 요소

1. 안전한 공간 제공
2. 그들과 함께 롤러코스터를 타라.
3. 그들의 이야기를 말하도록 초대하라.
4. 그들에게 무엇이 정상인지 확신시켜라.
5. 그들에게 필요한 시간을 주라.
6. 전문가가 아닌 학생이 되어라.
7. 그들이 새로운 일상을 발견하도록 도와라.
8. 그들의 성장을 축하하라.

참고문헌

Byock, Ira, MD. *Dying Well*. New York: Riverhead Books, 1997.

Byock, Ira, MD. *The Four Things That Matter Most: A Book About Living*. New York: Free Press, 2004.

Five Wishes, http://www.agingwithdignity.com.

Hastings, J. Val. *The E3-Church: Empowered, Effective and Entrepreneurial Leadership that Will Keep Your Church Alive*. PDF Edition. 2010.

Hastings, J. Val. *The Next Great Awakening*. 2010.

"Hope in the family caregiver of terminally ill people." US National Library of Medicine, National Institute of Health, http://www.ncbi.nlm.nih.gov/pubmed/8496501. *J Adv Nurs*. 1993 Apr;18(4):538-48.

International Coach Federation. "Top Ten Indicators to Refer a Client to a Mental Health Professional," prepared by Meinke, Lynn F., MA, RN, CLC, CSLC. http://www.coachfederation.org. 2007.

Kessler, David. *The Needs of the Dying: A Guide for Bringing Hope, Comfort, and Love to Life's Final Chapter*. New York: Harper Collins, 2000. 『생이 끝나갈 때 준비해야 하는 것들』 유은실 옮김. 21세기북스. 2017.

Kinsella, Lois. "Walking the Hundred-Mile Road. A Parable for Someone Who's Nearing the End of Life." *Nursing* 31(3):62-3, 2001.

Kline, Nancy. *Time to Think: Listening to Ignite the Human Mind*. London: Cassell

Illustrated, 1999.

Kubler-Ross, Elizabeth. *On Death and Dying*. London: Routledge, 1973.

New England Journal of Medicine, April 22, 2004, 350:17. http://www.NEJM.org.

NIV Pastor's Bible. Grand Rapids: Zondervan Publishing House, 2000.

Winesman, Albert L., Donald O. Clifton, and Curt Liesveld. *Living Your Strengths: Discover Your God-Given Talents and Inspire Your Community*. New York: Gallup Press, 2004. Coaching at End of Life

Wolfelt, Alan D., MD. *Companioning You: A Soulful Guide to Caring for Yourself While You Care for the Dying and Bereaved*. http://www.centerforloss.com. Fort Collins, CO: Companion Press, 2012.

Wolfelt, Alan D. *Living in the Shadow of the Ghosts of Grief*. Fort Collins, CO: Companion Press, 2007.

Wolfelt, Alan D. *Understanding Your Grief*. Fort Collins, CO: Companion Press, 2003.

Wright, H. Norman. *Helping Those Who Hurt: Reaching Out to Your Friends in Need*. Bloomington, MN: Bethany House Publishers, 2006.

Zander, Rosamund Stone and Benjamin Zander. *The Art of Possibility*. Penguin Books, Ltd., London, England, 2000.

색인

A
100마일의 길 걷기 182-184
10가지 지표 145
G.R.O.W. 모델 255
R. D. 랭Rang 267
TLCTender Loving Care 190

ㄱ
경청, 깊은deep listening 22, 74, 78, 79, 84, 85,
　89, 109, 111, 131, 139-142, 157, 159, 165,
　174, 197, 227-235, 240, 244, 257-259,
　266-267, 270-272
과거의 상실 50, 201
구별distinctions 243, 246-248
그룹 코칭 65, 192
긍정적 반대positive opposite 268
기억의 존재 163
기일 157, 190, 191
끼어들기interrupting 269, 270

ㄴ
낡은 표현clichés 38, 136
노먼 라이트H. Norman Wright 122

ㄷ
다섯 가지 소망 92
다섯 가지 중요한 것 95-98
데이비드 케슬러David Kessler 59

ㄹ
되돌아보기 84-85
두려움 35, 80-84, 96, 100, 108, 122, 128,
　143, 178, 184, 196-197
듣기hearing 229

ㄹ
로이스 킨젤라Lois Kinsella 182
롤러코스터 133-135

ㅁ
마이크로웨이브 사고방식 153
마지막 장The Last Chapter 56-58
메시지 전달하기messaging 269, 273
목적 의식 164
물리적 존재 163
미해결 과제 67, 160

ㅂ
버킷 리스트 87
벤 잔더Ben Zander 250
뷰잉viewing 27, 155
브레인스토밍 75, 161, 165, 242, 252-254, 265
빅토리아 시대 28

ㅅ
사망 과정 100-101
사별자 관리 시스템Bereavement Management System(BMS)

33, 191
사후세계afterlife 114-115
상담사 마인드셋 69
상실LOSS 43
새로운 정상new normal 65, 69, 71, 161-165
생의 마지막 이슈end-of-life issues 17, 22, 25-27, 29, 31-36, 38, 40, 43, 55, 67, 70, 74, 78, 169-171, 174, 176, 179, 186

ㅇ

아이러 바이옥Ira Byock 80, 96
안전한 공간 77, 84, 88, 122, 124-127, 130-133, 161, 192, 229, 230
알렌 D. 올펠트Alan D. Wolfelt 53, 163, 207
알아차림awareness 76, 111, 140, 157-159, 246, 265-267
애도mourning 28-29, 34, 36, 37, 49-50, 53, 61-66, 68, 118, 122, 124-125, 130-32, 137, 139, 143-145, 154, 157, 161, 164-165, 170, 176, 185, 190, 201,
언어, 섬세한artful language 74, 140, 242
엘리자베스 퀴블러-로스Elizabeth Kubler-Ross 62
여덟 가지 구성 요소eight building blocks 73-74, 76, 121-122
여덟 가지 지원 구성 요소eight supporting building blocks 73, 122
웰다잉 코치end-of-life coach 21-23, 49, 51, 53, 61, 65-67, 72-73, 75, 81, 84-85, 87-91, 95, 98, 100, 102, 108, 110-113, 115, 118,119, 121, 125, 135, 139, 142, 153-154, 157-158, 162, 165-166, 169, 174, 177-178, 181, 192, 195-199, 201, 203, 206-297,
윤리적 유언서ethical wills 93-94
이야기story 38, 84, 89-94, 138-144
이차적 상실 156
인정acknowledgment 243, 248-251
일반적인 통념 61, 185
일차적 상실 156

ㅈ

자기 돌봄 선언 207
자기 사랑self-love 211
자기 이해self-understanding 211
자기-돌봄self-care 195

장례 예배funeral sevice 27
전환transition 43
정서의 공Tangled Ball of Emotions 122
정체성 162
조언하기advising 269, 271
존 메이어John Mayer 95
좋은 죽음good death 14, 22, 56, 90
증상들symtoms 151
지시하기directing 269, 272
직접적 의사소통direct communication 76, 269
진행 중인 계약 75, 260-261
질문, 강력한powerful questioning 22, 74, 85-86, 111, 115, 135, 140, 142, 159, 163, 165, 233-241, 257, 267

ㅊ

초기 계약 75, 260, 270
침묵 38, 76, 82, 130-131, 231, 269

ㅋ

코치 마인드셋 69
코치이coachee 22, 71, 73
코칭 계약coaching agreement 75, 82, 259-264
코칭 관계coaching relationship 75, 77, 140, 255-260, 263, 267,

ㅍ

파트너십 22, 72, 73
평가 과정 260-261

ㅎ

하시딕Hasidic 249
행동 설계 75, 252
행동과 책임action and accountability 75, 87, 251-252
현존, 프레즌스presence 34, 52, 63, 80, 83, 207, 257
호스피스hospice 68, 99, 109, 181-182, 185-189
화해 90, 101
후속 조치follow up 153, 155, 179-193
희망 59, 75, 96, 109-118, 188-189

저자 및 역자 소개

저자: 돈 아이젠하워 Don Eisenhauer

돈 아이젠하워 박사는 목사이자 국제코칭연맹에서 공인한 마스터 인증 코치MCC이다. 그는 웰다잉 교육과 관련 자료 및 코치 인증을 제공하는 End of Life, LLC(www.coachingatendoflife.com)의 설립자 겸 대표이다. 생의 마지막을 위한 코칭과 애도 지원 그룹을 이끄는 것 외에도 돈은 호스피스 병원 목사 및 사별 코디네이터로도 활동하고 있다. 또 Coaching4Clergy의 교수진으로도 활동한다.

저서로는 『Life Lessons from Dragonflies:Helping us face the inevitable end of life issues』(전자책)이 있고, 『슬픈 나를 위한 코칭 Coach Yourself Through Grief』(한국코칭수퍼비전아카데미, 2023.3)이 있다. 돈은 사람들이 죽을 때까지 온전히 살 수 있도록 돕고, 목회자와

다른 교회 지도자들이 죽음을 앞둔 사람과 슬픔을 겪는 사람을 돌볼 수 있도록 돕는 데 열정을 발휘한다. 그는 또한 애도 관리 그룹의 공동 창립자로서 애도자를 돌보는 데 도움이 되는 소프트웨어를 제공한다. 이 프로그램에 관한 자세한 내용은 www.bereavementmanagement.com에서 확인할 수 있다.

Email: don@coachingatendoflife.com

Phone: 1-484-948-1894

저자: J. 발 헤이스팅스 Val Hastings

J. 발 헤이스팅스MCC는 목회자, 교회 지도자, 코치들을 위한 전문 교육을 제공하는 Coaching4Clergy의 설립자 겸 대표이다. 발은 지역 연합감리교회에서 목회하던 중 처음으로 코치를 고용했다. 그로 인해 그는 모두의 눈에 띌 정도로 발전했고, "목회 활동에 코칭 접근법을 도입하면 어떨까? 더 큰 교회가 목회 활동에 코칭 접근법을 채택하면 어떨까?"라고 생각하게 되었다. 그 순간 '모든 목회자, 목회 직원, 교회 지도자를 코치로'라는 글로벌 비전이 떠올랐다.

발은 『The Next Great Awakening: How to Empower God's People with a Coach Approach to Ministry』라는 책과 전자책 『The E3-Church: Empowered, Effective and Entrepreneurial

Leadership That Will Keep Your Church Alive』를 출판했다. 발은 현재 국제코치연맹의 최고 코칭 자격인 마스터 인증 코치^{MCC} 자격을 보유하고 있다.

Email: val@coaching4clergy.com

Phone: 1-877-381-2672

Web Site: www.coachingatendoflife.com

역자: 정익구

(사)한국코치협회 인증 전문코치^{KPC}로서 인생 2막의 아름다운 삶과 마무리를 돕는 웰에이징과 웰다잉 코칭에 중점을 둔다. 사람과 세상과 자연과 더불어 영혼을 살찌우고자 하는 탐구자이다. 진정한 코치가 되기 위해 앎-봄-함-됨의 순환고리를 이어가는 성찰과 학습을 쉬지 않는다.

한국코칭수퍼비전아카데미 파트너 코치 겸, 출판 부문 책임 편집자로서 50여 권의 코칭 전문 서적을 편집 출간했다. 공저로『코치 100% 활용하는 법』이 있고, 번역서로『인지행동 라이프 코칭』(근간)이 있다. Email: 2ndlifecoach@gmail.com

발간사

호모코치쿠스 40

웰다잉 코칭 Coaching at End of Life

'죽음' 그 자체!, 생의 여정에서 '죽음으로 향해 가는' 끝을 보며 '걷는 분', 죽음을 맞이한 분의 관계자, 어떤 형태로든 '어느' 죽음을 간직하며 남아 있는 분들, 그리고 죽음 자체를 소비하는 다양한 '이해 집단'에 속해 있는 분들…. 이런 분들을 코칭 현장에서 만난다. 크게 주목하지 못한 채 '죽음' 주제와 이를 다루고자 하는 코칭 고객이 성큼 와 있다.

  개인 경험으로는 계약 전 시범 코칭 trial coaching 후 본 계약이 이뤄지지 못한 유일한 사례 경험이 있다. 그때 고객이 들고 온 주제가 자신의 '죽음'이었다. 비즈니스 코칭에 경도되어 있는 코치를 보고는 자기에게 적합하지 않다고 생각하여 1회 코칭으로 마무리되었다. 『첫 고객·첫 세션 어떻게 할 것인가』(2019)에는 이 경험의 일부가 반영되어 있다. 실은 이때부터 '죽음'이 관심 일부가 되었다. 관심이 고객을 부르는지, 멀리 보이는 예측되는 죽음을 앞두고 질병과 투쟁을 시작하거나, 이에 지쳐 있는 분들, 또 그런 분들을 보며 힘들어하는 다양한 관계에 있던 주변 분들, 이런 분들이 거의 끊어지지 않고 한 분씩은 이어진다. 직면한 '죽음 예감'과 아니면 죽음을 앞둔 '죽을 사람'을 옆에 두고, 또 '관계'를 정리하지 못하고 떠나보냈기에 적절한 '애도' 기회를 얻지 못한 경우 등…. 코칭 주제에서 빠지지 않는 사안들이 직접 죽음과 관련 있다. 그렇다고 이렇게 직접적으로만 제기되는 것은 아니다.

누군가에게 말할 수 없고, 자신도 알기 어려워 긴 설명이 필요한 어떤 느낌, 사소하게 넘겨 왔지만, 전혀 그렇지 않다는 예감이 드는 주제, 드러낸다고 쉽게 공감받지 못할 것이 분명하기에 차라리 입 다물고 있는 경우, 그저 갱년기라는 라벨 뒤에 숨어 있지만, 남들은 몰라도 자신은 '갱년기'라는 용어에는 다 담아지지 않고 그래서 흘러나오는 것들…. 그런 정서, 멜랑콜리$_{melancholia}$ 상태라고 할까, 한편으로 이런 상태를 드러내는 '리더'들을 자주 접한다. 이런 경우 코칭 주제가 '과제 수행'이나 자신을 둘러싼 '평판' 이슈와 전혀 연결되지 않는다. 심지어 '스트레스'나 이른바 '삶의 균형' 문제라고 하면 그냥 설명하기 귀찮아서 그렇다고 대답하는 경우와 유사할 수 있다. 기존 코칭 어젠다 레이다에는 잘 잡히지 않은 경우이다. 코치가 이를 민감하게 살펴보지 못하고 '하던 대로' 코칭하거나 소속사나 고객사의 제시에 호응한 코칭을 진행하고 나면 무엇보다 코치가 개운하지 않다. 이때 고객마저 "코칭이 다 그런 거지요!"라고 해버리면 그게 아닌데 하면서 씁쓸해진다. 코칭 만남, 코칭-관계의 '피상성'이랄까.

이럴 때, 마치 공감이라도 하려는 듯 마음을 읽겠다고 공감 표시를 하는 경우 조금은 나을 수 있겠다. 그렇다고 이어서 아는 척하거나 '주제화'로 넘어갈 수는 없다. 이런 식의 반응은 바로 뒤따라 올 '함정'이 놓여있기 때문이다. 코치가 '알고 있지 못함의 자세'를 조금 더 끈질기게 유지해야 한다. 고객도 알기 어려운 '정서'를 '인지'로 다루는 쉬운 길로 미끄러질 수 있다. 또 달리 보면 이미 고-성과, 고-성찰을 역량으로 가진 리더라면 그가 즐겨 사용하는 주지화主知化intellectualization 방어나 '성격 갑옷'을 벗을 기회를 코치가 박탈하는 꼴이 된다.

죽음 문제와 연결해 본다면 일종의 '기념일 반응'이란 것이 있다. '돌아가신 아버지/어머니의 나이가 다가올 무렵' 또는 계절을 앞두고 나타나는 어떤 '정체停滯감', 멜랑콜리…, 과제를 중심으로 언급하면 "해서 뭐하나.", "해봤자.", "언제는 안 해 봤나?", 정서로 표현한다면 "받아들여지고 싶음", "속 시원하게 털어내듯 말하고 싶음", 이와 동시에 "무슨 필요가 있을까?" 하는 허무감이 압도하는 경우이다. 물론 개인 성향과 조건에 따라 그 반향의 폭은 차이가 있고, 바쁜 조직(일상) 생활로 그냥 넘어가고 얼마나 묵혀 두었는지에 따라 다를 수 있다. '기념일 반응'이란 중요한 타인의 '죽음'과 '사건'으로서의 죽음, 이것을 '그'의 경험을 중심으로 충분히 내러티브로 담아내기 전까지는 그 전모全貌를 알 수 없고, 분류도 할 수 없기에 새로운 것으로 제련製鍊도 어려운 것이다. 이른바 '숨겨진 죽음' 이슈이다.

사회로 확대하면 '죽음'은 통계로나 기사로 매우 흔하다. 자살률과 고독사, 산업재해가 매우 높고, 위험과 재난이 일상화한 사회다. 특정한 사람들에게는 '행복'이 바구니에 가득한지 몰라도, 일반인들에게 '죽음'은 주머니 속에 있다. 어느 주머니든 무심코 손 넣으면 손에 잡히는 것이 죽음이다. 사건으로는 '10·29 사태'의 여진餘震이 여전하다. '죽은 사람'으로 고통스럽고, 죽음을 대하는 사회로 인해 더 고통받는다.

"죽음에 대한 우리의 태도는 마치 죽음이 피할 수도 있는 일인 것처럼 행동하곤 한다. 죽음을 한쪽 구석으로 밀쳐놓고 그것을 삶에서 배제해 버리는 경향을 부인다. 우리는 죽음을 뭉개버리려고 애쓴다." 즉 죽음에 대한 태도는 '부인'이다. 과연 그렇다고, 전쟁 중에는 이런 관습적 태도를 던지고 일상화된 죽음을 받아들이는가? 프로이트는 "우리의 무의식은 원시인과 마찬가지로 자기 죽음을 상상하지 못하고 [자기 죽음을 믿지 못하는 영웅처럼], 타인에 대해서는 죽이고 싶다는 소망을 품고, 사랑하는 사람에게는 상반된 두 감정, 즉 분열된 감정을 품는다(「전쟁과 죽음에 대한 고찰(1915)」)"라고 말한다. 이렇듯 죽음은 일상화되었지만 이에 대한 우리의 태도는 부인 또는 예외로 미뤄둔다. 기념일 반응은 이에 대한 존재의 반응일지 모른다.

코칭 임상에서 '죽음'은 어떻게 대응해야 할까. 이제 우리는 이에 대해 다양하게 경험하고 사유해야 한다. 죽음에 대처하는 바로 '한 사람'을 위해 어떤 자세를 취하고, 어떻게 옆에 있어야 하며, 얼만큼의 '함께하는-기다림'을 제공해야 하는지, 발걸음을 어떻게 맞춰야 하는지, 이른바 '알고 있음'을 얼마나 철저히 소독과 살균해야 하는지….

이제 코치는 죽음을 사유하고, 죽음을 다루고, 그 임상 경험을 이야기해야 한다.

호모코치쿠스 40, 웰다잉 코칭Coaching at End of Life은 이를 위한 발판이 될 것으로 기대한다. 오랜 기간 번역에 씨름해온 정익구 코치, 또 그의 작업을 보이지 않는 곳에서 후원해준 코치들에게 감사의 마음을 전한다.

2023년 3월
김상복

호모코치쿠스

코칭 튠업 21
: ICF 11가지 핵심 역량과 MCC 역량

김상복 지음

뇌를 춤추게 하라
: 두뇌 기반 코칭 이론과 실제
Neuroscience for Coaching

에이미 브랜 지음
최병현, 이혜진 옮김

마음챙김 코칭
: 지금-여기-순간-존재-하기
Mindful Coaching

리즈 홀 지음
최병현, 이혜진, 김성익, 박진수 옮김

코칭 윤리와 법
: 코칭입문자를 위한 안내
Law & Ethics in Coaching

패트릭 윌리암스, 샤론 앤더슨 지음
김상복, 우진희 옮김

조직을 변화시키는 코칭 문화
How to create a coaching culture

질리안 존스, 로 고렐 지음
최병현, 이혜진 등 옮김

내러티브 상호협력 코칭
: 3세대 코칭 방법론
A Guide to Third Generation Coaching: Narrative-Collaborative Theory and Practice

라인하르 스텔터 지음
최병현, 이혜진 옮김

임원코칭의 블랙박스
Tricky Coaching

맨프레드 F. R. 케츠 드 브리스 등 편집
한숙기 옮김

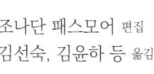
마스터 코치의 10가지 중심이론
Mastery in Coaching

조나단 패스모어 편집
김선숙, 김윤하 등 옮김

코칭·컨설팅
수퍼비전의 관계적 접근
Supervision in Action

에릭 드 한 지음
김상복, 조선경, 최병현 옮김

정신역동과 임원코칭
: 현대 정신분석 코칭의 기초1
Executive Coaching :
A Psychodynamic Approach

캐서린 샌들러 지음
김상복 옮김

수퍼비전
: 조력 전문가를 위한 일곱 눈 모델
Supervision in the Helping Professions

피터 호킨스, 로빈 쇼헤트 지음
이신애, 김상복 옮김

코칭 프레즌스
: 코칭개입에서 의식과 자각의 형성
Coaching Presence : Building Consciousness and Awareness in Coaching Interventions

마리아 일리프 우드 지음
김혜연 옮김

멘탈력
정신적 강인함에 대한 최초의 이론적 접근
Developing Mental Toughness : Coaching strategies to improve performance, resilience and wellbeing

더그 스트리챠크직, 피터 클러프 지음
안병옥, 이민경 옮김

코치 앤 카우치
Coach and Couch

맨프레드 F.R. 케츠 드 브리스 등 지음
조선경, 이희상, 김상복 옮김

리더의 정치학
: 조직개혁과 시대전환을 위한 창발 리더십 모델
Leading Change: How Successful Leaders Approach Change Management

폴 로렌스 지음
최병현, 윤상진, 이종학,
김태훈, 권영미 옮김

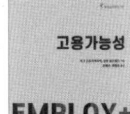

고용 가능성
고용+가능성 업그레이드 전략
Developing Employability and Enterprise: Coaching Strategies for Success in the Workplace

더그 스트리챠크직, 샬롯 보즈워스 지음
조현수, 최현수 옮김

게슈탈트 코칭
바로 지금 여기
Gestalt Coaching: Right here, right now

피터 브루커트 지음
임기용, 이종광, 고나영 옮김

강점 기반 리더십 코칭
: 조직 내 긍정적 리더십 개발을 위한 가이드
Strength_based leadership Coaching in Organization An Evidence based guide to positive leadership development

덕 매키 지음
김소정 옮김

영화, 심리학과 라이프 코칭의 거울
The Cinematic Mirror for Psychology and Life Coaching

메리 뱅크스 그레거슨 편저
앤디 황, 이신애 옮김

영웅의 여정
자기 발견을 위한 NLP 코칭
The Hero's Journey: A voyage of self-discovery

스테판 길리건, 로버트 딜츠 지음
나성재 옮김

VUCA 시대의 조직문화와 피어코칭
Peer Coaching at Work

폴리 파커, 팀 홀, 캐시 크램, 일레인 와서먼 공저
최동하, 윤경희, 이현정 옮김

정신역동 마음챙김 리더십
: 내면으로의 여정과 코칭
Mindful Leadership Coaching : Journeys into the interior

맨프레드 F.R. 케츠 드 브리스 지음
김상복, 최병현, 이혜진 옮김

실존주의 코칭 입문
: 알아차림·용기·주도적 삶을 위한 철학적 접근
An Introduction to Existential Coaching

야닉 제이콥 지음
박신후 옮김

공감으로 완성하는 코칭
: 평범함에서 탁월함으로
Coaching with Empathy.

앤 브룩뱅크, 이안 맥길 지음
김소영 옮김

내러티브 코칭
: 새 스토리의 삶을 위한 확실한 가이드
Narrative Coaching : The Definitive Guide to Bringing New Stories to Lif

데이비드 드레이크 지음
김상복, 김혜연, 서정미 옮김

ADHD 코칭
: 정신건강 전문가를 위한 가이드
ADHD Coaching: A Guide for Mental Health Professionals

프란시스 프레벳, 아비가일 레브리니 지음
문은영, 박한나, 가요한 옮김

시스템 코칭
: 개인을 넘어 가치로
Systemic Coaching: Delivering Value Beyond the Individual

피터 호킨스, 이브 터너 지음
최은주 옮김

글로벌 코치 되기
: 코칭 역량과 ICF 필수 가이드
Becoming a Coach

조나단 페스모어,
트레이시 싱클레어 지음
김상학 옮김

시스템 코칭과 컨스텔레이션
Systemic Coaching & Consitellations

존 휘팅턴 지음
가향순, 문현숙, 임정희, 홍삼렬, 홍승지 옮김

10가지 코칭 주제와 사례 연구
: 20개 사례, 40개 논평, 720개 주석, 19개 실습 사례
Complex Situations in Coaching

디마 루이스, 폴린 파티엔 디오숑 지음
김상복 옮김

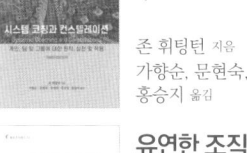
유연한 조직이 살아남는다
포스트 코로나 시대 뉴노멀이 된 유연근무제
Flexible Working

클라우디아 나겔 지음
최병헌, 윤재훈 옮김

인지행동 코칭
: 30가지 고유한 특징
Cognitive Behavioural Coaching: Distinctive Features

마이클 니난 지음
엘리 홍 옮김

쿼바디스
: 팬데믹 시대 리더의 실존적 도전
QUO VADIS?

맨프레드 F. R. 케츠 드 브리스 지음
고태현 옮김

코칭과 트라우마
: 생존 자기를 넘어 나아가기
Coaching and Trauma

줄리아 본 스미스 지음
이명진, 이세민 옮김

단일 회기 코칭과 비연속 일회성 코칭
: 30가지 고유한 특징
Single-Session Coaching and One-At-A-Time Coaching: Distinctive Features

윈디 드라이덴 지음
남기웅, 안재은 옮김

리더십 팀 코칭
: 변혁적 팀 리더십 개발을 넘어
Leadership Team Coaching

피터 호킨스 지음
강하룡, 박정화, 박준혁, 윤선동 옮김

코칭과 정신 건강 가이드
: 코칭에서 심리적 과제 다루기
A Guide to Coaching and Mental Health : The Recognition and Management of Psychological Issues

앤드류 버클리, 캐롤 버클리 지음
김상복 옮김

팀 코칭 이론과 실천
: 팀을 넘어 위대함으로
The Practitioner's handbook of TEAM COACHING

데이비드 클러터벅, 주디 개넌 편집
강하룡, 박순천, 박정화, 박준혁, 우성희, 윤선동, 최미숙 옮김

리더의 속살
: 추악함, 사악함, 기괴함에 관한 글
Leadership Unhinged: Essays on the Ugly, the Bad, and the Weird

맨프레드 F. R. 케츠 드 브리스 지음
강준호 옮김

생의 마지막 여정을 돕는
웰다잉 코칭
Coaching at End of Life

돈 아이젠하워, J. 발 헤이스팅 지음
정익구 옮김

(출간 예정)

경영자의 마음
: 리더십, 인생, 변화에 대한 명상록
The CEO Whisperer: Meditations on Leadership, Life, and Change

맨프레드 F. R. 케츠 드 브리스 지음
강준호 옮김

리더의 일상적 위협
: 모래 늪에서 허우적거릴 때 살아남는 방법
The Daily Perils of Executive Life: How to Survive When Dancing on Quicksand

맨프레드 F. R. 케츠 드 브리스 지음
고태현 옮김

수퍼바이지와 수퍼비전
: 수퍼비전을 위한 가이드
Being Supervised A Guide for Supervision

에릭 드 한, 윌레민 레구인 지음
한경미, 박미영, 신혜인 옮김

정신역동 코칭
: 30가지 고유한 특징
- 현대 정신분석 코칭의 기초2
Psychodynamic Coaching: Distinctive Features

클라우디아 나겔 지음
김상복 옮김

코칭수퍼비전의 이론과 모색
Coaching and Mentoring Supervision : Theory and Practice

타티아나 바키로버, 피터 잭슨, 데이빗 클러터벅 지음
김상복, 최병현 옮김

인지행동 기반 라이프코칭
Life Coaching : A Cognitive behavioural approach

마이클 니난, 윈디 드라이덴 지음
정익구 옮김

코칭 이론과 실천
The SAGE Handbook of Coaching

타티아니 바흐키로바, 고든 스펜스, 데이비드 드레이크 엮음

코칭심리학(2판)
실천연구자를 위한 안내서
Handbook of Coaching Psychology

스티븐 팔머, 앨리스 와이브로 엮음

임원코칭
: 시스템 - 정신역동 관점
- 현대 정신분석 코칭의 기초 3
Executive coaching: System-psychodynamic persfective

하리나 버닝 편집
김상복 옮김

잡크레프팅
Persnalization at Work

롭 베이커 지음
김현주 옮김

정신역동 코칭의 이해와 활용
: 현대 정신분석 코칭의 기초 2
Psychodynamic Coaching : focus & depth

올라 샤롯데 벡 지음
김상복 옮김

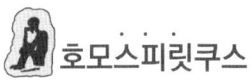 호모스피릿쿠스

나르시시스트와 직장생활하기
Narcissism at Work: Personality Disorders of Corporate Leaders

마리 린느 제르맹 지음
문은영 · 가요한 옮김

정신분석 심리치료의 기본과 실천
: 정신분석·지지적 심리치료와의 차이

아가쯔마 소우 지음
최영은 · 김상복 옮김

조력 전문가를 위한 공감적 경청
共感の傾聴術
:精神分析的に"聴く"力を高める

고미야 노보루 지음
이주윤 옮김

코로나 시대의 정신분석적 임상
'만남'의 상실과 회복
コロナと精神分析的臨床

오기모토 카이, 키타야마 오사무 편집
최영은, 김태리 옮김

라캉 정신분석 치료
이론과 실천의 교차점
ラカン派精神分析の治療論

아가사가 가즈야 지음
김상복 옮김

트라우마와 정신분석 접근
トラウマの精神分析的アプローチ

마쓰기 구니히로 지음
김상복 옮김

.... (코쿱북스)

코칭의 역사
Sourcebook Coaching History

비키 브록 지음
김경화, 김상복 외 15명 옮김

101가지 코칭의 전략과 기술
: 젊은 코치의 필수 핸드북
101 Coaching Strategies and Technique

글래디나 맥마흔, 앤 아처 지음
김민영, 한성지 옮김

리더십을 위한 코칭
Coaching for Leadership

마샬 골드 스미스,
로렌스 라이언스 등 지음
고태현 옮김

코칭 A to Z

누구나 할 수 있는 코칭 대화 모델
: GROW_candy 모델 이해와 활용

김상복 지음

세상의 모든 질문
: 아하에서 이크까지, 질문적 사고와 질문 공장

김현주 지음

첫 고객·첫 세션 어떻게 할 것인가
(1) 윤리적 가이드라인과 전문가 기준에 의한 고객 만남
(2) 코칭계약과 코칭 동의 수립하기

김상복 지음

코칭방법론
: 조직 운영과 성과 리더십 향상을 돕는 효과성 코칭의 틀

이석재 지음

코치 100% 활용하는 법
: 코칭을 만난 당신에게

김현주, 박종석, 박현진, 변익상, 이서우, 정익구, 한성지 지음

코칭 하이브리드

영화처럼 리더처럼
: 크고 작은 시민리더 이야기

최병현, 김태훈, 이종학, 윤상진, 권영미 지음

마음챙김 코칭
: WHO에서 실행까지

Mindfulness Coaching: Have Transformational Coaching Conversations and Cultivate Coaching Skills Mastery

사티암 베로니카 찰머스 지음
김종성, 남관희, 오효성 옮김

사랑하는 사람의 상실로 슬픈 나를 위한 셀프 코칭
슬픈 나를 위한 코칭

돈 아이젠하워 지음
안병욱, 이민경 옮김

고통의 틈 속에서 아름다움 찾아내기
: 슬픔과 미망인의 여정에 대한 회고

펠리시아 G Y 램 지음
강준호 옮김

집필자 모집

- 멘토링 기반 코칭 방안과 사례 연구
- 컨설팅 기반 코칭 방안과 사례 연구
- 조직개발 코칭 방안과 사례 연구(일대일 또는 그룹 코칭)
- 사내 코치 활동 방안과 사례 연구
- 주제별·대상별 시네마 코칭 방안과 사례 연구
- 시네마 코칭 이론과 실천 방안 연구
- 아들러 심리학 기반 코칭 방안과 사례 연구
- 코칭 기획과 사례 개념화(중심 이론별 연구)
- 코칭에서 은유와 은유 질문
- '갈굼과 태움', 피해·가해자 코칭
- 미루기 코칭 이해와 활용
- 코치의 젠더 감수성과 코칭 관계 관리
- 정서 다루기와 감정 관리 코칭 및 사례 연구
- 코칭 장場field·공간과 침묵
- 라이프 코칭 핵심 과제와 사례 연구(청년 및 중년)
- 커리어 코칭 핵심 과제와 사례 연구(청년 및 중년)
- 노년기 대상 라이프 코칭 방안과 사례 연구
- 비혼·혼삶 라이프 코칭 방안과 사례 연구
- 코칭 스킬 총정리와 적용 사례
- 부모 리더십 코칭과 사례 연구(양육자 연령별)
- 코칭 이론 기반 코칭 방안과 사례
- 커플 코칭 방안과 사례
- 의식확장과 영성코칭
- 군 리더십 코칭
- 코칭 ROI 연구

▣ 동일 주제라도 코칭 대상과 방식, 코칭 이론별 집필이 가능합니다.
▣ 최소 기준 A4 기준 80페이지 이상. 코칭 이론과 임상 경험 집필 권장합니다.
▣ 편집위원회와 관련 전문가 심사로 선정됩니다.
▣ 선정 원고는 인세를 지급하며, 무료로 출판합니다.

이 책의 출간에 (주)모리와함께에서 후원해주셨습니다.

웰다잉 전문기업 | 모리와 함께

A Good LIfe Through Dying Awareness

죽음을 인식하는 삶은 **축복** 입니다

(주)모리와함께는, 행복한 삶을 위한 죽음에 대한 건강한 [인지, 성찰, 소통] 활동으로 웰다잉에 대한 사회적 Movement 확산과 인식의 전환을 실현 합니다.

교육활동
웰다잉 문화 정착을 위한 교육활동 및 세미나, 포럼 개최

인식개선
Death Café, Dying Awareness Month 캠페인 진행

DYING AWARENESS

건강&안전
퇴직 예정자 및 시니어 대상 노후 심리건강 코칭

전문가 양성
전문강사, 웰다잉 코치 양성 및 국제교류 활동

웰다잉 전문기업 ㈜모리와함께
📞 02-516-9060   ✉ happy@bhappy.co.kr   🌐 www.withmorrie.com

호모코치쿠스 40

생의 마지막 여정을 돕는
웰다잉 코칭

초판 1쇄 발행 2023년 3월 31일

펴낸이	김상복
지은이	돈 아이젠하워, J. 발 헤이스팅스
옮긴이	정익구
편 집	정익구
디자인	이상진
제작처	비전팩토리
펴낸곳	한국코칭수퍼비전아카데미
출판등록	2017년 3월 28일 제2018-000274호
주 소	서울시 마포구 포은로 8길 8. 1005호

문의전화 (영업/도서 주문) 카운트북
　　　　　전화 | 070-7670-9080　팩스 | 070-4105-9080
　　　　　메일 | countbook@naver.com
　　　　　편집 | 010-3753-0135
　　　　　편집문의 | hellojisan@gmail.com 010-3753-0135
www.coachingbook.co.kr
www.facebook.com/coachingbookshop

ISBN 979-11-89736-54-5
책값은 뒤표지에 있습니다.